新型城镇化标准化理论探索与实践

主　编　黄　科
副主编　陶学明

合肥工业大学出版社

图书在版编目(CIP)数据

新型城镇化标准化理论探索与实践/黄科主编. —合肥:合肥工业大学出版社,2020.7

ISBN 978-7-5650-4953-8

Ⅰ.①新… Ⅱ.①黄… Ⅲ.①城市化—研究—中国 Ⅳ.①F299.21

中国版本图书馆 CIP 数据核字(2020)第 135152 号

新型城镇化标准化理论探索与实践

黄 科 主编　　　　责任编辑 袁 媛

出 版	合肥工业大学出版社	**版 次**	2020 年 7 月第 1 版
地 址	合肥市屯溪路 193 号	**印 次**	2020 年 8 月第 1 次印刷
邮 编	230009	**开 本**	710 毫米×1010 毫米 1/16
电 话	艺术编辑部:0551-62903120	**印 张**	15.75
	市场营销部:0551-62903198	**字 数**	280 千字
网 址	www.hfutpress.com.cn	**印 刷**	安徽昶颉包装印务有限责任公司
E-mail	hfutpress@163.com	**发 行**	全国新华书店

ISBN 978-7-5650-4953-8　　　　**定价:48.00 元**

编审委员会

序

习近平总书记指出：“城镇化是现代化的必由之路”，“加强标准化工作，实施标准化战略，是一项重要和紧迫的任务，对经济社会发展具有长远的意义”。党的十八大以来，以习近平同志为核心的党中央坚持以人民为中心的发展思想，积极推进以人为核心的新型城镇化。新型城镇化在解决新时代我国社会主要矛盾、推动经济高质量发展等方面的作用日益显现，已经成为全面建成小康社会、全面建设社会主义现代化强国的重要驱动力量。

2014 年底，国家发展和改革委员会等 11 个部委联合下发了《关于印发国家新型城镇化综合试点方案的通知》，将江苏、安徽两省和宁波等 62 个城市（镇）列为国家新型城镇化综合试点地区；之后，国家标准化管理委员会、国家发展和改革委员会下发通知，明确安徽省在国家新型城镇化综合试点工作中开展标准化试点。根据国家统一部署，结合安徽实际，安徽省人民政府印发了《国家新型城镇化试点省安徽总体方案》，其中明确提出：“加快与新型城镇化发展相配套的规划、建设、管理与评价等标准的制修订，强化标准实施与监督，探索建立可复制、可推广的标准化模式。”

为顺利完成安徽省新型城镇化试点省建设任务，推进安徽省国家级新型城镇化标准化试点建设，原安徽省质监局组织安徽省质量工作领导小组相关成员单位制订了《安徽省新型城镇化标准化试点工作实施方案》。结合安徽省国家新型城镇化综合试点主要任务，构建了新型城镇化标准体系，涵盖城镇基础设施建设、新型城镇建设、城镇资源环境、基本公共服务、基本社会管理等 5 个主要领域，涉及城镇规划、供排水设施、道路交通、综合管廊、土地资源、公共教育、政务服务、户籍管理、住房保障等 23 个标准化要素。

试点工作中，省质量工作领导小组相关成员单位，围绕安徽省新型城镇化建设的重点领域，合力开展了一系列新型城镇化标准化工作，认真总结成熟的试点经验和做法，建立了科学实用且具有可操作性的标准体系。试点以来，共立项新型城镇化相关地方标准 217 项，发布地方标准 190 项，涉及养老服务、政务服务、儿童福利、智慧城市和美丽乡村建设等领域，基本满足了新型城镇化建设的需要。全省上下紧紧围绕安徽省国家新型城镇化综合试点建设的主要内容，认真推广应用相关标准，在多领域开展标准化试点工作，较好地完成了各项目标任务。以新型城镇化标准化为基础和支撑，在新型城镇化试点工作中，安徽省形成新型城镇化可复制、可推广的典型经验32条，其中有8项试点经验被国家发展和改革委员会列为国家新型城镇化综合试点典型经验向全国推广，是被采纳推广经验最多的省份之一。通过试点，全省常住人口城镇化率、户籍人口城镇化率分别由试点前的49.2%、22.7%提升到试点后的54.6%、32.7%；城镇基本公共服务能力、基础设施建设、生态文明建设均有大幅提升，取得了良好的社会效益、经济效益、文化效益和生态效益。

2019年11月，国家市场监管总局组织专家组对安徽省国家新型城镇化标准化试点进行评估。专家组一致认为：安徽省较好地完成了国家新型城镇化标准化试点的目标和任务，形成了标准化全面支撑新型城镇化建设的工作格局，提供了标准引领和支撑新型城镇化建设的“安徽经验”。

新型城镇化标准化实践是一项创新性工作。为进一步总结完善试点工作经验，安徽省质量和标准化研究院组织有关同志，对新型城镇化试点工作开展以来所取得的成功经验进行了系统分析和全面总结提炼，经过努力，编写完成了《新型城镇化标准化理论探索与实践》一书。该书内容包括新型城镇化基本概况、新型城镇化标准化理论、新型城镇化标准化实践以及新型城镇化标准化典型案例四个部分。其中，“新型城镇化标准化理论”部分，在业内首次提出新型城镇化标准化基本概念，新型城镇化标准化的特征、作用、基本任务和主要内容。编写的五个典型案例，内容涵盖试点的基本概况、标准体系构建情况（含标准体系结构图）、标准制修订及标准化试点情况、开展标准化工作取得的成效等内容，可以为今后开展政务服务、养老服务、美丽乡村建设、智慧城市建设以及海绵城市建设等标准化工作提供参考借鉴。该书不仅在新型城镇化标准化理论探索方面有了新的创新突破，同时对今后相关新型城镇化标准化工作的实践也具有一定的指导和借鉴意义。

在成书过程中，撰写人员付出了辛勤的劳动和最大的努力，由于内容多、时间短、涉及面广，加之水平有限，特别是书中引用的大量数据会因时移境迁而有所变化，书中难免有疏漏和错误之处，恳请广大读者批评指正。

编　者

2020年5月

目　录

第一章 新型城镇化基本概况

第一节 新型城镇化的科学内涵与战略意义

一、城镇化的由来

城镇化一词起源于拉丁文 Urbanization，最早源于 1867 年西班牙工程师 A. Serda 的著作《城镇化基本理论》。至 20 世纪，这一名词已经在全世界范围内被多数学者所接受。20 世纪 70 年代后期，中国学术界引入 Urbanization 一词，并广为流传。

城镇化是一个历史范畴，同时，它也是一个发展中的概念。2000 年，中共十五届五中全会通过的《中共中央关于制定国民经济和社会发展第十个五年计划的建议》正式采用了“城镇化”一词。这是中国首次在最高官方文件中使用“城镇化”。所谓城镇化，就是指农村人口不断向城镇转移，第二、三产业不断向城镇聚集，从而使城镇数量增加，城镇规模扩大的一种历史过程。城镇化作为一种社会历史现象，既是物质文明进步的体现，也是精神文明前进的动力。城镇化作为一种历史过程，不仅是一个城镇数量与规模扩大的过程，同时也是一种城镇结构和功能转变的过程。这一历史过程包括四个方面：第一，城镇化是农村人口和劳动力向城镇转移的过程；第二，城镇化是第二、三产业向城镇聚集发展的过程；第三，城镇化是地域性质和景观转化的过程；第四，城镇化是包括城市文明、城市意识在内的城市生活方式的扩散和传播的过程。概括起来表现为两个方面：一方面表现为人的地理位置的转移和职业的改变以及由此引起的生产方式与生活方式的演变；另一方面则表现为城镇人口和城市数量的增加、城镇规模的扩大以及城镇经济社会现代化和集约化程度的提高。

城镇化的核心是人口就业结构、经济产业结构的转化过程和城乡空间社区结构的变迁过程。城镇化的本质特征主要体现在三个方面：一是农村人口在空间上的转换；二是非农产业向城镇聚集；三是农业劳动力向非农业劳动力转移。对城镇化的特征，可以从不同的角度进行分析，这对进一步理解其本质特征是有益无害的。

从农村城镇化的角度而言，城镇化具有四个方面的特征：一是时间特征，表现为过程和阶段的统一，以渐进为主；二是空间特征，表现为城镇结合，以镇为主；三是就业特征，表现为亦工亦农，以非农为主；四是生活方式特征，表现为亦“土”亦“洋”，以“洋”为主，亦新亦旧，以新为主。从世界城镇化发展类型看可分为发达型城镇化与发展型城镇化，其特点是不一样的，包括重庆在内的中国西部均属发展型城镇化。发展型城镇化有五个特点：一是城镇化原始积累主要来自农业；二是城镇化偏重于发展第二产业，而非发展第三产业；三是城镇化具有明显的二元结构；四是城镇化的动力机制主要是推力而非拉力；五是城镇化中城市贫民占有很大比重。

2001年国家颁布的“十五”计划纲要提出要走“大中小城市和小城镇协调发展的多样化城镇化道路”，第一次把城镇化作为国家战略，在强调“发展小城镇是推进我国城镇化的重要途径”的同时，提出要“完善区域性中心城市功能，发挥大城市的辐射带动作用”。自此以后，城镇化成为国家历次五年规划和中国共产党历次全国代表大会报告的必要内容。

二、城镇设置与划分标准

（一）世界各国设置城镇的标准

到目前为止，世界各国对城镇的界定尚无统一的标准。早在1887年，国际统计学会就提出，将人口数量在2000人以上的居民点称为城市，不足2000人的聚落称为农村。但这个标准没有被世界大多数国家所接受，许多国家都根据自己的国情制定了不同的标准。自20世纪50年代以来，联合国一直试图建立便于国际比较的城市标准，然而这一努力至今还没有见到成效。现在，世界各国界定城镇的标准主要可归纳为以下几个大类。

1. 直接指定某个地区为城镇

这种类型的国家，一般人口很少、版图很小。有的国家规定首都为全国唯一的城市，如布隆迪的布琼布拉、冈比亚的班珠尔、塞舌尔的维多利亚、巴巴多斯的布里奇领等，都是该国唯一的城市。巴哈马则规定首都拿骚所在的新普罗维登斯岛的人口为本国城镇人口。有的国家规定的城市数量多一些，如特立尼达和多巴哥为3个、贝宁为5个、乍得为10个、苏丹为68个、摩洛哥为117个。

2. 以人口数量为标准

这种类型的国家较多，但人口数量界限的差异很大。城镇人口的最低数量及有关国家是：

200人——丹麦、冰岛、瑞典；

500 人——巴布亚和新几内亚；

1000 人——加拿大、澳大利亚、新西兰；

1500 人——巴拿马、哥伦比亚、爱尔兰；

2000 人——埃塞俄比亚、加蓬、肯尼亚、利比里亚、古巴、洪都拉斯、法国、德国、卢森堡、荷兰、所罗门群岛；

2500 人——墨西哥、波多黎各、美国、委内瑞拉；

5000 人——加纳、马达加斯加、马里、孟加拉国、奥地利、伊朗；

10000 人——塞内加尔、马来西亚、瑞士。

3. 以人口密度为标准

该标准多为发达国家所采用，因为它们城乡之间在生活水平和市政设施方面差别不大，以致难以直观地区分城市与乡村。人口密度的高低因国情不同而存在着差异，如美国规定城市地区必须达到 400 人/km^2 以上、日本规定为 4000 人/km^2 以上、澳大利亚规定为 190 人/km^2 以上。

4. 以各级行政中心为标准

这类国家有埃及、马拉维、毛里求斯、多哥、哥斯达黎加、多米尼加、危地马拉、海地、巴西、厄瓜多尔、塞浦路斯、蒙古、土耳其等。

5. 以人口数量、人口密度和非农业人口比重为标准

如南斯拉夫，城镇是指人口超过 15000 人；或人口超过 5000 人，其中非农业人口占 30%以上；或人口超过 3000 人，其中非农业人口占 70%以上；或人口超过 2000 人，其中非农业人口占 80%以上的居民点。

如印度，城镇是指地方行政中心，以及人口超过 5000 人，人口密度大于 390 人/km^2，至少有 3/4 的成年男子以非农业为主的居民点。

再如约旦，城镇是指地方行政中心，以及人口超过 10000 人；或人口超过 5000 人，其中至少有 2/3 的男性经济活动人口从事农业以外的职业。

（二）中国设置城镇的标准

1. 我国城镇设置标准的演变过程

我国城镇设置制定开始于 20 世纪初，北洋政府于 1921 年颁布《市乡组织法》，试图建立欧洲式的市镇制度。1921 年北洋政府颁布了《市自治制》，规定设市地方，以首都、省会、商埠、县治城乡，以及其他满 10000 人口的城镇为限。1928 年，南京国民政府公布了《特别市组织法》和《普通市组织法》，规定特别市的设置需经国民政府批准，直属于中央政府，其设置必须符合下列条件之一：①首都；②人口在 100 万以上者；③其他有特殊情形者。1943 年，南京国民政府鉴于设市标准过高不利于城市发展，把设置省辖市的条件改为：①省会；②人口在 20 万以上者；③人口在 10 万以上，其政治、经济、文化地位重要者。

通过这次修正，加快了市的发展。根据《中国之行政督察区》的记载，到1948年4月全国共有设市城市66个，其中直辖市12个。

新中国成立后，市镇设置标准也在不断地变更和修改。1955年6月国务院发布的《关于设置市、镇建制的决定》，对市、镇建制的设置作如下决定：（1）市，是属于省、自治区、自治州领导的行政单位。聚居人口10万以上的城镇，可以设置市的建制。聚居人口不足10万的城镇，必须是重要工矿基地、省级地方国家机关所在地、规模较大的物资集散地或者边远地区的重要城镇，并确有必要时方可设置市的建制。（2）镇，是属于县、自治县领导的行政单位。县级或者县级以上地方国家机关所在地，可以设置镇的建制。不是县级或者县级以上地方国家机关所在地，必须是聚居人口在2000人以上、有相当数量的工商业居民，并确有必要时方可设置镇的建制。少数民族地区如有相当数量的工商业居民，聚居人口虽不及2000人，确有必要时，亦得设置镇的建制。（3）工矿基地，则视其规模大小、聚居人口多寡以及行政隶属关系，分别设置为市、镇或市辖区。

1963年12月，针对当时城镇人口增加过猛、市镇建制增加过多的情况，中共中央、国务院作出了《关于调整市镇建制、缩小城市郊区的指示》，指示中规定，凡是聚居人口仍然在10万以上的，一般可以保留市的建制；聚居人口不足10万的，必须是省级国家机关所在地，或者是重要工矿基地，或者是规模较大的物资集散地，或者是边疆地区的重要城镇，并且确有必要由省、自治区领导的，才可以保留市的建制。其他一切不符合上述条件的市，都应该撤销。镇的设置标准被重新规定为："工商业和手工业相当集中、聚居人口在三千人以上，其中非农业人口占百分之七十以上，或者聚居人口在二千五百人以上不足三千人，其中非农业人口占百分之八十五以上，确有必要由县级国家机关领导的地方，可以设置镇的建制。少数民族地区的工商业和手工业集中地，聚居人口虽然不足三千人，或者非农业人口不足百分之七十，但是确有必要由县级国家机关领导的，也可以设置镇的建制。"

改革开放以后，随着农村商品经济和乡镇工业的蓬勃发展，小城镇的作用日益显示出来。1984年国务院批准了民政部《关于调整建镇标准的报告》，对设镇的规定作了如下调整：（1）凡县级地方国家机关所在地，均应设置镇的建制。（2）总人口在2万人以下的乡，乡政府驻地非农业人口超过2000人的，可以建镇；总人口在2万人以上的乡，乡政府驻地非农业人口占全乡人口10%以上的，也可以建镇。（3）少数民族地区、人口稀少的边远地区、山区和小型工矿区、小港口、风景旅游、边境口岸等地，非农业人口虽不足2000人，如确有必要，也可以设置镇的建制。（4）凡具备建镇条件的乡，撤乡建镇后，实行镇管村的体例；暂不具备设镇条件的集镇，应在乡人民政府中配备专人加以管理。

1986年4月，国务院批准民政部《关于调整设市标准和市领导县条件的报告》，对设市标准作了如下调整：（1）非农业人口6万人以上，年国民生产总值2亿元以上，已成为该地经济中心的镇，可以设置市的建制。（2）总人口50万人以下的县，县人民政府驻地所在镇的非农业人口10万人以上、常住人口中农业人口不超过40%、年国民生产总值3亿元以上，可以设市撤县。（3）总人口50万人以上的县，县人民政府驻地所在镇的非农业人口一般在12万人以上、年国民生产总值4亿元以上，可以设市撤县。自治州人民政府或地区（盟）行政公署驻地所在镇，非农业人口虽然不足10万人、年国民生产总值不足3亿元，如确有必要，也可以设市撤县。

2. 现行市、镇设置标准

我国现行县级市的设置标准，是1993年5月由民政部提出、国务院批准的《关于调整设市标准报告》。该报告根据县的人口密度不同，分为人口密度大于400人/km^2、101～400人/km^2以及不足100人/km^2三种情况，分别设置了14个关于县政府驻地和全县社会经济发展方面的指标，达到这些指标则可以设立县级市。具体指标见表1－1所列。

表1－1 现行县级市的设置标准

项目		指标		
人口密度（人/km^2）		＜100	100～400	＞400
县政府驻地指标	从事非农产业的人口（万人）	8	10	12
	具有非农业户口的人口（万人）	6	7	8
	自来水普及率（%）	55	60	65
	道路铺装率（%）	50	55	60
县域指标	从事非农产业的人口（万人）	8	12	15
	非农产业人口比重（%）	20	25	30
	国内生产总值（亿元）	6	8	10
	第三产业占国内生产总值的比重（%）	20	20	20
	乡镇以上工业产值（亿元）	8	12	15
	乡镇以上工业产值占工农业产值的比重（%）	60	70	80
	县级财政预算内收入（万元）	4000	5000	6000
	人均县级财政预算内收入（元/人）	60	80	100
	承担一定的上解任务	—	—	—

资料来源：根据国务院批转民政部《关于调整设市标准报告的通知》（国发〔1993〕38号）整理。

关于建制镇的设置标准，仍然按照1984年11月国务院批准民政部《关于调整建镇标准的报告》中的有关规定执行。

现行县级市的设置标准，还规定具备下列条件之一者，设市时条件可以适当放宽：

（1）自治州人民政府或地区（盟）行政公署驻地。

（2）乡、镇以上工业产值超过40亿元，国内生产总值不低于25亿元，地方本级预算内财政收入超过1亿元，上解支出超过50%，经济发达，布局合理的县。

（3）沿海、沿江、沿边境重要的港口和贸易口岸，以及国家重点骨干工程所在地。

（4）具有政治、军事、外交等特殊需要的地方。

具备上述条件之一的地方设市时，州（盟、县）驻地镇非农业人口不低于6万人，其中具有非农业户口的从事非农产业的人口不低于4万人。

3. 设立地级市的标准

市区从事非农产业的人口25万人以上，其中市政府驻地具有非农业户口的从事非农产业的人口20万人以上；工农业总产值30亿元以上，其中工业产值占80%以上；国内生产总值在25亿元以上；第三产业发达，产值超过第一产业，在国内生产总值中的比例达35%以上；地方本级预算内财政收入2亿元以上，已成为若干市县范围内中心城市的县级市，方可升格为地级市。

三、新型城镇化的科学内涵

（一）“新型城镇化”概念的提出

“新型城镇化”概念的提出并不是一蹴而就的，它也经历了长期的理论研究与实践探索。改革开放初期，邓小平对城镇发展提出了两个问题：第一是城市结构问题，第二是城市里开辟新的领域的问题，这成为对城镇发展的全新探讨。1980年10月，“坚定不移控制大城市规模，合理发展中等城市，积极发展小城市”被确立为我国城镇发展的基本方针。在各项政策的支持下，20世纪80—90年代，小城镇发展迅速，而且商品经济和乡镇企业迅速崛起，形成了许多特色小城镇。1992年党的十四次全国代表大会召开，提出经济体制改革，建立社会主义市场经济体制。1997年，小城镇战略、西部大开发战略和“走出去”战略被提出，为我国的经济发展找到了更加广阔的途径。1999年我国城镇化率为30.89%，2000年则为36.22%，一年间增长了5.33%。城镇化战略成为21世纪解决我国社会经济发展深层次问题和突出矛盾的重要举措之一。

2000年，“城镇化”概念首次出现在“十五”计划等国家重要的政策文件当中，被作为21世纪第一个十年的重要发展内容。“城镇化”也从学术讨论正式上升为国家战略。

2002年11月，党的十六大召开，提出“要逐步提高城镇化水平，坚持大中小城市和小城镇协调发展，走中国特色城镇化道路”，这被许多学者认为是“新型城镇化”理论探索的开端。

2006年3月，第十届全国人大第四次会议审议通过的《国民经济和社会发展第十一个五年规划纲要》中提出，要推进“工业化、城镇化、市场化和国际化”，并要求逐步改变城乡二元结构，且提出推进生产发展、生活宽裕、乡风文明、村容整洁、管理民主的新农村建设。“城镇化”作为“新四化”的重要内容，体现了它在国家发展中的战略地位，同时城镇化的具体要求也从只重视城镇发展开始转向城乡和谐发展。

2007年10月，党的十七大提出了要深入认识“工业化、信息化、城镇化、市场化、国际化”的新形势新任务，且提出走科学发展道路，以科学发展观作为指导，推进新型城镇化的建设。

到了2011年，中国的城镇化率从2006年的43.90%上升到51.27%，进入了快速发展的时期。虽然城镇化率在数据上超过了50%，但是城镇化的质量却不容乐观，环境污染严重、城乡发展不协调、土地资源浪费、缺乏合理规划、城市管理缺位、贫富差距较大、农民利益受损等矛盾日益突出，到底什么样的城镇化才适合中国，城镇化到底包含哪些内容引起了国家和学术界的高度重视。

2012年11月，党的十八大召开，既充分肯定了过去城镇化中所取得的成绩，也提出要“坚持走中国特色新型工业化、信息化、城镇化、农业现代化道路”。至此，“新型城镇化”概念正式被提出，它以科学发展观为指导，强调工业化、信息化、城镇化、农业现代化的协调发展和“以人文本”等为核心内容，成为未来我国城镇化发展的重要指导方针。

2013年12月，中央城镇化工作会议在北京举行，会议明确推进城镇化的指导思想、主要目标、基本原则、重点任务。推进城镇化的主要任务：推进农业转移人口市民化；提高城镇建设用地利用效率；建立多元可持续的资金保障机制；优化城镇化布局和形态；提高城镇建设水平；加强对城镇化的管理。

2014年3月，中共中央、国务院印发的《国家新型城镇化规划（2014—2020年）》，提出：城镇化是伴随工业化发展，非农产业在城镇集聚、农村人口向城镇集中的自然历史过程，是人类社会发展的客观趋势，是国家现代化的重要标志。

2017年10月，党的十九大提出以城市群为主体构建大中小城市和小城镇协调发展的城镇格局，实施区域协调发展战略，实施乡村振兴战略。2018 年 9 月，中共中央、国务院印发了《乡村振兴战略规划（2018—2022 年）》，并要求各地区各部门结合实际认真贯彻落实。2020 年 5 月 22 日，国务院总理李克强在发布的 2020 年国务院政府工作报告中提出，加快落实区域发展战略。

（二）新型城镇化的科学内涵

所谓“新型”是相对于过去的“城镇化”内涵而言，新型城镇化的“新”是指观念更新、体制革新、技术创新和文化复兴，是新型工业化、区域城镇化、社会信息化和农业现代化的生态发育过程；“型”是指产业经济、城市交通、建设用地等方面的转型，环境保护也要从末端治理向源头预防转型。新型城镇化的“新”就是要由过去片面注重追求城市规模扩大、空间扩张，改变为以提升城市的文化、公共服务等内涵为中心，真正使城镇蜕变为生态环境优良、生活品质高尚的适宜人居之所。新型城镇化的内涵和要求至少包括六个方面：“质量明显提高”的城镇化；“四化”同步的城镇化；“以人为核心”的城镇化；体现生态文明理念的城镇化；“以城市群作为主体形态”的城镇化；注重文化传承和历史文化保护的城镇化。

第一，新型城镇化是“质量明显提高”的城镇化。这是党的十八大提出的“全面建成小康社会和全面深化改革开放的目标”之一。城镇化不是简单的人口比例增加和城市面积扩张，更重要的是实现产业结构、就业方式、人居环境、社会保障等一系列由“乡”到“城”的重要转变。我国的城镇化正处于一个特殊发展时期，与发达国家还有很大差距，仍需大力推进；城镇化快速推进过程中出现的大量问题也需要我们正视并有针对性地采取措施加以解决，既要一定的速度，又要把提高质量放在突出位置。因此，在推进城镇化的过程中，要尊重经济社会发展规律，过快过慢都不行，重要的是质量，“要推动城镇化向质量提升转变”。2012 年底的中央经济工作会议也将“积极稳妥推进城镇化，着力提高城镇化质量”列为 2013 年经济工作的主要任务之一。2013 年底的中央经济工作会议进一步强调要“积极稳妥推进新型城镇化，着力提高城镇化质量”。

第二，新型城镇化是“四化”同步的城镇化。这是党的十八大报告明确提出的新要求。2008 年第十七届三中全会通过的《中共中央关于推进农村改革发展若干重大问题的决定》中提出，要“统筹工业化、城镇化、农业现代化建设”；2011 年国家“十二五”规划纲要提出“同步推进工业化、城镇化和农业现代化”，即“三化”同步。在我国科技创新日新月异、工业化现代化加速发展的今天，提出促进“四化”同步，既符合现代化建设规律，也顺应时代要求。党的十八大后，中央一贯强调要坚持“四化”同步的发展战略。中央城镇化工作会议更是明确指出，走中国特色新型城镇化道路，“关键是提升质量，与工业化、信息化、农业现代化同步推进”。

第三，新型城镇化是“以人为核心”的城镇化。“以人为本”是科学发展观的核心，也是推进城镇化必须坚持的核心原则。城镇化的目的在于造福百姓和富裕农民，要让广大人民共同分享城镇化的成果，要让有意愿的农民工及其家属逐步融入城市，有就业支撑，有政策保障。党的十八大报告明确指出，要“加快改革户籍制度，有序推进农业转移人口市民化，努力实现城镇基本公共服务常住人口全覆盖”。2013 年 3 月 27 日和 5 月 6 日召开的国务院常务会议强调，研究新型城镇化中长期发展规划，要围绕提高城镇化质量、推进人的城镇化。为贯彻这一原则精神，2013 年 5 月 24 日，国务院批转的国家发展和改革委员会《关于 2013 年深化经济体制改革重点工作的意见》提出，根据城市综合承载能力和转移人口情况，分类推进户籍制度改革，统筹推进相关公共服务、社会保障制度改革。党的十八届三中全会通过的《中共中央关于全面深化改革若干重大问题的决定》中明确提出，全面放开建制镇和小城市落户限制，有序放开中等城市落户限制，合理确定大城市落户条件，严格控制特大城市人口规模，推进农业转移人口市民化。中央城镇化工作会议更是明确指出，走新型城镇化道路，核心是以人为本，其指向也在于有序推动常住人口市民化。

第四，新型城镇化是体现生态文明理念的城镇化。党的十八大将生态文明建设纳入中国特色社会主义建设事业的总体布局，强调要加快实施主体功能区战略，推动各地区严格按照主体功能区定位发展，构建科学合理的城市化格局、农业发展格局、生态安全格局。这对推进城镇化提出了新的要求。2012 年底的中央经济工作会议提出：要把生态文明理念和原则全面融入城镇化的全过程，走集约、智能、绿色、低碳的新型城镇化道路。这就是说，不仅在城镇化的空间分布上要体现生态文明要求，符合国土开发的总体功能定位，而且在城镇化建设的各项工作中都要体现节能节地、生态环保的要求，走可持续发展之路，不断提高生态文明水平。中央城镇化工作会议进一步提出：“要坚持生态文明，着力推进绿色发展、循环发展、低碳发展，尽可能减少对自然的干扰和损害，节约集约利用土地、水、能源等资源。”“要体现尊重自然、顺应自然、天人合一的理念”，“让城市融入大自然，让居民望得见山、看得见水、记得住乡愁”。

第五，新型城镇化是“以城市群作为主体形态”的城镇化。这是 2006 年国家“十一五”规划纲要明确的方针。城市群是随着城市的发展而出现的，城市群理论也是随着城市的发展而逐渐兴起的。自 20 世纪 90 年代以来，随着我国城市化水平的不断提高，对于城市群内涵的研究不断深入。城市群的概念，在制定国家“十一五”规划期间开始进入中央决策视野；党的十七大第一次将“城市群”

写进党代会报告。2011 年 3 月 14 日，第十一届全国人民代表大会第四次会议批准的《国民经济和社会发展第十二个五年规划纲要》进一步规划了“三纵两横”的城市化战略格局，并据此提出推动相关城市群的发展；要求科学规划城市群内各城市功能定位和产业布局，推进大中小城市基础设施一体化建设和网络化发展。党的十八大报告中强调：“科学规划城市群规模和布局，增强中小城市和小城镇产业发展、公共服务、吸纳就业、人口集聚功能。”中央城镇化工作会议再次明确提出：“要优化布局，根据资源环境承载能力构建科学合理的城镇化宏观布局，把城市群作为主体形态，促进大中小城市和小城镇合理分工、功能互补、协同发展。”

第六，新型城镇化是注重文化传承和历史文化保护的城镇化。目前我国城镇化进程中存在的一个突出问题是大拆大建，千城一面，城市缺乏历史底蕴和文化特色。对此，中央城镇化工作会议强调，在城镇建设中，“要融入现代元素，更要保护和弘扬传统文化，延续城市历史文脉”；“在促进城乡一体化发展中，要注意保留村庄原始风貌，慎砍树、不填湖、少拆房”，“发展有历史记忆、地域特色、民族特点的美丽城镇”。

四、新型城镇化的战略意义

为坚定不移走中国特色新型城镇化道路，全面提高城镇化建设质量，2014 年中共中央、国务院印发了《国家新型城镇化规划（2014—2020 年）》（以下简称《规划》），该《规划》明确未来城镇化的发展路径、主要目标和战略任务，是今后一个时期指导全国城镇化健康发展的宏观性、战略性、基础性规划。

（一）经济增长的新引擎

改革开放以来，中国经济增长始终依赖于出口和投资，内需则相对不足。金融危机后，国际需求不振，中国外贸的边际效应正在不断降低。单纯依靠外向型经济和投资推动中国经济增长已不现实。国际经验表明，内需是经济发展的内生动力，我国经济良性的增长模式必须由“偏重投资拉动”转变为“偏重消费拉动”。但是这种转变必须有一个过渡，就是“投资与消费并重拉动”阶段，城镇化正是这种过渡路径。

1. 推进新型城镇化，可有效拉动投资需求

城镇化的过程伴随着农村人口向城镇的转移，城镇规模呈从小到大、城市群不断壮大的发展状态，这一过程中，包括如道路、通信、水、电、气、热公共基础设施建设，居民住房建设配套的医院、学校、娱乐、社区服务等民生服务需求，为维持生活所需的耐用消费品、商业服务等需求所带动的投资热潮将必然带动第二产业中的冶金、建材、建筑、装备制造、电子信息等行业的发展；同时还将扩大对房地产、现代物流、设计规划、咨询服务、金融保险等第三产业的需求。据有关统计，城镇化能拉动 47 个大类 117 个小类的产业发展，每增加一个城市人口，城市基础设施建设投资至少需要 10 万元，若每年增加 1000 万城市人口，就需要 1 万亿元基础设施建设投资。据估计，按照现有城镇化速度，年均 20 万亿元以上的投资规模将会维持 20 年左右。如此长时期大规模的投资需求，必将成为下一轮经济持续稳定增长的新引擎。

2. 推进新型城镇化，可有效提升消费需求

（1）城镇化可创造大量就业机会，增加城乡居民收入，提高社会消费水平。一方面，在城镇化推进过程中，由于大量资金的投入和人口的持续集中，必然为农村剩余劳动力提供全方位的就业机会。另一方面，农民由农村走向城市，收入水平将远高于单纯从事农业的收入；带动新增消费，从而增加原有城镇居民的收入。城乡居民收入的提高，自然将激发潜在的消费需求。

（2）农村居民向城镇转移，一方面将扩大城镇消费群体；另一方面也将提升消费层次，有效扩大城镇社会消费规模。新型城镇化把农民变为市民，身份的转变带来的是消费理念及方式的改变，同时城镇相对较好的社会保障体系，也有利于减少预防性储蓄，从而促进消费。据测算，城镇居民消费水平是农村居民的 3.6 倍，一个农民转化为市民，每年将增加 1 万多元消费，我国城镇化每提高一个百分点，就可以吸纳 1000 多万农村人口进城，可以带动 1100 多亿元的消费需求。

由此可见，城镇化蕴藏着规模巨大的社会需求，是扩大内需、促进经济增长的动力源泉。推进新型城镇化战略，能使中国经济保持至少 20 年的增长活力。这也是中国经济持续健康发展的路径选择。

（二）改革再出发的新起点

城镇化不单是发展和增长的问题，它涉及改革的最大领域，《规划》从户籍、土地、住房、财税、地方投融资等改革着手，为城镇化发展提供政策支持，所以说新型城镇化是改革再出发的新起点。

首先，《规划》指出，要农民安心入城，需推进符合条件农业转移人口落户城镇。这将催生城镇户籍制度改革，逐步打破城乡二元体制，促进城乡居民自由、合理流动。

其次，新型城镇化由传统“土地城镇化”向“人口城镇化”理性回归将开启农村新一轮改革。为解决城镇化进程中的用地“瓶颈”，土地配置市场化、农村土地资本化，将为实现统筹城乡发展探索出一条新路。新一轮土地制度红利，将进一步释放土地和劳动力潜能，通过要素流动与资源配置效率的提高，带动中国内部的资源、体制、资金、人力、市场和商品自由流动，从而盘活更多的资产加

入经济增长之中，为农村经济增长提供内部支撑和长久动力。

最后，与新型城镇化配套的新一轮行政及财税体制改革渐进推出。更多地区将探索省直管县（市）的改革，增加更多的财政资源以增强农村人口吸纳。同时，更多以放权让利为特征的行政审批制度改革有望跟进，赋予民间资本更多权限，促使其在新型城镇化发展过程中起到更大作用。

（三）重塑新型城乡关系的新动力

1. 人的平等发展

传统城镇化忽视人的发展权，在城乡居民共同发展上还没有建立起成果共享的体制机制。这导致人口、资金和技术等要素主要流向城市，造成农村凋敝和“空心化”问题突出，城乡收入、生活水平和基本公共服务等差距明显扩大。“被城镇化”的农民，很难在城镇化过程中自主决策、自我谋求发展路子。与传统城镇化不同，新型城镇化并不强调以城市人口占总人口比重作为衡量尺度，《规划》通篇体现着“以人为本”理念，坚持在区域范围内以大中小城市与农村协调发展为原则，以人的全面发展为核心，以城乡和城际财富获取与分享的机会平等为标志，以城乡一体可持续发展为战略目标，城乡经济、政治、社会、文化四位一体统筹发展，以实现城乡之间完全开放、生产要素自由流动，城乡公共服务均衡化发展，城乡共同繁荣与和谐发展。归根结底，是新型城镇化的包容性内涵赋予了城乡居民平等发展的权利。

2. 资源的合理利用

一是新型城镇化强调市场主导与政府引导相结合。通过新型城镇化，资金、劳动力、信息、技术等生产要素在城乡之间自由流动，使城乡经济活动更加合理。

二是新型城镇化强调包容发展。通过新型城镇化，城乡基本公共服务逐步实现均等化，城乡之间投资及管理体制的界限也将逐步突破，很大程度上节约了二元结构下的行政管理成本。

三是新型城镇化强调集约化发展。《规划》科学制定城镇发展战略，合理确定城镇建设项目标准，充分利用现有城镇土地资源，降低城镇用地成本，提高城镇土地利用率，这将有效缓解我国面临的土地资源短缺困境。

四是新型城镇化强调生态化发展模式。其倡导的节水节电节能、加强水电资源的循环利用，节约用地、实行最严格的耕地保护制度，真正做到了人与自然、环境的可持续发展。

3. 破解发展难题的关键

一是新型城镇化将推动经济结构的调整。改革开放四十多年来，我国产业结构在整体优化的同时，仍然存在着诸多不合理之处。主要表现在区域经济发展不平衡，重工业高速增长带来的环境、资源和能源问题日趋严重；生产性服务业发展滞后；制造业以高能耗、低技术、低附加值、劳动密集型产业为主。这些问题和矛盾已经成为制约我国经济稳定增长和产业进一步发展的桎梏。第一，新型城镇化可促进产业集聚，城镇化推动大量的劳动力和生产活动不断向城镇聚集，城镇市场规模不断扩大，推动产业结构不断升级。第二，新型城镇化发展不仅能够推动以教育、医疗、社保等为主要内容的公共服务发展，也能够推动以商贸、餐饮、旅游等为主要内容的消费型服务业和以金融、保险、物流等为主要内容的生产型服务业的发展。

二是新型城镇化将破解二元结构失衡。二元结构是中国内部失衡的最大症结所在，产业、市场、福利的二元性极大地制约了农村市场容量的扩大和增长潜力的释放。这其中一个深层次的原因是城镇化滞后和转移速度相对比农业生产增加值比重下降缓慢。因此，破除城乡二元结构、缩小城下差别的一个最有效的办法是，通过统筹城乡为基本特征的新型城镇化提升经济产业结构，促进城乡要素自由流动，并转移农村和农业中过多的人口和劳动力，以使其与日益下降的产出相适应，才能从根本上抑制和缩小城乡发展和收入不平衡。

第二节　国内外城镇化发展概况

一、国外城镇化发展概况

（一）国外城镇化发展历程

以工业革命和第二次世界大战为两个重要的时间节点，从城镇化的发展动力和发展模式角度，可以将国外的城镇化发展划分为三个阶段：

第一阶段是在工业革命以前，在奴隶制社会和封建制社会的背景下，城镇数量少、规模小，城镇化水平低，城镇主要作为军事政治中心，乡村在经济上统治城镇，城乡差别不大。

第二阶段是在工业革命之后，以英国为首的国家，开启了工业化推动城镇化发展的历程，此时城镇数量增多，规模不断增大，城镇化水平迅速提高，城镇成为机器化大生产和商贸经济中心，在城乡关系中占主导地位。

第三阶段是在第二次世界大战结束后，开始了全球范围的工业化和城镇化进程，但由于社会制度、经济基础的不同，社会两大阵营的城镇化发展也呈现出不同的发展模式：发达国家此时城镇化水平均在70%以上，城镇化速度减缓并趋于稳定，城镇成为第三产业的中心，城市群、城市带大量出现，城乡融合，差距较小；而部分发展中国家此时城镇化刚刚起步，但急功近利，发展迅速，大量人口集中于城镇，缺乏有效产业的支撑，造成大量贫民窟的出现，城镇化质量较低。

（二）国外典型城镇化国家发展情况

1. 英国城镇化

英国15世纪的圈地运动迫使农民向城市迁移，而此时工业革命来临。农村大量的剩余劳动力填补了工业发展所带来的劳动力缺口，农业人口转化为非农人口，世界贸易的发展与殖民地的开拓又使英国积累了大量的财富，同时也促进了城市的繁荣与发展。到1851年，英国的城市人口比重已经达到了50%，截至2009年，这个数字已经突破了90%。

英国为以后各国的城镇化道路指明了方向。首先，城镇化的进程必须依托高速发展的产业经济，扩大生产规模才能形成对劳动力的需求。因此，只有发展产业经济，才能加快农业人口非农化。

其次，在城镇化进程中，要加强农业的基础性、关键性的作用。英国在工业快速发展时实行“英国工业，其他国家农业”的政策，使得英国农业生产力不断下降。第二次世界大战以后，英国政府意识到农业的重要性，并开始通过各种法律政策保障鼓励农业的发展，使英国又回到了农业强国的地位。

最后，城市化、经济发展与生态环境要协调发展。工业革命一方面把英国带入现代化，而另一方面也带来了大量的工业废气。为了解决城市的环境问题，英国从19世纪40年代至20世纪50年代制定了一系列的法律法规限定企业的排污量，整治城市污染，使得英国城市环境得到改善。

2. 美国城镇化

美国的城镇化开始于19世纪20—30年代，当时的城镇化率仅有8.8%，1920上升为51.4%，1990年上升为71.2%，近几年这个数字已经达到了85.0%。

交通的发展成了美国城镇化过程中的一大特色。1914年，美国就已经形成了全国范围内的铁路网，铁路总长度超过了欧洲的总和，占世界铁路总长度的三分之一。20世纪50年代，美国汽车开始普及，同时公路交通的发展也取得了长足的进步。到2011年，美国高速公路通车里程占世界高速公路总里程的一半，形成了遍布全国各地的高速公路网。发达的交通加强了美国地区间的相互联系，加速了美国劳动人口的流动，提高了货物的流通数量和速度，降低了运输成本。城市方便的交通也对美国城镇化产生了深刻影响，越来越多的人口聚集在城市和城市周围的郊区，因此美国的城镇化实际上是郊区化。

郊区化的优点是扩展了城市的空间，带动了城市边缘的发展，加速了城市中心的产业升级；城市人口的外迁，一定程度上缓解了城市病。但是郊区化吞噬了许多肥沃的土地，增加了汽车尾气的排放，也使得城市中心开始没落。但总的来说美国郊区化还是利大于弊。

3. 日韩城镇化

日本的城市化开始于第二次世界大战之后。由于战前资本主义经济的积累，日本城镇化率从 1950 年的 37.0%快速增至 1977 年的 76.0%，2011 年这个数字上升为 91.3%。日本成为亚洲第一个实现城镇化的国家，同时也是城镇化程度最高的国家。

韩国城镇化开始于 20 世纪 60 年代，城镇化率从当时的 30%左右，飙升为 1990 年的 73.8%，到 2011 年，韩国的城镇化已达到 83.2%。日韩两国为了缓解国土面积小、资源相对匮乏的不利局面，采取了相似的城镇化发展战略，即建立都市圈。在日本形成了以东京、大阪、名古屋为中心的三大都市圈。现在，仅占日本国土面积 14.4%的三大都市圈却囊括了日本一半的人口和国内生产总值。在韩国 60%的人口集中在 8 个百万人以上的大城市，集中了韩国近一半的人口、六成的制造业和七成的国内生产总值。

日韩大城市主导的城镇化，集中了国内的产业与劳动力资源，最大限度地保存了耕地与森林，形成了产业规模化、农业集约化的发展模式，使得两国在短时间内完成了发达国家上百年才能完成的城镇化目标。

但是这种以大城市为中心的发展战略也造成了大城市与农村人口结构失衡。一方面在大城市，出现人口过密、住房紧张、交通拥挤、空气污染等城市病；另一方面在农村，出现农业劳动力不足、人口老龄化的现象，严重制约着农业发展。

4. 巴西城镇化

巴西的城镇化就是没有产业发展支撑而陷入困境的反面典型。

20 世纪 50—70 年代，巴西年 GDP 增长率达到 7%～8%，城镇化率也达到了 60%。然而自 1970 年以后，巴西进入中等收入陷阱，年平均 GDP 增长率仅有 2%～3%。但巴西的城镇化率始终保持在一个较高水平。进入 21 世纪其城镇化率上升为 80%，而且这个数字还在不断增加。

随着人均 GDP 的上升，巴西的资源、劳动力的低成本无法与低收入国家竞争，技术、创新的进步更赶不上发达国家的步伐，于是经济发展进入瓶颈，而人口的城市化已势不可挡，因此农村人口只是仅仅从空间上转移到城市，这些人处于贫困之中，聚集在城市的贫民窟，逐渐成了城市的“边缘阶层”。由于没有收入，许多人走上了贩毒、走私等违法犯罪之路，严重影响了城市的安全。拉美国家的市场相对狭小，产业经济增长后劲不足，无法拉动更多的非农就业。僵硬地、过分地采用进口替代政策，又使拉美产业竞争不足，缺乏创新能力，最终导致拉美国家工业化发展缓慢。产业发展远不及发达国家，城镇化程度却极为接近，没有产业发展支撑的城镇化只能造成城市的混乱。

（三）国外城镇化的发展经验

1. 城镇化与工业化紧密相关

城镇化的发展需要一定的推动力，从各国的城镇化发展经验来看，城镇化每次取得的进步大多是工业化推动的结果。英国是最早开始工业化和城镇化的国家，由于工业革命的推动，英国形成了以曼彻斯特、伯明翰、利物浦为主的大型工业城市。工业革命为城镇化的发展提供必要的物质与技术支持，城市发展的质量高，城镇化建设快速发展；美国工业的发展必然增加了诸多的工作岗位，需要大量的人力资源，吸引大批劳动力向城市迁移，形成了许多新城市，城市规模也不断扩大。1970 年，美国的工业化率与城镇化率分别为 45.4%和 73%；1990 年，工业化率为 58%，城市化率为 83%，美国城镇化规模性和层次性的发展主要是靠工业化水平的提高和产业结构的升级。

2. 注重城市群的发展，规划合理

在空间布局这方面，国外城镇化的经验主要体现在城市群的聚集和互动，即大城市的周围聚集了中小城市，大中小城市有等级的布局，形成了错落有致的城市群，带动周围的发展。例如，美国东北部的城市群和五大湖南部的工业区城市群，这两个地区的城市高度密集，一部分大城市发展卫星城镇，使大中城市相互连接，形成城市经济功能突出的城市群；日本是亚洲地区城市群发展最发达的国家，以名古屋为中心的东京城市圈，东部沿海的京滨工业区，不断地向周围及内陆地区辐射延伸。在城市群的发展下，不仅可以使资源要素在更大的范围内流动，而且还有效地优化了实现城镇扩张的传统方式，利于城市之间空间和产业上的良性互动，促进了城镇化水平的提高。

3. 重视建立城镇化的法治体系

城镇化是人与人之间、人与自然之间等各种利益关系重新塑造的过程，立法可以把城镇化建设纳入科学发展的轨道之中，能保障城镇化的顺利进行，协调城市规划布局。欧洲的诸多国家普遍都重视建立城镇化的法治体系，例如，英国为预防城市病，颁布了《公共卫生法》《环境卫生法》《住宅与规划法》，综合引导和管理城市建筑和环境的问题；德国出台的《建设法典》《联邦建设法》《联邦建设促进法》，协调了城市的规划布局。国外政府在城镇化中，重视关于城镇规划、社会保障、环境保护等方面的立法，有效地促进了城镇化的科学有序发展。

二、我国城镇化发展概况

（一）我国新型城镇化发展历程

1. 城镇化发展历程

总体上看，我国城镇化经历了探索发展、快速发展和提质发展三个阶段，具体内容如下：

（1）探索发展阶段（1949—1978 年）

1949 年末，我国常住人口城镇化率只有 10.64%。国民经济恢复与“一五”时期，出现了一批新兴工矿业城市，武汉、太原和洛阳等老城市也进行了扩建改造，大批农业劳动力转移到城市工业部门，城市数量和城市人口持续增加。1960 年末，常住人口城镇化率达到 19.75%，比 1949 年末提高了 9.11 个百分点，年均提高 0.83 个百分点；城市数达到 199 个，增加了 67 个，年均增加 6 个。进入 60 年代，国民经济全面调整，一大批新设置的市退回县建制，一部分地级市降为县级市，人口流动受到户籍政策的严格控制，城镇化进程有所波动。1964 年，“三线”建设开始启动，中西部地区城市数和城镇人口有所增加，区域协调性有所改善，至 1978 年，常住人口城镇化率基本保持在 17%～18%。

（2）快速发展阶段（1979—2011 年）

1978 年，第十一届三中全会召开，作出了实行改革开放的重大决策，改革重点很快转向城市，我国城镇化进程开始加速。经济特区逐步设立，沿海城市、三个“三角”地区、海南岛和上海浦东陆续开放，户籍管理制度开始放松，农村人口快速向城镇流动，乡镇企业兴起，城市和小城镇数量迅速增加。1992 年，邓小平南方谈话推动改革开放进入新阶段，大批农村剩余劳动力加速向第二、三产业转移。1993 年，设市标准放宽进一步促进了城镇化发展。90 年代后期，市场经济活力持续增强，珠三角、长三角等城市群逐步成形，城市集聚效应更加明显。2001 年，中国加入世界贸易组织，城市商业更加兴旺，市场更加繁荣。2002 年，党的十六大提出科学发展观，要求“坚持大中小城市和小城镇协调发展，走中国特色的城镇化道路”，西部大开发、东北振兴和中部崛起等一系列发展战略实施，改革开放逐渐扩展至沿边、沿江和沿主要交通干线城市，城市发展的区域协调性进一步增强。2011 年末，常住人口城镇化率达到 51.27%，工作和生活在城镇的人口比重超过了 50%，比 1978 年末提高 33.35 个百分点，年均提高 1.01 个百分点。

（3）提质发展阶段（2012 年至今）

2012 年，党的十八大提出“走中国特色新型城镇化道路”，我国城镇化开始进入以人为本、规模和质量并重的新阶段。2013 年，党中央、国务院召开了第一次中央城镇化工作会议。2014年，印发了《国家新型城镇化规划（2014—2020年）》。2015年，召开了中央城市工作会议。为积极推动新型城镇化建设，户籍、土地、财政、教育、就业、医保和住房等领域配套改革相继出台，农业转移人口市民化速度明显加快，大城市管理更加精细，中小城市和特色小城镇加速发展，城市功能全面提升，城市群建设持续推进，城市区域分布更加均衡。2018年末，常住人口城镇化率比2011年提高了8.31个百分点，年均提高1.19个百分点；户籍人口城镇化率达到43.37%，比2015年提高了3.47个百分点，年均提高1.16个百分点。

2. 新型城镇化发展历程

2002年党的十六大召开，标志着我国“新型城镇化”建设的开始。十六大之后中央逐渐将新型城镇化的思路明晰，从“走中国特色城镇化道路”到实施区域协调发展和乡村振兴战略，新型城镇化的理论探索经历了六个阶段。

第一阶段：党的十六大提出“走中国特色城镇化道路”

2002年11月，党的第十六次全国代表大会在北京召开，当时城镇化率达到37.7%，全国城镇化发展迅猛，在此背景下，十六大提出“走中国特色城镇化道路”。“新型城镇化”的讨论开始在全国崭露头角。

十六大报告中提出：“农村富余劳动力向非农产业和城镇转移，是工业化和现代化的必然趋势。要逐步提高城镇化水平，坚持大中小城市和小城镇协调发展，走中国特色的城镇化道路。”

十六大报告中首次将新型城镇化的雏形——“走中国特色城镇化道路”明确提出，并将大中城市与小城镇的协调发展作为其初步内涵。

第二阶段：党的十六届五中全会胡锦涛总书记提出“新四化”倡导新型城镇化

2005年10月，党的十六届五中全会通过的《中共中央关于制定国民经济和社会发展第十一个五年规划的建议》第一次使用“工业化、城镇化、市场化、国际化”概念。相对于20世纪70年代以来我们对于工业、农业、国防和科学技术的“四个现代化”的理解，以及党的十五大报告提出“实现工业化和经济的社会化、市场化、现代化”的“四化”，十六届五中全会提出的“工业化、城镇化、市场化、国际化”，被称为“新四化”。2006年在各省的“十一五”规划中开始出现关于“新型城镇化”的专门论述。

2007年5月15日，温家宝在长江三角洲地区经济社会发展座谈会上强调：“统筹城乡发展，努力改变城乡二元结构，扎实推进新农村建设；优化城市布局，走新型城镇化道路，充分发挥中心城市作用。讲话将新型城镇化建设提到了统筹城乡建设的高度。

2007年6月25日，胡锦涛在中央党校的重要讲话中再次强调：“我们必须科学分析我国全面参与经济全球化的新机遇新挑战，深刻把握工业化、城镇化、市场化、国际化深入发展形势下我国各项事业发展面临的新课题新矛盾，深入贯彻落实科学发展观，更加自觉地促进科学发展，奋力开拓中国特色社会主义更为广阔的发展前景。”

第十六届五中全会将新型城镇化作为“新四化”的主要内容郑重提出，将新型城镇化摆到了国家战略的层面，奠定了新型城镇化的地位。

第三阶段：党的十七大确立“新五化”，利用科学发展观推进新型城镇化

2007 年 10 月，党的十七大报告提出，立足社会主义初级阶段这个最大的实际，科学分析我国全面参与经济全球化的新机遇新挑战，全面认识工业化、信息化、城镇化、市场化、国际化深入发展的新形势新任务，深刻把握我国发展面临的新课题新矛盾，更加自觉地走科学发展道路，奋力开拓中国特色社会主义更为广阔的发展前景。新型城镇化被列入“新五化”范畴，全国新城镇建设进入崭新阶段。

2007 年 11 月至 2008 年 3 月，在各省的贯彻党的十七大精神学习会议上，都将“新型城镇化”作为十七大重要精神加以推进。在此基础上，国家住房和城乡建设部将新型城镇化的概念向全国进行了推广。2009 年 9 月，住房和城乡建设部强调“探索和发展新型城镇化建设模式是建设领域落实十七大精神，统筹经济社会发展、人与自然和谐发展的重要途径”。

2010 年 10 月，住房和城乡建设部副部长仇保兴专程到全国市长研修学院讲授了《新型城镇化从概念到行政——如何应对我国面临的危机与挑战》。他提出六大转型推动“新型城镇化”建设，提出了“城市优先发展到城乡互补协调发展、高能耗的城镇化到低能耗的城镇化、数量增长型到质量提高型、高环境冲击型到低环境冲击型、放任式机动化到集约式机动化、少数人先富的城镇化到社会和谐的城镇化”等六个方面内容。

党的十七大明确了新型城镇化的内涵，提出了新型城镇化的指导思想与建设路径，在新型城镇化的提出与发展的道路上达到了理论的集大成。

第四阶段：新型城镇化深入指导“十二五”实践

2011 年制定的《国民经济和社会发展第十二个五年规划纲要》（以下简称“十二五”规划）中提出，坚持走中国特色城镇化道路，科学制定城镇化发展规划，促进城镇化健康发展。新型城镇化开始全面指导全国城乡建设。

其后，在各省的“国民经济和社会发展第十二个五年规划纲要”均提出“以新型城镇化”为指导，全面建设小康社会，新型城镇化在各省展开实践。以广东省为例，2010 年 8 月，《珠江三角洲城乡规划一体化规划（2009—2020）》提出珠三角要“率先建立新的规划建设模式，在空间资源配置上遏制‘高消耗、高排放、高污染’的传统发展方式，引导走‘低消耗、低排放、低污染’的新型工业化道路以及‘高聚集、高效能、高质量’的新型城镇化道路”。2011 年 1 月，《广东省国民经济和社会发展第十二个五年计划》明确新型城镇化指导全省的城镇化建设。2011 年 1 月，《珠江三角洲地区改革发展规划纲要（2008—2020 年）》提出继续“制定推进广东省特色新型城镇化”建设。由此，广东省进入全面推进“广东省特色新型城镇化”建设之中。

第五阶段：党的十八大明确新型城镇化的发展路径，“新四化”的融合共进

2012 年 11 月，党的十八大胜利召开，会议肯定了中国的新型城镇化的建设，指出“城镇化水平明显提高，城乡发展协调性增强”，并提出“坚持走中国特色新型工业化、信息化、城镇化、农业现代化道路，推动信息化和工业化深度融合、工业化和城镇化良性互动、城镇化和农业现代化相互协调，促进工业化、信息化、城镇化、农业现代化同步发展”。十八大报告肯定了新型城镇化、信息化、新型工业化及农业现代化的新四化道路，并为未来新型城镇化与信息化、新型工业化、农业现代化的综合协调提供了明确的方向。

从 2002 年至今，中央不遗余力地持续推动新型城镇化的研究及实践，前后历经五个阶段，新型城镇化经历了从提出概念意向到逐步发展概念内涵，从拓展内涵到完善理论，直至全面指导全国城乡建设的过程。新型城镇化的提出与发展反映了中央在城镇问题上积极审慎的态度，各省市积极推进新型城镇化也反映了改革开放勇于求证、勇于实践的精神。新型城镇化的积极实践也必将反过来进一步深化新型城镇化理论内涵，完善其实施路径，体现了实践—理论—实践的马克思主义实践观。2013 年，党中央、国务院召开了第一次中央城镇化工作会议；2014 年，印发了《国家新型城镇化规划（2014—2020 年）》；2015 年，召开了中央城市工作会议。为积极推动新型城镇化建设，户籍、土地、财政、教育、就业、医保和住房等领域配套改革相继出台，农业转移人口市民化速度明显加快，大城市管理更加精细，中小城市和特色小城镇加速发展，城市功能全面提升，城市群建设持续推进，城市区域分布更加均衡。

第六阶段：党的十九大提出实施区域协调发展和乡村振兴战略

2017 年 10 月 18 日，习近平总书记在党的十九大报告中指出，以城市群为主体构建大中小城市和小城镇协调发展的城镇格局，实施区域协调发展战略，实施乡村振兴战略。2018 年 1 月 2 日，国务院公布了 2018 年中央一号文件，即《中共中央 国务院关于实施乡村振兴战略的意见》。2018 年 3 月 5 日，国务院总理李克强在《政府工作报告》中提出，大力实施乡村振兴战略。2018 年 9 月，中共中央、国务院印发了《乡村振兴战略规划（2018—2022 年）》，这是我国出台的第一个全面推进乡村振兴战略的五年规划，是统筹谋划和科学推进乡村振兴战略这篇大文章的行动纲领。2018 年 11 月，《中共中央 国务院关于建立更加有效的区域协调发展新机制的意见》中提出，建立与全面建成小康社会相适应的区域协调发展新机制。2019 年 3 月 5 日，国务院总理李克强在 2019 年国务院政府工作报告中提出，促进区域协调发展，提高新型城镇化质量。2020 年 5 月 22 日，国务院总理李克强在 2020 年国务院政府工作报告中提出，加强新型城镇化建设，大力提升县城公共设施和服务能力；以适应农民日益增加的到县城就业安家需求。深入推进新型城镇化，发挥中心城市和城市群综合带动作用，培育产业、增加就业。

在乡村振兴战略方面，城镇化对农民收入的提高，对农业劳动生产率的提高，对农村的发展具有重要的作用，特别是健全城乡融合发展的体制机制和政策体系，可以为城乡要素的双向流动和城乡一体化的发展提供一个根本的体制机制和政策的保障。另外，城镇化使得大量的农民进了城，开阔了眼界，提高了他们对现代文明和城市文化的接受程度，这对提高农村的文化水平和提高农村的现代文明程度也是有至关重要的作用。在区域协调发展战略方面，十九大报告明确指出“加快农业转移人口的市民化”，并提出了要以城市群为主题构建大中小城市和小城镇协调发展的城镇格局。加快推进农村转移人口市民化特别有利于区域协调发展。

城镇化是现代化的必由之路。十九大报告及后续的一系列政策都强调了城镇化战略在乡村振兴战略和区域协调发展战略中的重要地位和作用。所以，不论是区域协调发展战略，还是乡村振兴战略，都需要更好地发挥新型城镇化的支撑作用。因此，城镇化战略在未来所应该扮演的角色和作用会变得越来越重要。

（二）我国新型城镇化发展现状

改革开放以来，伴随着工业化进程加速，我国城镇化经历了一个起点低、速度快的发展过程。从统计数据看（图 1－1），2002—2019 年，城镇人口数量从 5.02 亿人增加到 8.48 亿人，增加了 40.8％；常住人口城镇化率从 39.09％提升到 60.06％，年均提高 1.17 个百分点；户籍人口城镇化率从 27.89％提升到 44.38％。

从统计数据看（表 1－2），2002—2019 年，我国在推进新型城镇化建设过程中全部地级及以上城市数从 278 个增加到 297 个，100 万以上人口的城市数量均逐年在增加，其中城市市辖区年末总人口为 400 万人以上的地级及以上城市数从 10 个增加到 20 个，城市市辖区年末总人口为 200 万～400 万人的地级及以上城市数从 21 个增加到 42 个，城市市辖区年末总人口为 100 万～200 万人的地级及以上城市数从 71 个增加到 99 个。京津冀、长江三角洲、珠江三角洲三大城市群，以 2.8％的国土面积集聚了 18％的人口，创造了 36％的国内生产总值，成为

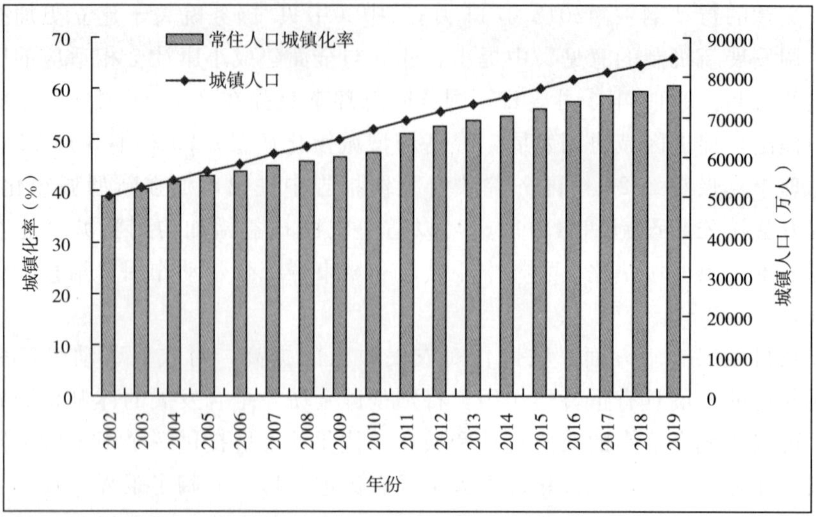

图 1－1　城镇化率及人口变化情况

带动我国经济快速增长和参与国际经济合作与竞争的主要平台，其中 2018 年京津冀地区城镇化率为 65.8%，比 2014 年提高 4.7 个百分点。

表 1－2　城市数量及规模变化情况

项　目	2002 年	2018 年
全部地级及以上城市数（个）	278	297
城市市辖区年末总人口为 400 万人以上的地级及以上城市数（个）	10	20
城市市辖区年末总人口为 200 万～400 万人的地级及以上城市数（个）	21	42
城市市辖区年末总人口为 100 万～200 万人的地级及以上城市数（个）	71	99
城市市辖区年末总人口为 50 万～100 万人的地级及以上城市数（个）	109	88
城市市辖区年末总人口为 20 万～50 万人的地级及以上城市数（个）	63	40
城市市辖区年末总人口为 20 万人以下的地级及以上城市数（个）	4	8

我国在推进新型城镇化建设过程中，城市水、电、路、气、信息网络等基础设施显著改善，教育、医疗、文化体育、社会保障等公共服务水平明显提高，人均住宅、公园绿地面积大幅增加。从统计数据看，2002—2018 年，城镇用水普及率从 85.2%提高到 98.40%，燃气普及率从 79.3%提高到 96.70%，年均分别提高 0.73 个百分点和 0.92 个百分点；每万人拥有公共交通车辆从 8.14 标台提高到 13.09 标台；九年制普通初中学校从 8162 所增加到 16696 所，学校数量增加一倍多；医疗卫生机构床位从 23.2 万张增加到 414.14 万张，床位数增加近 18

倍；人均道路面积从 10.21 平方米增加到 16.70 平方米，人均公园绿地面积从 6.58 平方米增加到 14.11 平方米，人均住房建筑面积从 31.60 平方米增加到 39.00 平方米。城镇化的快速推进，吸纳了大量农村劳动力转移就业，提高了城乡生产要素配置效率，推动了国民经济持续快速发展，带来了社会结构深刻变革，促进了城乡居民生活水平全面提升，取得的成就举世瞩目，见表 1－3 所列。

表 1－3　城镇基础设施和服务设施变化情况

指　标	2002 年	2018 年
用水普及率（%）	85.20	98.40
燃气普及率（%）	79.30	96.70
每万人拥有公共交通车辆（标台）	8.14	13.09
人均道路面积（平方米）	10.21	16.70
人均公园绿地面积（平方米）	6.58	14.11
人均住房建筑面积（平方米）	31.60	39.00
九年制普通初中学校数（所）	8162	16696
医疗卫生机构床位数（万张）	23.20	414.14
生活垃圾无害化处理率（%）	50.40	99.00
城镇居民人均可支配收入（元）	7652.40	39250.84

在城镇化快速发展过程中，也存在一些必须高度重视并着力解决的突出矛盾和问题。

1. 大量农业转移人口难以融入城市社会，市民化进程滞后

目前农民工已成为我国产业工人的主体，受城乡分割的户籍制度影响，被统计为城镇人口的 2.34 亿农民工及其随迁家属，未能在教育、就业、医疗、养老、保障性住房等方面享受城镇居民的基本公共服务，产城融合不紧密，产业集聚与人口集聚不同步，城镇化滞后于工业化。城镇内部出现新的二元矛盾，农村留守儿童、妇女和老人问题日益凸显，给经济社会发展带来诸多风险隐患。

2. “土地城镇化”快于人口城镇化，建设用地粗放低效

一些城市“摊大饼”式扩张，过分追求宽马路、大广场，新城新区、开发区和工业园区占地过大，建成区人口密度偏低。近 10 年，全国城区面积年均增加 380 多万亩，达 30134.5 万亩，城市建设用地面积年均增加 260 万亩，达 8768.3 万亩，城市人口密度年均增加 40 人/平方千米，达 2546.2 人/平方千米。近 10 年，农村人口减少 1.38 亿人，城镇人口增加 2.03 亿人，城镇建成区面积增长 34.8%，远高于城镇人口 23.9%的增长速度。一些地方过度依赖土地出让收入

和土地抵押融资推进城镇建设，加剧了土地粗放利用，浪费了大量耕地资源，威胁到国家粮食安全和生态安全，也加大了地方政府性债务等财政金融风险。

3. 城镇空间分布和规模结构不合理，与资源环境承载能力不匹配

东部一些城镇密集地区资源环境约束趋紧，中西部资源环境承载能力较强地区的城镇化潜力有待挖掘；城市群布局不尽合理，城市群内部分工协作不够、集群效率不高；部分特大城市主城区人口压力偏大，与综合承载能力之间的矛盾加剧；中小城市集聚产业和人口不足，潜力没有得到充分发挥；小城镇数量多、规模小、服务功能弱，这些都增加了经济社会和生态环境成本。

4. 城市管理服务水平不高，“城市病”问题日益突出

一些城市空间无序开发、人口过度集聚，重经济发展、轻环境保护，重城市建设、轻管理服务，交通拥堵问题严重，公共安全事件频发，城市污水和垃圾处理能力不足，大气、水、土壤等环境污染加剧，城市管理运行效率不高，公共服务供给能力不足，城中村和城乡接合部等外来人口集聚区人居环境较差。

5. 自然历史文化遗产保护不力，城乡建设缺乏特色

一些城市景观结构与所处区域的自然地理特征不协调，部分城市贪大求洋、照搬照抄，脱离实际建设国际大都市，“建设性”破坏不断蔓延，城市的自然和文化个性被破坏。一些农村地区大拆大建，照搬城市小区模式建设新农村，简单用城市元素与风格取代传统民居和田园风光，导致乡土特色和民俗文化流失。

6. 体制机制不健全，阻碍了城镇化健康发展

现行城乡分割的户籍管理、土地管理、社会保障制度，以及财税金融、行政管理等制度，固化着已经形成的城乡利益失衡格局，制约着农业转移人口市民化，阻碍着城乡发展一体化。

（三）我国新型城镇化发展态势

根据世界城镇化发展普遍规律，我国目前仍处在城镇化快速发展区间（城镇化率30%～70%），但延续过去传统粗放的城镇化模式，会带来产业升级缓慢、资源环境恶化、社会矛盾增多等风险，可能落入“中等收入陷阱”，进而影响现代化进程。随着内外部环境和条件的深刻变化，城镇化必须进入以提升质量为主的转型发展新阶段。

1. 城镇化发展面临的外部挑战日益严峻

在全球经济再平衡和产业格局再调整的背景下，全球供给结构和需求结构正在发生深刻变化，庞大生产能力与有限市场空间的矛盾更加突出，国际市场竞争更加激烈，我国面临产业转型升级和消化严重过剩产能的挑战巨大；发达国家能源资源消费总量居高不下，人口庞大的新兴市场国家和发展中国家对能源资源的需求迅速膨胀，全球资源供需矛盾和碳排放权争夺更加尖锐，我国能源资源和生

态环境面临的国际压力前所未有，传统高投入、高消耗、高排放的工业化城镇化发展模式难以为继。

2. 城镇化转型发展的内在要求更加紧迫

随着我国农业富余劳动力减少和人口老龄化程度提高，主要依靠劳动力廉价供给推动城镇化快速发展的模式不可持续；随着资源环境瓶颈制约日益加剧，主要依靠土地等资源粗放消耗推动城镇化快速发展的模式不可持续；随着户籍人口与外来人口公共服务差距造成的城市内部二元结构矛盾日益凸显，主要依靠非均等化基本公共服务压低成本推动城镇化快速发展的模式不可持续。工业化、信息化、城镇化和农业现代化发展不同步，导致农业根基不稳、城乡区域差距过大、产业结构不合理等问题出现。我国城镇化发展由速度型向质量型转型势在必行。

3. 城镇化转型发展的基础条件日趋成熟

改革开放四十多年来我国经济快速增长，为城镇化转型发展奠定了良好的物质基础。国家着力推动基本公共服务均等化，为农业转移人口市民化创造了条件。交通运输网络的不断完善、节能环保等新技术的突破应用，以及信息化的快速推进，为优化城镇化空间布局和形态，推动城镇可持续发展提供了有力支撑。各地在城镇化方面的改革探索，为创新体制机制积累了经验。

三、安徽省新型城镇化发展概况

（一）安徽省新型城镇化发展现状

安徽是农业人口大省，2005 年全省城镇化率为 35.5%，“十一五”以来安徽省的城镇化进程加快，年均增长在 1.5 个百分点以上。特别是“十二五”时期，全省以承接产业转移为抓手，优化城乡布局，提升城市承载能力，加快对外开放，城镇化发展取得了显著成效，2014 年全省城镇化率达到 49.2%。2014 年 12 月，国家发展和改革委员会等 11 个部委下发《关于印发国家新型城镇化综合试点方案的通知》（发改规划〔2014〕2960 号），批准同意安徽省为国家新型城镇化综合试点地区，试点总体目标是以人的城镇化为核心，以提升质量为关键，推进农业转移人口市民化，促进城乡统筹发展和产城融合发展，增强要素保障能力，探索形成有利于新型城镇化健康发展的制度体系。2017 年，安徽省常住人口城镇化率达到 54%，户籍人口城镇化率达到 30%左右；2020 年，安徽省常住人口城镇化率达到 58%，力争户籍人口城镇化率达到 35%。经过五年综合试点省的建设，安徽省新型城镇化各方面均取得了快速的发展。

截至 2019 年末，安徽省年末全省户籍人口为 7119.4 万人，其中城镇人口为 3552.8 万人，占总人口的 55.81%；乡村人口为 2813.1 万人，占总人口的 44.19%，年龄构成中15～64 岁人口为 4275.3 万人，占总人口的 67.16%，具体内容见表1-4所列。2015—2019年，安徽省城镇化常住人口数量从6143.6万人增加到6365.9万人，共增加222.3万人，年平均增长率达0.90%；常住人口城镇化率从50.5%增加到55.81%，年平均提升1.33个百分点（图1-2）。

表1-4 2019年末全省常住人口及构成

指　标	年末数（万人）	比重（%）
年末常住人口	6365.9	—
其中：城镇	3552.8	55.81
乡村	2813.1	44.19
其中：0～15岁	1275.7	20.04
16～59岁	3918.2	61.55
60周岁及以上	1172.0	18.41
其中：65周岁及以上	886.8	13.93

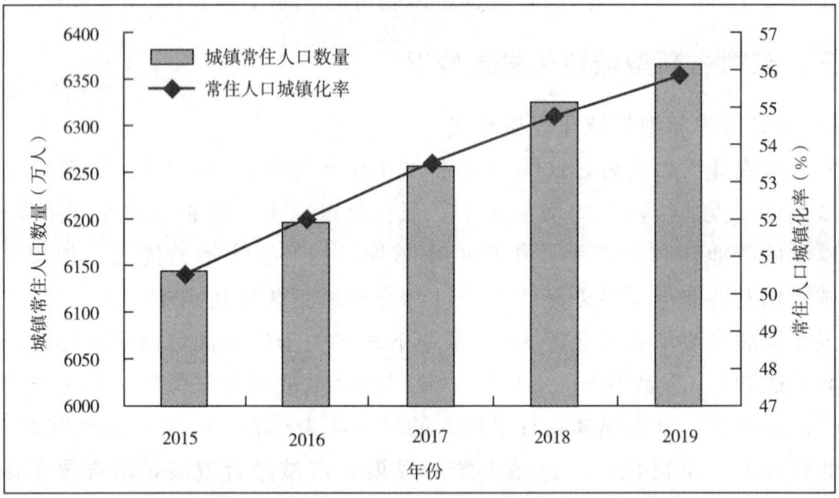

图1-2 2015—2019年末全省常住人口及城镇化率变化情况

从城市数量和规模看，安徽省16个地级市平均人口约397.87万人，平均城镇人口为222.05万人，其中8个城市的城镇化率超过全省平均水平（表1-5）。城市结构方面，安徽省常住人口数量在100万～200万人的城市有3个，200万～400万人的城市有6个，400万人以上的城市有7个，安徽的城市结构逐步完善优化，大中城市发育相对成熟。

表 1－5　2019 年各市常住人口数量及城镇化率情况

地　区	常住人口（万人）	城镇化率（%）	地　区	常住人口（万人）	城镇化率（%）
合肥市	818.9	76.33	六安市	487.3	47.09
淮北市	227.0	65.88	马鞍山市	236.1	69.12
亳州市	526.3	42.22	芜湖市	377.8	66.41
宿州市	570.0	43.96	宣城市	266.1	56.33
蚌埠市	341.2	58.58	铜陵市	164.1	57.16
阜阳市	825.9	44.62	池州市	148.5	54.92
淮南市	349.0	65.04	安庆市	472.3	49.98
滁州市	414.7	54.54	黄山市	142.1	52.49

全省城乡居民人均可支配收入逐年增加。2015—2019 年，城镇常住居民人均可支配收入从 26936 元增加到 37540 元，增幅达 39.37%，年均增加 2651 元，人均消费支出 23782 元，增长 10.5%。城镇常住居民恩格尔系数为 31.2%，比上年上升 0.2 个百分点；乡村常住居民人均可支配收入从 10821 元增加到 15416 元，增幅达 42.46%，年均增加 1148.8 元（图 1－3）。年末城镇常住居民人均住房建筑面积 41.8 平方米，比上年末增加 1.5 平方米；医疗卫生机构床位 34.9 万张，其中医院、卫生院床位 33.1 万张。

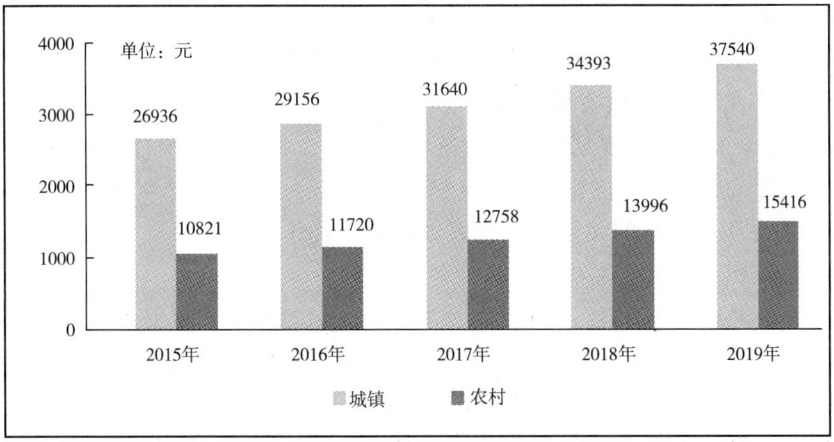

图 1－3　2015—2019 年全省城乡居民人均可支配收入变化情况

（二）安徽省新型城镇化的阶段性成果

1. 着力提升农业转移人口服务水平

安徽省指导各地逐步放宽户籍、住房、财产和收入条件，降低新就业无房职工和在城稳定就业的外来务工人员申请公租房准入门槛，安徽省住房和城乡建设厅印发了《关于进一步做好公共租赁住房租赁补贴工作的指导意见》，将城镇中等偏下收入住房困难家庭、新就业无房职工、稳定就业外来务工人员纳入公共租赁住房租赁补贴范围，充分尊重保障对象的选择权，多渠道满足住房需求。实施梯次精准保障，督促各地完善公租房分配方式，制定面向行业单位集中配租实施方案，积极改善住房困难发生面广、工作条件较为艰苦的行业职工居住条件。积极争取中央专项补助资金，支持有关市县加快在建公租房工程建设，尽快形成有效供给。截至2018年底，安徽省公租房已累计竣工80.3万套，竣工率达96.85%；累计分配77.61万套，分配率达93.62%。全省约有31.82万套公租房配租给新就业无房职工和在城镇稳定就业的外来务工人员。落实“惠农安居贷”业务，支持农民进城购房，2018年累计投放贷款174.33亿元，惠及4.17万户家庭。完善体制机制，安徽省住房和城乡建设厅印发《关于进一步落实各方主体责任加强农民工工资先行垫付管理有关工作的通知》《关于进一步加强建筑和市政工程建设领域农民工工资专用账户管理有关工作的通知》等文件，积极推进施工总承包企业和分包企业农民工实名制管理，全面实行农民工工资（劳务费）专用账户管理制度。

2. 大力推进区域性城镇体系规划编制

在开展规划调研和专项研究的基础上，2018年9月安徽省住房和城乡建设厅编制完成了《安池铜城市组群城镇体系规划（2018—2035年）》《蚌淮（南）城市组群城镇体系规划（2018—2035年）》《宿淮（北）城市组群城镇体系规划（2018—2035年）》《安徽省城镇体系规划（2011—2030年）》，跨市区域的城镇体系规划实现全面覆盖。规划编制着重落实了省委、省政府关于打造水清岸绿产业优美丽长江（安徽）经济带的要求，围绕推进长江经济带“生态优先、绿色发展”，注重协调城镇空间关系，促进区域联动，合作共赢。

3. 积极推动县城完善功能、提升品质

选择芜湖县、怀宁县，围绕发展特色突出、建筑和谐美观、功能设施齐全、管理井然有序、人民安居乐业的要求，加快推进宜居县城建设试点。探索宜居县城规划建设的技术管理体系，突出中小城市特点，科学合理确定县城的风貌类型、街道尺度、建设强度和建筑体量，注重自然文化特色保护和传承，彰显县城整体形象和地方特色。提倡精心设计、精致建造、精细管理，探索提高县城规划建设品质的方法和机制。结合宜居县城试点，推进县城生态网络规划编制试点工作。

4. 加快特色小（城）镇健康发展，推动公共资源向农村延伸

指导编制特色小城镇规划，推进产业和服务同步发展，合理规划小城镇空间布局。247 个乡镇建成生活污水处理设施，占年度任务的 123%。加强与农发行等金融机构合作，争取信贷支持。目前，全省有 40 个县（市、区）的污水治理采取县域 PPP 模式，加强小城镇生活垃圾日常保洁，做到日产日清。推行农村垃圾治理市场化，47 个县（市、区）采取 PPP 模式。推进农村生活垃圾分类和资源化利用试点示范，将来安县、巢湖市等 12 个县（市、区）确定为省级示范县（市、区）。

5. 持续推进城乡规划改革试点省建设

安徽省住房和城乡建设厅制定实施了《推进“多规合一”改革完善空间规划体系施工方案》，印发了《全省国土空间规划编制工作方案》，划定并优化了“三区三线”，协调了省空间规划与市县空间规划中城镇开发边界的划定。开展省、市、县三级空间规划编制，明确土地用途和管制要求，划定城镇、农业、生态空间及生态保护红线、永久基本农田和城镇开发边界，合理布局城乡居民点。目前，《安徽省空间规划（2017—2035 年）》（草案）已编制完成，各市县已完成空间规划的编制，建立了省、市、县空间规划数据库，指导设区的市完成了特色风貌规划、公共服务设施综合规划等编制，推进了合肥、马鞍山、宣城、蚌埠、界首城市设计全国试点及淮北、黄山市城市双修全国试点。

6. 积极推进城镇功能布局完善

持续开展城镇园林绿化提升行动，新增、改造城市园林绿地面积约 9376 万平方米，新建绿道约 908 千米，分别占年度目标任务的 137%和 125%。至 2018 年底，全省已建成城市地下综合管廊廊体约 123.3 千米。至 2018 年 7 月底，顺利完成城市排水防涝三年行动第二行动年任务，全省累计完成投资 221.48 亿元，新建、改造排水管渠约 1606.6 千米，分别占任务计划的 102.1%、103.7%。全面完成新安江流域城镇污水处理厂提标改造；启动长江流域城镇污水处理厂提标改造，其中先后开工 23 个，累计建成 5 个。全省基本建成污水处理厂 14 个，新增污水日处理能力 43.75 万吨、新增污水管网 1228 千米，分别占年度任务的 110.8%、136.4%。2018 年改造各类棚户区 29.42 万套。

7. 大力推进新型城市建设

全面推进海绵城市建设，至 2018 年底，全省累计 10%以上的城市建成区达到海绵城市建设要求。全力推进城市黑臭水体治理，至 2018 年底，共有 198 个黑臭水体完成清淤和截污工程，城市黑臭水体消除比例达到 87.6%。马鞍山、宿州市被列入国家 20 个城市黑臭水体治理示范城市。全省年度竣工民用建筑中

绿色建筑面积比例达到43.1%。启动实施了2个省级绿色生态城市综合试点和72个省级绿色建筑及装配式建筑项目示范。安徽省住房和城乡建设厅印发《关于开展“工业建设项目施工许可证50个工作日内完成审批手续”行动的实施意见》。全省16个市、2个省直管县已全部出台具体实施办法，设立综合服务窗口。安徽省住房和城乡建设厅印发《关于推进智慧城管建设的指导意见》，在全国率先发布省级《智慧城管建设导则》。安徽省住房和城乡建设厅印发《关于进一步推进城市地下管网地理信息系统和安全运行监测系统建设的实施意见》，加快推进全省城市地下管网地理信息系统和安全运行监测系统建设。

8. 着力稳定城镇房地产市场

督促各市、县贯彻《关于进一步落实房地产市场调控工作责任的通知》要求，落实地方政府房地产调控主体责任，因城因地施策，支持刚性住房需求，遏制投机炒房。落实市场信息日报制度，加强市场监测分析和预警。指导各地及时调整商品房供应结构，增加商品住房和土地供应，加快项目建设和审批上市，提高商品住房市场供应。安徽省住房和城乡建设厅等8部门印发《关于加快发展和规范住房租赁市场的通知》，指导各地搭建政府住房租赁交易服务平台，推进省市逐步联网，积极盘活存量住房用于租赁，加快培育和发展住房租赁市场；指导合肥加快推进国家租赁住房试点工作，目前该市已通过政府住房租赁平台筹集房源2万余套，成立国有房屋租赁公司8家，全市已推出近400亩租赁住房用地。省级租赁试点城市的芜湖市、蚌埠市已印发了试点工作方案，其他城市也积极开展了有益探索；此外，指导合肥市开展“打击侵害群众利益违法违规行为，治理房地产市场乱象专项行动”。其他城市持续开展整顿规范房地产开发企业和房地产经纪机构经营行为，严厉打击虚假广告宣传、价格欺诈、哄抬房价、捂盘惜售、违规开展金融业务等行为，净化房地产市场环境。

（三）安徽省新型城镇化的发展态势

1. 继续推动“补短板”专项行动任务落实

持续开展城市易涝点综合整治，全面完成城市排水防涝三年行动第三个行动年目标任务，计划建设城市排水管渠约960千米，计划总投资195亿元。深入开展园林城市（县城、镇）创建，打造生态文明建设安徽样板。实施《海绵城市建设评价标准》，系统推进海绵城市建设。

2. 打好城市黑臭水体治理标志性战役

加快推进控源截污、内源治理、生态修复、补水活水、污水处理提质增效五大工程，城市黑臭水体消除比例达到90%以上。实施污水处理“提质增效”三年行动，改造污水管网约800千米。全面实施长江干流及主要支流污水处理厂提标改造。建成城市污水处理厂8个，新增污水日处理能力49万吨。

3. 推动小城镇健康发展

进一步加强小城镇生活垃圾治理，建立健全小城镇生活垃圾收集、运输和处理处置体系，积极推进小城镇生活垃圾分类，推行生活垃圾治理市场化。大力推进设计下乡，出台组织、支持、保障设计机构和设计人员下乡服务的政策，建立设计下乡服务工作平台。选择小城镇开展设计下乡试点。

4. 推进新型城市建设

加快推进生活垃圾分类，总结推广合肥、铜陵等地试点经验，创建一批垃圾分类示范片区。加快落实《“十三五”安徽省城镇生活垃圾无害化处理规划》，继续推进建设一批垃圾焚烧处理厂、餐厨垃圾处理厂等重点项目，力争新增生活垃圾处理能力 2000 吨/日，加强垃圾处理运营监管。推进餐厨废弃物、建筑垃圾资源化利用全国试点工作。倡导绿色生活方式，推广绿色建筑与建筑节能，加快提升本地区新建民用建筑中绿色建筑比例。

5. 推进智慧城管平台建设

基本建成运行省级智慧城管平台，初步实现监督监测、指挥协调、考核评价、决策支持功能。加快推进市县数字城管功能拓展和智慧化升级，全面推进市政公用、市容环卫、园林绿化、违法建设、户外广告、渣土运输等专项业务应用，完善城市管理基础数据库，提高城市精细化管理水平。

6. 创优建筑业发展环境

优化建筑业企业资质管理，着力打造建筑业发展新平台。健全建筑业信用体系，加快完善建筑业企业信用评价办法，推进信用评价结果在行政审批、招标投标、监督检查、评优评先等过程中的应用，健全不良信用登记制度。完善工程建设组织模式，大力推进工程总承包和全过程工程咨询。制定扶持措施，促进建筑业民营企业做大做强。进一步做好工程建设领域保证金清理规范工作，切实减轻企业制度性交易成本。加强监督检查，维护建筑市场秩序。

7. 持续加大公租房保障力度

督促各地进一步加快公租房及配套设施建设进度，尽快形成有效供应，力争 2019 年底，全省在建政府投资公租房全面竣工交付，配租使用率达到 97%以上。坚持以政府为主提供基本住房保障，以配租型的公租房为主要保障方式，实行实物配租和租赁补贴并举，多渠道保障城镇中等及中等偏下收入住房困难家庭、新就业无房职工和在城镇稳定就业的无房外来务工人员的基本住房需求。

8. 促进全省房地产市场健康发展

坚持房子是用来住的，不是用来炒的，一切围绕着“住”，进一步落实市县政府调控主体责任，保持政策的连续性和稳定性。按照国家部署，指导合肥市建立房地产市场调控长效机制，继续加强房地产市场监测分析，及时发现问题，指导采取针对性措施加以处置，适时开展促进房地产市场平稳健康发展工作督查。总结合肥市住房租赁试点经验，大力推动蚌埠、芜湖省级住房租赁试点工作，完善房屋租赁管理，满足居民多层次居住需求。加强对房地产开发企业、租赁企业、中介机构及从业人员的管理，持续开展房地产市场秩序专项整治，切实做好房地产领域矛盾纠纷调处化解工作。

第二章　新型城镇化标准化理论

第一节　标准化基础知识

一、基本概念

（一）标准

国家标准《标准化工作指南 第1部分：标准化和相关活动的通用术语》（GB/T 20000.1—2014）将“标准”定义为：“通过标准化活动，按照规定的程序经协商一致制定，为各种活动或其结果提供规则、指南或特性，供共同使用和重复使用的文件。”并注：“1. 标准宜以科学、技术和经验的综合成果为基础。2. 规定的程序指制定标准的机构颁布的标准制定程序。3. 诸如国际标准、区域标准、国家标准等，由于它们可以公开获得以及必要时通过修正或修订保持与最新技术水平同步，因此它们被视为构成了公认的技术规则。其他层次上通过的标准，诸如专业协（学）会标准、企业标准等，在地域上可影响几个国家。”根据“标准”的概念，可以归纳出以下三个层面的含义。

1. 标准的实质

标准的实质是文件，可以将这个“文件”理解为信息及其载体。但标准不是普通的文件，而是具有“共同使用”和“重复使用”特点的文件。“共同使用”表明标准的使用对象的普遍性和广泛性，可以说“标准面前人人平等”，在其规范的范围内人人都可以使用；“重复使用”表明标准的概括性属性，即标准不是“一次性”的文件，而是可以多次、反复使用的。

2. 制定标准的目的

标准的制定旨在通过“最佳秩序”的获得来追求“最佳共同效益”的实现。如何获得“最佳秩序”？这需要科学合理地制定标准来实现。标准的制定要建立在科学、技术和实践经验的坚实基础上，并通过深入地调研、充分地研讨、广泛地征求意见、专家审查等科学程序，从而为人类生产生活中的各项活动提供指标最合理、要求最科学、配合最协调的规则、指南或特性，为追求“最佳共同效益”提供技术。

3. 标准的制定要求

标准是标准化活动的结果，一般是以科学、技术和经验的综合成果为标准制定的基础，并按照标准化主管部门或行业主管部门规定的程序制定，如国家标准制定的程序为标准计划、制定、审批、发布和复审。同时，标准制定要经协商一致，最大范围地征询标准相关方的意见，最大限度地吸纳标准相关方的意见，即要广泛地征求各方意见和充分的协调，并取得相关方普遍同意，主要是有关重要利益相关方对于实质性问题没有坚持反对意见，同时按照程序考虑了有关各方的观点并且协调了所有争议。但协商一致并不意味着全体一致同意。

（二）标准化

国家标准《标准化工作指南 第 1 部分：标准化和相关活动的通用术语》（GB/T 20000.1—2014）将“标准化”定义为：“为了在既定范围内获得最佳秩序，促进共同效益，对现实问题或潜在问题确立共同使用和重复使用的条款以及编制、发布和应用文件的活动。”并注：“1. 标准化活动确立的条款，可形成标准化文件，包括标准和其他标准化文件。2. 标准化的主要效益在于为了产品、过程或服务的预期目的改进它们的适用性，促进贸易、交流以及技术合作。”根据“标准化”的概念，可以归纳出以下三个层面的含义。

1. 标准化的实质

标准化的实质是一组确定的活动，包括制定标准和应用标准。其中制定标准包括共同使用和重复使用的条款、编制标准和发布标准，这是标准化的基本任务；应用标准是指将标准在相应的范围内推广使用，发挥标准的作用，实现其目的（目标）。

2. 标准化的目的

标准化的主要目的是在既定范围内获得最佳秩序，促进共同效益。所谓的“最佳秩序”是指通过实施标准使标准化对象的有序化程度提高，发挥出标准化系统的最佳功能；而“共同效益”，就是要发挥出标准化系统整体最佳效应，产生最理想的效果，而这里的“最佳”指的是整体的最佳，从系统的角度来评价的最佳。标准化可以有一个或多个特定的目的，以使产品、过程或服务具有适用性。这样的目的可能包括品种控制、可用性、兼容性、互换性、健康、安全、环境保护、产品防护、相互理解、经济效益、贸易等。一般来说，标准化的主要作用，除了为达到预期目的改进产品、过程或服务的适用性之外，还包括防止贸易壁垒、促进技术合作等。

3. 标准化的对象

标准化是以问题为导向的活动，标准化的对象就是现实问题或潜在问题，这些问题可以是具体的事物，也可以是各种定额、规划、要求、方法、概念等。

（三）标准体系

国家标准《标准体系构建原则和要求》（GB/T 13016—2018）将“标准体系”定义为：“一定范围内的标准按其内在联系形成的科学的有机整体。”根据“标准体系”的概念，可以归纳出以下两个层面的含义。

1. 标准体系的实质

标准体系的实质是一个有机整体，这个有机整体由若干标准子体系或具体标准组成，并按照子体系或标准的内在联系，合理安排、科学组合而成，子体系或标准之间相互作用、相互依赖。

2. 标准体系的范围

标准体系的各子体系或标准的数量及其之间的相互关系，往往是针对某个特定的范围而言，离开这个特定的范围，标准体系就会变得抽象或标准体系就不复存在。因此，在构建具体的标准体系时，首要任务就是确定该标准体系所要覆盖的范围，只有在一个既定的范围内构建的标准体系才具有指导作用，如根据不同领域范围构建的新型城镇化建设标准体系、美丽乡村建设标准体系、养老服务标准体系等。

（四）标准体系表

国家标准《标准体系构建原则和要求》（GB/T 13016—2018）将“标准体系表”定义为：“一种标准体系模型，通常包括标准体系结构图、标准明细表，还可以包含标准统计表和编制说明。”

（五）标准样品

标准样品是指具有一种或多种规定特性足够均匀且稳定的材料，已被确定其符合测量过程的预期用途。

标准样品是实物标准，是科学制定与有效实施文本标准、提升产品质量、促进科技创新的重要技术基础，具有均匀性、稳定性、准确性和溯源性的基本特性。

（六）标准化技术委员会

标准化技术委员会是指在一定专业领域内，从事国家标准起草和技术审查等标准化工作的非法人技术组织。

技术委员会应当科学合理、公开公正、规范透明地开展工作，在本专业领域内承担以下工作职责：提出本专业领域标准化工作的政策和措施建议；编制本专业领域国家标准体系，根据社会各方的需求，提出本专业领域制修订国家标准项目建议；开展国家标准的起草、征求意见、技术审查、复审及国家标准外文版的组织翻译和审查工作；开展本专业领域国家标准的宣贯和国家标准起草人员的培训工作；受国家标准化管理委员会委托，承担归口国家标准的解释工作；开展标准实施情况的评估、研究分析；组织开展本领域国内外标准一致性比对分析，跟踪、研究相关领域国际标准化的发展趋势和工作动态；管理下设的分技术委员会；承担国家标准化管理委员会交办的其他工作。技术委员会可以接受政府部门、社会团体、企事业单位委托，开展与本专业领域有关的标准化工作。

二、标准的分类

分类是人们认识事物和管理事物的一种方法，也是一门学科建设的基础。标准从不同的目的和角度出发，依据不同的准则，可以有不同的分类方法，由此形成不同的标准种类。根据我国著名标准化专家李春田主编的《标准化概论（第六版）》，标准可以分别按照制定标准的主体、制定标准的宗旨、标准化对象的基本属性、标准的约束力以及标准信息载体进行分类。

（一）按制定标准的主体分

按制定标准主体的不同，标准分可为国际标准、区域标准、国家标准、行业标准、地方标准、团体标准和企业标准。

1. 国际标准

国际标准是指国际标准化组织（ISO）、国际电工委员会（IEC）和国际电信联盟（ITU）以及国际标准化组织确认并公布的其他国际组织制定的标准。

所谓“国际标准化组织确认并公布的其他国际组织制定的标准”有两个方面含义：第一，可以制定国际标准的“其他国际组织”必须经过 ISO 认可并公布。目前，ISO 通过其网站公布认可的“其他国际组织”共有 49 个。第二，并非这 49 个组织制定的标准都是国际标准，只有经过 ISO 确认并列入 ISO 国际标准年度目录中的标准才是国际标准。

2. 区域标准

区域标准是指由区域标准化组织或区域标准组织通过并公开发布的标准。

区域标准的种类通常按制定区域标准的组织进行划分。目前有影响的区域标准主要有欧洲标准化委员会（CEN）标准、欧洲电工标准化委员会（CENELEC）标准、欧洲电信标准学会（ETSI）标准、欧洲广播联盟（EBU）标准、独联体跨国标准化、计量与认证委员会（EASC）标准、太平洋地区标准会议（PASC）标准、亚太经济合作组织/贸易与投资委员会/标准与合格评定分委员会（APEC/CTI/SCSC）标准、东盟标准与质量咨询委员会（ACCSQ）标准、泛美标准委员会（COPANT）标准、非洲地区标准化组织（ARSO）标准、阿拉伯标准化与计量组织（ASMO）标准等。

3. 国家标准

国家标准是指由国家标准化机构通过并公开发布的标准。

我国的国家标准是指对在全国范围内需要统一的技术要求，由国务院标准化行政主管部门制定并在全国范围内实施的标准。各国的国家标准有自己不同的分类方法，其中比较普遍使用的方法是按专业划分标准种类，我国国家标准的种类就是采用了按专业划分的方法。

4. 行业标准

行业标准是指由行业组织通过并公开发布的标准。

工业发达国家的行业协会属于民间组织，它们制定的标准种类繁多、数量庞大，通常被称为行业协会标准。我国的行业标准是指对没有国家标准而又需要在全国某个行业范围内统一的技术要求所制定的，并由国家有关行业行政主管部门公开发布的标准。目前，我国行业标准有 69 个行业领域，具体行业领域及对应行业标准代号见表 2－1 所列。

表 2－1　行业领域及对应行业标准代号

序号	行业标准代号	行业标准类别	序号	行业标准代号	行业标准类别
1	AQ	安全生产	16	GY	广播电影电视
2	BB	包装	17	HB	航空工业
3	CB	船舶	18	HG	化工
4	CY	新闻出版	19	HJ	环境保护
5	CH	测绘	20	HS	海关
6	CJ	城镇建设	21	HY	海洋
7	DA	档案	22	JB	机械
8	DB	地震	23	JC	建材
9	DZ	地质矿产	24	JG	建筑工业
10	DL	电力	25	JT	交通
11	EJ	核工业	26	JY	教育
12	FZ	纺织	27	JR	金融
13	GA	公共安全	28	LB	旅游
14	GH	供销合作	29	LD	劳动和劳动安全
15	GM	国密	30	LS	粮食

（续表）

序号	行业标准代号	行业标准类别	序号	行业标准代号	行业标准类别
31	LY	林业	51	TB	铁路运输
32	MH	民用航空	52	TD	土地管理
33	MT	煤炭	53	TY	体育
34	MZ	民政	54	WB	物资管理
35	NB	能源	55	WH	文化
36	NY	农业	56	WJ	兵工民品
37	QB	轻工	57	WM	外经贸
38	QC	汽车	58	WS	卫生
39	QJ	航天工业	59	WW	文物
40	QX	气象	60	XB	稀土
41	RB	认证认可	61	XF	消防救援
42	SB	国内贸易	62	YB	黑色冶金
43	SC	水产	63	YC	烟草
44	SF	司法	64	YD	通信
45	SH	石油化工	65	YJ	减灾救灾与综合性
46	SJ	电子	66	YS	有色金属
47	SL	水利	67	YY	医药
48	SN	出入境检验检疫	68	YZ	邮政
49	SW	税务	69	ZY	中医药
50	SY	石油天然气	—	—	—

5. 地方标准

地方标准是指在国家的某个行政区域通过并公开发布的标准。

我国的地方标准是指由省级标准化行政主管部门和经其批准的设区的市级标准化行政主管部门公开发布的标准。根据《中华人民共和国标准化法》的规定，为满足地方自然条件、风俗习惯等特殊技术要求，省级标准化行政主管部门和经其批准的设区的市级标准化行政主管部门，可以在农业、工业、服务业以及社会事业等领域制定地方标准。目前，我国除了台湾、香港、澳门外，共有 22 个省、5 个自治区和 4 个直辖市按照“DB”和行政区划代码的前两位数进行编制地方标准代号，各地地方标准代号见表 2－2 所列。

表 2－2　我国各地地方标准代号

序号	地方标准代号	地方名称	序号	地方标准代号	地方名称
1	DB11	北京市	17	DB42	湖北省
2	DB12	天津市	18	DB43	湖南省
3	DB13	河北省	19	DB44	广东省
4	DB14	山西省	20	DB45	广西壮族自治区
5	DB15	内蒙古自治区	21	DB46	海南省
6	DB21	辽宁省	22	DB50	重庆市
7	DB22	吉林省	23	DB51	四川省
8	DB23	黑龙江省	24	DB52	贵州省
9	DB31	上海市	25	DB53	云南省
10	DB32	江苏省	26	DB54	西藏自治区
11	DB33	浙江省	27	DB61	陕西省
12	DB34	安徽省	28	DB62	甘肃省
13	DB35	福建省	29	DB63	青海省
14	DB36	江西省	30	DB64	宁夏回族自治区
15	DB37	山东省	31	DB65	新疆维吾尔自治区
16	DB41	河南省	—	—	—

6. 团体标准

团体标准是指由团体按照团体确立的标准制定程序自主制定发布，由社会自愿采用的标准。

我国团体标准是依法成立的社会团体为满足市场和创新需要，协调相关市场主体共同制定的标准。

7. 企业标准

企业标准是由企业制定并由企业法人代表或其授权人批准、发布的私标准。

企业标准是企业独占的无形资产；企业标准如何制定，在遵守法律的前提下，完全由企业自己决定；企业标准采取什么形式、规定什么内容，以及标准制定的时机等完全依据企业本身的需要和市场及客户的要求，由企业自己决定。

（二）按制定标准的宗旨分

按制定标准的宗旨的不同，标准可分为两大类，一类是为社会公众服务的“公共”标准（简称公标准）；另一类是本组织的“自有”标准（简称私标准）。

1. 公标准（“公共”标准）

公标准也就是公共标准。它是动用公共资源制定的标准，其宗旨是维护公共秩序，保护公共利益，为全社会服务。

公标准具有动用公共资源、谋取最佳公共利益、法定性质、程序公开、广泛参与、充分协调以及以安全、环保、健康为重点等特点。我国公标准包括国家标准、行业标准和地方标准。

2. 私标准（“自有”标准）

私标准是由非公共资源转化的标准，具有独占性质。其宗旨是为本组织的利益服务，如提高本组织的竞争力、获取最大利益等。

私标准具有动用非公共资源、为市场竞争服务、吸收专利诀窍、独占性和不公开性、企业或团体自创和不受干预等特点。我国私标准包括国有企业、合资企业、民营企业、独资企业、联合体（各种企业联盟）制定的企业标准、团体标准以及各类事实上的标准。

（三）按标准化对象的基本属性分

按标准化对象的基本属性的不同，标准可分为技术标准、管理标准和工作标准。

1. 技术标准

技术标准是指对相关领域中需要协调统一的技术事项所制定的标准。

技术标准的形式可以是标准、技术规范、规程等文件，以及标准样品实物。技术标准是标准体系的主体，量大、面广、种类繁多，其中主要有技术基础、设计技术、产品、采购技术、工艺技术、设施设备、检验和试验技术、流通技术（包装、搬运、贮存、标志）、安装及交付技术、服务技术、能源技术、安全技术、环境技术、信息技术等方面的标准。

2. 管理标准

管理标准是指对相关领域中需要协调统一的管理事项所制定的标准。

管理标准的内容包括在企业管理活动中，所涉及的经营管理、设计开发与创新管理质量管理、设备与基础设施管理、人力资源管理、安全管理、职业健康管理、环境管理、信息管理等与技术标准相关联的重复性事物和概念，具体标准如经营管理标准、采购管理标准、生产管理标准、质量管理标准、环境管理标准、安全管理标准等。

3. 工作标准

工作标准是指对相关领域中需要协调统一的工作事项所制定的标准。

工作标准的内容包括在执行相应管理标准和技术标准时与工作岗位的职责、岗位人员基本技能、工作内容、要求与方法、检查与考核等有关的重复性事物和概念，具体标准如岗位工作标准、岗位作业标准、岗位操作规程等。

（四）按标准的约束力分

按标准的约束力的不同，标准可分为强制性标准和推荐性标准。

1. 强制性标准

强制性标准是指对保障人身健康和生命财产安全、国家安全、生态环境安全以及满足经济社会管理基本需要的技术要求制定的，依法强制执行的标准。

强制性标准必须执行。强制性标准的强制性是指标准应用方式的强制性，即利用国家法制强制实施。这种强制性不是标准固有的，而是国家法律法规所赋予的。我国强制性国家标准的代号是“GB/”。

2. 推荐性标准

推荐性标准是指对满足基础通用、与强制性国家标准配套、对各有关行业起引领作用等需要的技术要求而制定的，推荐执行的标准。

推荐性标准具有倡导性、指导性和自愿性，国家鼓励采用推荐性标准，相关方则完全按自愿原则自主决定是否采用。相关方一旦公开声明采用了推荐性标准，或与顾客商定将某推荐性标准作为合同条款，那么该推荐性标准就具有相应的“强制”约束力。我国推荐性国家标准的代号是“GB/T”。

（五）按标准信息载体分

按标准信息载体的不同，标准可分为标准文件和标准样品。

1. 标准文件

标准文件有不同的形式，包括标准、技术规范、规程，以及技术报告、指南等。标准文件有纸介质的文件和电子介质的文件。标准文件的作用主要是提出要求或作出规定，作为某一领域的共同准则。

2. 标准样品

标准样品作为实物形式的标准，按权威性和适用范围分为内部标准样品和有证标准样品。标准样品的作用主要是提供实物，作为质量检验、鉴定的对比依据，测量设备检定、校准的依据，以及作为判断测试数据准确性和精确度的依据。

三、标准的制定与复审

（一）标准的制定

根据《中华人民共和国标准化法》的规定，对保障人身健康和生命财产安全、国家安全、生态环境安全以及满足经济社会管理基本需要的技术要求，应当制定强制性国家标准；对满足基础通用、与强制性国家标准配套、对各有关行业起引领作用等需要的技术要求，可以制定推荐性国家标准；对没有推荐性国家标准，又需要在全国某个行业范围内统一的技术要求，可以制定行业标准；为满足地方自然条件、风俗习惯等特殊技术要求，可以制定地方标准；国家鼓励学会、协会、商会、联合会、产业技术联盟等社会团体协调相关市场主体共同制定满足市场和创新需要的团体标准；企业可以根据需要自行制定企业标准，或者与其他企业联合制定企业标准。

根据《国家标准制定程序的阶段划分及代码》（GB/T 16733—1997），我国国家标准的制定程序划分为九个阶段。

1. 预阶段——标准计划项目建议的提出阶段

对将要立项的新工作项目进行研究及必要的论证，并在此基础上提出新工作项目建议，包括标准草案或标准大纲（如标准的范围、结构及其相互关系等）。

2. 立项阶段——标准新工作项目的确立阶段

对新工作项目建议进行审查、汇总、协调、确定，直至下达《国家标准计划的通知》，实施周期不超过三个月。

3. 起草阶段——标准的编写阶段

项目负责人组织标准起草工作直至完成标准草案征求意见稿。时间周期不超过十个月。

4. 征求意见阶段——对标准草案征求意见稿广泛征求意见

将标准草案征求意见稿按有关规定分发征求意见。在回复意见的日期截止后，标准起草工作组应根据返回的意见，完成意见汇总处理表和标准草案送审稿。时间周期不超过五个月。

若回复意见要求对征求意见稿进行重大修改，则应分发第二征求意见稿（甚至第三征求意见稿）征求意见。此时，项目负责人应主动向有关部门提出延长或终止该项目计划的申请报告。

5. 审查阶段——对标准草案进行审查

对标准草案送审稿组织审查（会审或函审），并在（审查）协商一致的基础上，形成标准草案报批稿和审查会议纪要或函审结论。时间周期不超过五个月。

若标准草案送审稿没有被通过，则应分发第二标准草案送审稿，并再次进行审查。此时，项目负责人应主动向有关部门提出延长或终止该项目计划的申请报告。

6. 批准阶段——批准发布国家标准阶段

（1）主管部门对标准草案报批稿及报批材料进行程序、技术审核。对不符合报批要求的，一般应退回有关标准化技术委员会或起草单位，限时解决问题后再行审核。时间周期不超过四个月。

（2）国家标准技术审查机构对标准草案报批稿及报批材料进行技术审查，在此基础上对报批稿完成必要的协调和完善工作。时间周期不超过三个月。

若报批稿中存在重大技术方面的问题或协调方面的问题，一般应退回部门或有关专业标准化技术委员会，限时解决问题后再行报批。

（3）国务院标准化行政主管部门批准、发布国家标准。时间周期不超过一个月。

7. 出版阶段——标准正式出版物的出版阶段

将国家标准出版稿编辑出版，提供标准出版物。时间周期不超过三个月。

8. 复审阶段

国家标准实施后，应适时进行复查，复查周期一般不超过五年。经过复审，对不适应经济社会发展需要和技术进步的标准应当及时修订或者废止。

9. 废止阶段

对于经复审后确定为无存在必要的标准，予以废止。

对已有成熟标准草案的项目，按《采用快速程序制定国家标准的管理规定》采用快速程序的方法执行。

（二）标准的复审

1. 标准复审的目的

根据《中华人民共和国标准化法》的规定，国务院标准化行政主管部门和国务院有关行政主管部门、设区的市级以上地方人民政府标准化行政主管部门应当建立标准实施信息反馈和评估机制，根据反馈和评估情况对其制定的标准进行复审。

标准复审是指对使用一定时期后的标准，由其主管部门或专业标准化技术委员会组织有关单位根据我国科学技术的发展和经济建设的需要，对标准的技术内容和指标水平进行重新审核，以确认标准的有效性。在进行标准复审前，主持标准复审的单位要广泛收集贯彻执行标准中所发现的问题和有关方面的意见以及相关标准的情况。

标准颁布后，有一个相对的稳定时期。在此期限内，标准应始终适应经济技术发展的需要。高水平的标准能促进社会经济技术和企业生产的发展。当标准水平相对落后于社会经济技术发展时，就失去了其应有的价值，应当及时地进行复审。

标准复审的主要目的是确认标准的有效性。随看科学技术和社会经济的发展，标准内容需要不断地被更新，适时地制定新标准，修订原有标准，废除已经过时或即将过时的标准，将先进的科学技术成果和生产实践经验纳入标准中，保证标准的先进性和合理性，使标准在科学技术发展和经济建设中发挥其应有的作用。

2. 标准复审的周期

一项标准自发布实施之日起至该标准复审重新确认、修订或废止的时间，即为标准的复审周期。根据《中华人民共和国标准化法》的规定，标准的复审周期一般不超过五年。

不同类型的标准具有不同的稳定时期。因此，它们的复审周期也不一致。例如，基础标准是一定范围内标准化对象的共同性因素，包括对术语、符号、通则等所做的统一规定。它在一定范围内作为制定其他标准的依据，对标准的制定具有普遍的指导意义，因而这一类标准稳定时间长，其复审周期应长一些。技术方法标准，如试验方法、检验方法、抽样方法、操作规程、施工规范、设计规范等，是实现产品标准和工作标准的重要手段，对于推广先进方法，提高工作效率，保证工作结果的准确一致，具有重要意义。随着科学技术的发展，这类标准稳定时期比基础标准短，其复审周期也相应短一些。产品标准和工作标准，随着产品的更新换代，变化会加快，稳定时期会缩短，其复审周期相应也就更短。

3. 标准复审的机构

标准的复审是一项比较复杂细致的工作，需要有一个明确的机构来负责。一般来说，组织标准复审的机构应当是负责制定该项标准的主管部门、标准化技术委员会或归口单位，由他们负责组织对标准技术内容和指标水平重新审核，从而确认该项标准的有效性，得出标准复审的结果。

4. 标准复审的结果

一项复审的标准，在经过有关方面的专家对其技术内容和指标水平等方面进行充分的科学分析、预测和讨论后，得出的复审结果有以下几个方面：

（1）确认继续有效

经过复审，认为标准技术内容不作修改仍能符合当前科学技术水平，适应生产、建设、使用需要，则对其予以确认继续有效。经确认的标准，不改变标准的编号和年号。当标准再版时，在标准封面上国家标准编号下写明“××××年确认有效”字样。

（2）修改或补充

经过复审，认为标准技术内容不够完善，或者不完全切合实际和当前科学技术水平，需要对标准条款、图、表等做少量修改和补充，或者对标准局部进行修改或补充。这种情况下，则需发布标准的“修改通知单”。

（3）修订

经过复审，认为标准主要技术规定需作较大的修改才能适应当前生产、建设、使用的需要和科学技术发展水平。这是需要将标准修订项目列入标准制修订计划，按照标准的制定程序进行修订。修订后的标准，其编号不变，仅把年号改为新修订的年号。

（4）废止

经过复审，认为标准的技术内容已不适应当前经济建设和科学技术发展的需要，或者已经被新的标准所代替，以及无存在必要的标准，应当予以废止。标准的废止由原标准的审批机关批准，并发布废止公告。

第二节　标准化基础理论

一、传统标准化理论

（一）标准化的基本原理

标准化的基本原理是标准化领域中具有普遍意义的基本规律。它是标准化工作者在大量观察、实践的基础上，经过归纳、概括而得出的。我国在20世纪70年代后期开展了对标准化工作的大讨论，对标准化原理进行了研究，并形成了具有代表性的四条标准化方法的基本原理：简化原理、统一原理、协调原理、最优化原理。

1. 简化原理

简化原理就是为了经济有效地满足需要，对标准化对象的结构、形式、规格或其他性能进行筛选提炼，剔除其中多余的、低效能的、可替换的环节，精炼并确定出满足全面需要所必要的高效能的环节，保持整体构成精简合理，使之功能效率最高。

简化原理包含以下几个要点：

① 简化是为了经济，使之更有效地满足需要。

② 简化的原则是从全面满足需要出发，保持整体构成精简合理，使之功能效率最高。所谓功能效率是指功能满足全面需要的能力。

③ 简化的基本方法是对处于自然状态的对象进行科学的筛选提炼，剔除其中多余的、低效能的、可替换的环节，精练出高效能的满足全面需要所必需的环节。

④ 简化的实质不是简单化而是精练化，其结果不是以少替多，而是以少胜多。

简化时必须注意把握好两个界限：

① 简化的必要性界限。在事后简化的情况下，只有“当多样性的发展规模超出了必要的范围时”，就应该（或才允许）简化。所谓“必要的范围”是通过

对象的发展规模（如品种、规格的数量）与客观实际的需要程度相比较而确定的。运用技术经济分析等方法可以使“范围”具体化，“界限”定量化。

② 简化的合理性界限。简化的合理性界限，就是通过简化应达到“总体功能最佳”的目标。“总体”指的是简化对象的品种构成，“最佳”指的是从全局看效果最佳。它是衡量简化是否做到了既“精炼”又“合理”的唯一标准。运用最优化的方法可以从几种接近的简化方案中选择“总体功能最佳”的方案。

2. 统一原理

统一原理就是为了保证事物发展所必需的秩序和效率，对事物的形成、功能或其他特性，确定适合于一定时期和一定条件的一致规范，并使这种一致规范与被取代的对象在功能上达到等效。

统一原理包含以下要点：

① 统一是指确定一组对象的一致规范，其目的是保证事物所必需的秩序和效率。

② 统一的原则是功能等效，从一组对象中选择确定一致规范，应能包含被取代对象所具备的必要功能。

③ 统一是相对的，确定的一致规范，只适用于一定时期和一定条件，随着时间的推移和条件的改变，旧的统一就要由新的统一所代替。

3. 协调原理

协调原理就是使标准的整体功能达到最佳，并产生实际效果，必须通过有效的方式协调好系统内外相关因素之间的关系，确定为建立和保持相互一致，适应或平衡关系所必须具备的条件。

协调原理的要点有以下几个：

① 协调的目的在于使标准系统的整体功能达到最佳并产生实际效果。

② 协调对象是系统内相关因素的关系以及系统与外部相关因素的关系。

③ 相关因素之间需要建立相互一致关系（连接尺寸）、相互适应关系（供需交换条件）、相互平衡关系（技术经济指标平衡及有关各方利益矛盾的平衡），为此必须确立条件。

④ 协调的有效方式有：有关各方面的协商一致、多因素的综合效果最优化、多因素矛盾的综合平衡等。

任何一项标准都是标准系统中的一个功能单元，既受系统的约束，又影响系统功能的发挥，所以每制定或修订一项新标准都须进行协调。协调是标准化活动的重要方法。根据美籍奥地利人、理论生物学家 L. V. 贝塔朗菲（L. Von. Bertalanffy）1947 年提出系统论的一般原理：系统的性质并非直接来自各个组成部分，而是来自组成整体的各部分的统一体，而且不只是部分的简单总和。根据这一原理，标准系统的功能取决于标准之间（子系统之间）相互适应的程度。为了达到整体系统功能最佳的目标，必须对各子系统进行协调，使系统中各组成部分或各相关因素之间建立起合理的秩序或相对平衡关系。

4. 最优化原理

最优化原理就是按照特定的目标，在一定的限制条件下，对标准系统的构成因素及其关系进行选择、设计或调整，使之达到最理想的效果。选优是为了实现国民经济最佳效果这一总目标而采取的一种比较和鉴别的过程，它所追求的是科学技术的最新成果，在众多可行的方案中通过效果预测、数理统计等选取最优方案。选优体现的是标准的先进性。

标准化的最终目的是要取得最佳效益。标准化活动的结果能否达到这个目标，取决于一系列工作的质量。在标准化活动中应始终贯穿着“最优”思想。但在标准化的初级阶段，制定标准时，往往凭借标准起草和审批人员的局部经验进行决策，常常不做方案比较，即使比较也很粗略。因而，被确定的标准方案常常不是最优的，尤其不易做到总体最优，这就影响到标准化效果的发挥。随着生产和科学技术的迅速发展，标准化活动涉及的系统也日益复杂和庞大，标准化方案的最优化问题更加突出、更为重要了。

（1）最优化程序

最优化程序一般包括确定目标、收集资料、建立数学模型、计算求解、评价和决策等五个程序，具体内容如下：

① 确定目标：从整体出发提出最优化目标及效能准则（即衡量目标的标准）。

② 收集资料：收集、整理并提供必要的数据和给定一部分约束条件。

③ 建立数学模型：在充分了解情况的基础上，找出反映问题本质因素的数学方程（即某些变量或参数之间的关系）和逻辑框图。

④ 计算求解：编制程序，通过计算求解，并提出若干可行方案加以比较。

⑤ 评价和决策：经过对方案的分析、比较，从中选出最优方案，由执行部门选定、决策。

（2）最优化的方法

最优方案的选择和设计，不是凭经验的直观判断，更不是用调和争执、折中不同意见的办法所能做到的，而是要借助数学方法，进行定量的分析。对于较为复杂的标准化课题，要应用包括计算机在内的最优化技术。对于较为简单的方案的优选，可运用技术经济分析的方法求解。

5. 简化、统一、协调和最优化诸原理之间的关系和特点

上述的四个标准化原理，是从标准化实践中概括出来的。简化原理与统一原

理是从简化与统一化这两种古典的标准化形式中总结出来的，在现代仍然被广泛地应用着。协调原理和最优化原理是从近代标准化的特点中概括出来的。但是，这绝不是说古代标准化就不存在协调和最优化问题，而是说这个问题的重要性在现代更为突出了。

从古至今，无论是简化，还是统一，都要经过协调达到优化的目的。只是古代标准化协调的方式较为简单，协调的内容也不复杂，比较容易达到优化的目标。现代标准化则不同了，在简化、统一化和协调过程中都贯穿着一个最一般的原则，就是从多种可行方案中选择或确定一种最优方案。在标准化活动中，对标准系统的构成加以简化，因素加以统一，关系加以协调，都要达到一个共同的目的，使整个系统的功能最佳。这就是最优化原理始终在起作用。

在实践过程中，简化和统一也是互相渗透的，有些简化是为以后的统一打下基础，而有些对象的统一首先是从简化开始的。无论简化还是统一，都要经过协调，未经协调的简化和统一是不可能达到总体功能最优的。

标准化的这些原理都不是孤立存在起作用的。它们互相之间不仅有着密切联系而且在实践应用过程中又是互相渗透、互相依存的，它们结成一个有机的整体综合反映标准化活动的规律性。

总之，简化和统一是和标准的产生同时存在的，它反映了标准化最朴素最直观的作用，协调则是随着社会分工的细化，人类活动的多样化以及管理的科学化而产生的，它从更高层次甚至全局的范围内处理好有关联的事物间的稳定和平衡，而选优是标准化的最终目的，是其所有功能的集中表现。简化和统一原理在标准化的发展进程中，特别是在以产品作为主要对象的阶段，一直被人们所熟知和理解，随着时代的进步，生产的发展，当代标准化的服务领域已空前拓宽，统一、最优化原理日益被人们所重视，并得到更广泛运用。

（二）标准系统的管理原理

自然界和人类社会里有这样一种系统，这种系统的特点是当该系统赖以存在的环境发生变化时，系统能自动地改变自己的内部结构，调整自己的功能，使之与变化中的环境保持相适应的状态，维持系统的存在和发展，这种系统叫自适应或自组织系统。

对任何一个社会系统来说，要想维持其存在和稳定，都必须具有自组织、自调节的能力，然而标准系统却不具备这样的能力。因此标准系统建成之后不能一劳永逸，需要通过人对它进行管理和调整，才能使它保持同环境的适应，离开人的管理，标准系统是不可能存在和发展的。

在标准化的初期，标准系统尚不完备，工作重心在标准数量的增加上，对标准系统的管理问题并不突出。到现在，世界上多数国家的工业标准化都经历了

60年以上的数量增长期，进入了建立完善系统的结构调整时期，此后的标准化，其作用的发挥已不取决于单个标准，而是通过标准系统作用于客观环境。到了这时，对标准系统的管理就显得格外重要了。能否有效地管理好这个系统就成了决定标准化成败的大问题，这就是标准系统管理理论产生的历史背景。

1. 系统效应原理

现代标准化活动的实践表明：标准系统的效应不是直接地从每个标准本身而是从组成该系统的互相协同的标准集合中得到的，并且这个效应超过了标准个体效应的总和。这就是系统效应原理。

系统效应之所以不同于个体效应，那是因为在结构上合理的标准系统，已经不是互不相干的标准群体，而是形成了标准之间、标准与系统整体之间相互联系、相互作用、相互补充的完整统一体。系统效应就是从要素量的集合达到整体质的飞跃中产生的。这种效应一般要比各个标准效应的简单相加大得多。

从上述的理论中，可以得出如下两点结论：

① 许多要素堆积在一起并不能成为系统，只有各要素之间互相联系、互相制约，形成一个有机整体时，才称其为系统。

② 由许多要素形成系统时，就能产生比各个要素孤立效应总和大得多的系统效应（即 1＋1＞2 的效应）。

这条原理是我们对标准系统进行管理的理论基础。根据这条原理，可以提出一系列标准化工作原则。例如：

① 企业、地方、行业的标准化工作，要想收到实效，就必须把标准系统建立起来。

② 建立标准系统必须有一定数量的标准，但并不意味着越多越好，关键是标准之间要相互关联、互相协调、互相适应。

③ 制定每一个标准时，都必须从系统对它的要求出发，考虑它在系统中所处的位置、所起的作用以及它与相关标准之间的关系等。这样才能制定出切合实际的标准，最后形成的标准系统才能产生较好的系统效应。

2. 结构优化原理

无论是国家标准系统、行业标准系统、地方标准系统、企业标准系统还是以某产品（或工程），或者特定领域为对象构成的标准系统，都是由为数众多的标准（系统的要素）组成的。这些标准绝不是杂乱无章的堆积。标准系统诸要素之间不仅存在着内在的有机联系，而且在空间上层次分明，时间上排列有序，这就叫标准系统的结构。

系统的结构是系统具有特定功能、产生特定效应的内在根据。系统效应的大小，在很大程度上取决于系统是否形成了好的结构。

一般来说，标准系统的结构形式包括阶层秩序（层次级别的关系）、时间序列（标准的寿命时间方面的关系）、数量比例（具有不同功能的标准之间的构成比例）和各要素之间的关系（主要是标准之间相互适应，相互协调的关系，以及它们之间的合理组合）。

实践证明：标准系统的结构不同，其效应也会不同，只有经过优化的系统结构才能产生系统效应。系统结构的优化，应按照结构与功能的关系，调整和处理标准系统的阶层秩序、时间序列、数量比例以及它们的合理组合。这就是结构优化原理。

根据结构优化原理在对标准系统进行控制的过程中，应不断分析功能与结构的关系，一旦发现结构状况已经影响了功能的发挥和目标的实现，就应采取措施改变结构。譬如，当我们发现由于标准系统中保证安全的标准比重太小，并且屡屡发生安全事故时，这就表明现行标准系统保证安全的功能太差，必须调整系统结构，增加必要的安全标准。这就实现了结构的优化。

根据结构优化原理还可得出一系列对标准化工作有指导作用的原则，如：

① 在一定范围内，当标准的数量已经达到一定程度时，标准化工作的重点应转向对系统结构的研究和调整上，要注意防止那种片面追求数量而忽视结构优化的倾向，这种倾向会削弱标准的系统效应，降低标准化效果。

② 为使标准系统发挥较好的效应，不能仅仅停留在提高单个标准的素质方面，应该在一定素质的基础上，致力于改进整个系统的结构。

③ 当标准系统过于臃肿，功能降低时，可采用精简结构要素的办法，减少系统中不必要的要素和某些不必要的结构，其结果不仅不会削弱系统功能，还会提高系统功能。这可看成是简化的理论依据。

3. *有序发展原理*

对于相对稳定状态的标准系统，及时淘汰标准系统中落后的、低功能的和无用的要素，或向系统中补充对系统发展有带动作用的新要素，使系统由较低有序状态向较高有序状态转化，推动系统的发展。这就是有序发展原理。

标准系统的结构经过优化之后，系统内部各要素之间彼此协调，系统与其外部环境之间也保持适应的状态，我们把这种状态叫作系统的稳定状态。系统只有处于稳定状态，才能正常地发挥它的功能，产生系统效应。

但是，当外部环境发生变化时，如经济系统的发展向标准系统提出新的要求时（也就是标准系统与外部环境不相适应时），原有的稳定状态便难以继续维持下去。这时，系统或者向与环境相适应的新的稳定状态发展，或者瘫痪、瓦解，二者必居其一。这表明标准系统的稳定是相对的、暂时的，不能一劳永逸，它是要变化发展的，不发展就要被淘汰。如何处理好稳定与发展的关系，研究稳定与不稳定互相转化的规律和途径，这是对标准系统进行管理的重要课题。

为了反映系统的稳定程度，我们使用“有序”这个概念。如果系统要素间秩序井然，有条不紊，相互联系牢固紧密，整个系统具有某种特定的运动方向，则表明其有序度高，这样的系统就是稳定的；反之，要素之间结构松散、混沌、杂乱无章，方向不定，则表明其有序度低，无序度高，这样的系统状态就是不稳定的。所以，努力提高系统的有序度是维持标准系统稳定性的关键。

标准系统的秩序是怎样形成的呢？它是系统与环境以及系统内诸要素间相互联系、协同作用的结果。如果在系统形成和发展过程中对系统内外部因素之间的关系处理不当，便可能降低系统结构的有序度，使系统向无序方向转化。例如，由于标准是逐个制定的，在制定过程中很难做到最佳协调，因而会遗留一些不相适应的环节；当标准的绝对数增多以后，由于尚未采用先进的检索技术，很难互通信息，很难避免标准之间互相抵触；由于引进世界许多国家的标准，难免在引进的标准之间以及它们同我国原有标准之间发生矛盾等，加上工作上的问题，标准系统中难免要出现互相矛盾、互相重复、互不衔接的现象，以及无用的、低功能的标准未能及时淘汰，必要的新标准不能及时补充等。所有这些都会使系统要素间联系的稳定性降低，使系统走向无序。

此外，即使原有的系统结构状态较好，也会由于外部环境的变化（如生产和技术水平的提高），使系统中的个别要素首先发生变化（如某些标准的修订），从而使要素之间的联系变得不稳（标准之间出现了新的不协调），由此也会向无序方向演化。

总之，任何标准系统如果不加控制地任其自然变化都要由有序向无序转变。对标准系统进行管理的一个重要任务，就是要千方百计提高标准系统的有序程度，保持系统稳定，或不失时机地向新的更高水平的稳定状态过渡，也就是使系统进化、发展。

有序发展原理表明，在对标准系统进行管理时，一方面要注意及时制定必要的标准，尤其是能带动整个系统水平提高的先进标准；另一方面也要特别注意及时清除那些功能差、互相矛盾和已经不起作用的标准，随着标准绝对数的增加，这个问题显得越发突出。如果忽视了标准系统的新陈代谢，标准化活动可能陷入事倍功半的被动局面。

4. 反馈控制原理

从标准化实践的经验中，可以得到这样的认识：标准系统演化、发展以及保持结构稳定性和环境适应性的内在机制是反馈控制。这就是反馈控制原理，其含义：

① 标准系统在建立和发展过程中，只有通过经常的反馈，不断地调节同外

部环境的关系，提高系统的适应性和稳定性，才能有效地发挥出系统效应。

② 标准系统同外部环境的适应性，不可能自发实现，需要控制系统（管理机构）实行强有力的反馈控制。

系统是离不开环境的，标准系统的环境是指系统存在和发展的外界条件的总和。标准系统的存在与发展，不仅依赖于其内部要素的相互作用，同时还依赖于它和周围环境的相互作用，恰是这两种作用构成了标准系统发展的动力。

标准系统同环境的联系表现在它和环境之间的物质和信息的不断交换过程中，标准系统从环境得到各种信息之后，从而调整自己的结构，增加必要的标准，使标准系统同环境相适应。对环境缺乏适应性的标准系统是没有生命力的。

标准系统所处的环境是系列动态系统，它们是经常变化着的，为使标准系统适应环境的变化，就必须能感知环境的变化，而欲感知环境的变化，就必须从变化的环境中接受信息。没有接受信息和处理信息的能力，就谈不上对系统的控制，也谈不上对环境的适应。人类从事的标准化活动，从某种意义上可以说就是不断地从环境获得信息并对它进行加工，制定出标准，建立标准系统；在系统的运行过程中还要不断地从外界获得环境变化的信息再加工，并根据所加工的信息对标准系统进行控制，使之与环境相协调这样一个无限循环的过程。没有信息就无法对标准系统进行管理，也就无所谓标准化活动。

控制的基础是信息，一切信息传递都是为了控制，而任何控制又都需要通过反馈来实现。所谓反馈，就是一个系统把信息输送出去，又将其作用结果的信号返送回来，并对信息的再输出起到控制作用。信息反馈是对标准系统进行管理的前提，任何一个标准系统都必须有信息反馈，而且必须经常地获得必要的信息，迅速地传递，正确地加工和利用，反馈控制是实现标准系统目标的决定性因素。

反馈控制原理的实践意义还在于由此引申出一系列管理原则：

① 标准系统是人造系统，它需要标准化管理者主动地进行调节，才能使系统处于稳态，没有人的干预或控制是不可能达到稳态的。而干预、控制都要以信息反馈为前提。虽然建立了标准系统，如果没有信息反馈，系统就将处于失控状态，一个失控的系统，既不能达到预定目标，也不能长期稳定。

② 标准化管理部门的信息管理系统是否灵敏、健全，利用信息进行控制的各种技术的和行政的措施是否有效，对标准系统的发展有重要影响。

③ 标准系统的反馈信息，要通过标准贯彻的实践才能得到。如果标准管理部门不用相当的精力注意标准的贯彻，不能及时得到标准在贯彻过程中同环境之间适应状况的信息，不能及时对失调状况加以控制，标准系统便可能逐渐瘫痪、瓦解。

④ 为使标准系统与环境相适应，除了及时修订已经落后了的标准，制定适

合环境要求的高水平标准外，还应尽可能使标准具有一定的弹性，这应该成为标准化的一个原则——弹性原则。

（三）标准化的本质及作用

标准化是现代化工业的产物，实践证明标准化由于其涉及领域的广泛性、内容的科学性和制定程序的规范性使其在社会经济发展中发挥着不可替代的重要作用。

1. 标准化是现代化大生产的必要条件

现代化大生产是以先进的科学技术和生产的高度社会化为特征的。先进的科学技术表现为生产过程速度加快、质量提高、生产的连续性和节奏性增强。生产的高度社会化表现为社会分工越来越细，各部门之间的联系日益密切。随着科学技术发展和生产社会化程度越来越高、生产规模越来越大、技术要求越来越严格、分工越来越细、生产协作也越来越广泛，涉及几十个、几百个，甚至成千上万个企业，协作范围遍布全国乃至全世界。一辆汽车有上万个零件，由 100 多家工厂协作；一架波音 747 飞机有 450 万个零件，包括近 10 个国家、1500 家大企业和 15000 家中小企业参加协作。这些产品的社会化大生产，必须以技术上高度统一与广泛的协调为基础，而标准化恰是实现这种统一与协调的管理手段和技术工具。正是由于标准化能为生产建立最佳秩序，能够为人们的活动确立目标并使人们共同遵守以及具有约束效用，才能够使这种统一和协调的作用充分发挥。

2. 标准化是科技进步和科学管理的基础

标准是科学、技术和经验的综合成果，包含了许多成熟的先进技术，并与新技术同步发展。标准化是企业的技术创新与产品开发的基础，企业的新产品的设计、制造、试验、检验、信息化管理、市场化开拓等都离不开标准化，新产品的开发、产品的定型、规模化生产、市场化形成等需要大量借助于已有的标准成果。同时，在此过程中又会形成很多直接相关的产品标准及其配套标准服务于企业的采用新技术、开发新产品、技改装备和提升测试手段能力等活动。总体来说，标准化是科技进步、科技成果产业化、科技产品市场化的基础支撑。

1798 年，美国人惠特尼在制造武器中运用标准化原理成批制造可以互换的武器零部件，为大规模生产开辟了新路。1911 年科学管理之父泰勒又用标准化的方法制定了“标准时间”和“动作研究”，证明标准化可以大规模提高劳动生产率。所以在企业管理中，无论是生产、经营，还是核算、分配都需要规范化、程序化、科学化，都离不开标准化。现代企业实行自动化、精确化管理，前提也是标准化。

标准化为企业现代化管理提供基础条件。集约化生产要求企业依据生产技术的发展和客观的经济规律进行管理，实现管理机构高效化、管理技术现代化。要实现生产过程中技术上的相互衔接、管理上的有序高效、信息传递的快速准确，就必须通过制定和贯彻各类标准来实现统一技术要求、统一管理规范、统一工作程序，并将其作为指导企业生产、技术、经营和管理活动的依据。标准化将生产程序和管理业务衔接起来，成为一个有机的整体，保障企业整个管理系统功能的发挥，成为企业动态管理的基础。

3. 标准化是质量安全的支撑

标准是检验产品、监督工程、测评服务和市场监管的依据。产品（包括工程和服务）包括功能性（性能参数、工作参数、结构参数）、可信性（可用性、可靠性、维修性）、安全性、环境适应性等质量特性，均由标准定量给出衡量要求及评测方法。因此，标准为产品质量提供了准绳，是检验产品质量的依据。在市场中，不管是国有企业还是个体私营企业，不管是外资企业还是内资企业，它们的产品质量合格与否或能否达到市场准入要求，只能使用同一标准来衡量。此外市场监管的技术依据同样是标准，从质量监督的检查程序、方法到试验设备和测量设备等试验手段的配备，以及质量合格的评估和鉴定，都离不开标准。

4. 标准化是国际贸易合作的工具

贸易全球化和市场一体化是大势所趋，而在各个国家和各个地区之间起到联结作用的桥梁和纽带就是技术标准。世界贸易组织（WTO）已经形成了一套完整的非关税国际贸易规则，技术性贸易措施体系对技术法规、标准、合格评定都做出了明确规定。因此，应主动掌握标准手段，发展市场经济，促进国际贸易，维护国家利益。

按照同一标准组织生产和贸易，市场行为才能够在更大的范围和更广阔的领域发挥应有的作用，人类创造的物质财富和精神财富才能在更大范围内为人类所共享。生产的目的是消费，生产者要找到消费者就要开发市场，标准不但为扩大生产规模、满足市场需求提供了可能，也为实施售后服务、扩大竞争创造了条件。随着贸易自由化在全球的推进，标准已成为产品和服务走向国际市场的“通行证”，决定着市场的控制权，成为市场竞争的制高点。

5. 标准化是消除浪费、节约活劳动和物化劳动的有效手段

标准化对象的重要特征之一是重复性。在生产实践过程中，活劳动和物化劳动的重复支出，有的必要，有的则不必要，后者便属于浪费。在某些领域尚未开展标准化时，这种浪费常常是无法避免的（如产品设计过程中的许多重复的劳动支出）。标准化的重要功能就是对重复发生的事物尽量减少或消除不必要的劳动耗费，并且促使以往的劳动成果的重复利用。标准化的任何一种形式，都会产生这种类型的节约。这种节约的效果明显、意义重大。

6. 标准化是国家治理体系和治理能力现代化的必然要求

在维持社会运行的诸多规范中，国家的基本制度、执政党的指导思想和基本政策可称为定向性规范，从最高层次上规定着国家和社会的发展方向。法律法规是由国家强制力保证实施的强制性规范，法治使社会行为的后果具有可预期性，因而成为社会有序运行的根本保障。同时应看到，强制性或推荐性的标准也具有规范性。与刚性的法律相比，标准更加具体细致，是法律法规的细化和延伸；法律主要回答“可为”还是“不可为”的问题，而标准则包含许多定量要求，主要回答“如何为”，以及“为的程度”的问题，具有较强的可操作性。在社会规范体系中，标准存在和发生作用的时空非常广泛，不仅对社会行为所起的作用更加直接，灵活性、针对性更强，而且会通过渗透于日常生活培养人们的行为习惯。

标准是国家治理的基础性规范，标准化对国家治理体系和治理能力现代化建设具有重要意义：第一，标准化为现代国家治理确立规范，从而关系到国家治理的制度化；第二，标准化为现代国家治理确立标的，从而关系到国家治理现代化的目标；第三，标准化为国家治理的合理化提供依据，从而关系到国家治理的效益；第四，标准化为评估国家治理现代化提供量化指标，从而关系到国家治理的改善；第五，标准化为国家治理提供统一的评估基准，从而使得不同地区之间可以就治理状况和治理水平进行相互比较和学习借鉴。

标准化的作用还可列举许多，例如它在保护消费者利益和保障安全与卫生方面，在推动服务质量改善方面，在农业现代化、国防现代化方面，以及同人民生活密切相关的领域里，标准化都在运用它特有的功能，推动着人类文明和社会进步。

二、综合标准化理论

综合标准化是以系统理论为指导，遵循系统分析方法开展的标准化，是系统科学与“传统”标准化相结合的产物，于20世纪60年代诞生于苏联，并于20世纪80年代初传入中国。随着经济全球化、社会化大生产深度发展，生产、经营、服务各个环节之间的相互衔接、配套极为重要，但传统的标准化工作只能解决某一局部问题，而现代化生产、经营活动中的问题不是局部的单一的问题，而是有一定系统性，多环节、多部门、多因素的问题。要有效解决这些问题，只有以系统理论为指导，运用综合标准化方法。

（一）综合标准化的相关概念

1. 综合标准化

1968年的苏联国家标准给出“综合标准化”的定义为：“使成为标准化对象的各相关要素的指标协调一致，并使标准的实施日期相互配合以实现标准化，从而保证最全面、最佳地满足各有关部门和企业的要求。使用编制标准化计划的方法来保证综合标准化，计划中应包括制品、装配部件、半成品材料、原料、技术手段、生产准备和组织方法等。”这一定义反映了苏联开展综合标准化初期工作方法的特点。

1985年苏联标准化工作者经过17年实践和总结，对“综合标准化”定义进行了修订和完善，新定义为：“用系统分析方法建立的期限、执行者和以标准化方法为措施手段的相关综合体，在综合成就的基础上，不断提高满足社会需求的水平。”该定义着重提出采用系统分析方法建立标准综合体的问题，提炼出来了综合标准化的本质特征。

国家标准《综合标准化工作指南》（GB/T 12366—2009）将“综合标准化”定义为：“为了达到确定的目标，运用系统分析方法，建立标准综合体，并贯彻实施的标准化活动。”根据“综合标准化”的概念，可以归纳出以下三个层面的含义：

（1）综合标准化的实质

综合标准化的实质是一系列标准化活动，但这些活动不是围绕某个标准开展的，而是围绕“标准综合体”开展的，核心活动就是构建标准综合体，整体地推进和实施标准综合体中的所有标准。这是综合标准化与传统标准化的最明显的区别。

（2）综合标准化的目的

综合标准化不是以制定标准为目的，而是以解决问题为目的，“达到确定的目标”为目的，即开展综合标准化所要达到的预期结果。整个综合标准化过程就是追求目标实现的一系列过程。

（3）标准综合体的构建方法

标准综合体的构建方法是系统分析方法。它是把要解决的问题视为一个系统（整体），对系统要素进行综合分析，找出解决问题的可行方案的科学方法。

2. 标准综合体

国家标准《综合标准化工作指南》（GB/T 12366—2009）将“标准综合体”定义为：“综合标准化对象及其相关要素按其内在联系或功能要求，以整体效益最佳为目标，形成的相关指标协调优化、相互配合的成套标准。”根据“标准综合体”的概念，可以归纳出以下两个层面的含义：

（1）标准综合体的实质

标准综合体的实质是成套标准，包含着标准数量上和整体上的要求，是与实现综合标准化目标有关的全部标准的集合。这些标准不仅仅是齐全的、成套的，而且是相互协调、相互配合，相关指标优化的、有特定功能的有机整体。

（2）标准综合体的构成

标准综合体是与综合标准化对象相关的标准，以及相关要素的标准，即能对综合标准化对象相关的功能和综合标准化的目标产生影响的那些要素构成。其中综合标准化对象相关的标准主要是形成综合标准化对象功能特性的标准，如原料、辅助材料、半成品、终产品等标准，如果综合标准化对象是一项工程，还会涉及施工材料、设备设施、工程质量等有关的标准；综合标准化对象相关要素的标准主要是与实现综合标准化目标直接相关的标准，如设计、工艺技术、测试和试验方法标准、操作维修标准和管理标准等。

（二）综合标准化的基本原理

1. 综合标准化的方法论

综合标准化不仅是全新的标准化形式，还是全新的科学方法论，是标准化发展到一定阶段的产物。标准化工作者在标准化实践中发现传统标准化工作难以解决遇到的新问题，特别是跨专业、跨学科、综合性的复杂问题。面对这些问题，苏联标准化工作者、中国标准化工作者积极探索，找到了系统理论方法，并创新性地将其应用到现有的标准化方法之中，解决了在实践中遇到的各种复杂的问题。综合标准化发展到今天，仍处于不断积累经验阶段，它的理论方法尚在形成或不断完善的过程中，现在看较为成熟的综合标准化理论方法是目标导向、系统分析和整体协调这三个方面，可以说它们是综合标准化方法论的三块基石。这三块基石奠定了综合标准化方法论的基础，三者之间有着内在联系，在应用时互相渗透、互相补充，深刻理解和切实把握好、运用好这三块基石，是理解综合标准化和做好综合标准化工作的前提。

（1）目标导向

目标导向就是综合标准化将目的转化为标准化目标，并以目标为先导引领标准化全过程。这里的“目标”不是单个标准的目标，而是把综合标准化对象及其相关要素视为一个整体（一个系统），从整体效益最佳出发确定的目标，而为了确定这个最佳效益的目标，需要通过系统分析方法，选出最佳的标准化工作方案。这里的“导向”系指目标所具有的指向性、针对性和方向性，目标贯穿整个标准化过程。总的来说，综合标准化是以系统地解决综合性问题为目的，综合标准化处理的对象是由多个部分组成的整体系统，因此需要由多个有机协调、相互支撑、互相呼应、优化配套的具有特定功能的一套标准方可实现，并使这个系统中的每个标准都能充分地发挥其功能，这就是目标导向。

（2）系统分析

系统分析是系统工程的主要方法，它是指把要解决的问题作为一个系统（整体），对系统要素（整体）进行综合分析，找出解决问题的可行方案的方法。综合标准化就是利用了系统分析的方法，以整体效益为目标，寻求解决问题的最佳可行方案，为决策者提供判断的依据。正是因为系统分析方法在综合标准化过程中显得如此重要，不论是苏联国家标准还是中国国家标准，在给综合标准化下定义时，都把应用系统分析方法作为综合标准化的一个重要特征。

(3) 整体协调

整体协调的实质是整体优化，它是指从系统整体的立场出发，运用系统优化方法，综合地掌握系统内部之间以及系统与外部环境之间的关系，使系统达到整体最佳状态。系统的整体性是系统的最基本特征，重视系统的整体性目的是要获得最佳的整体效益。通过整体协调，使针对综合标准化对象及其相关要素所制定的全套标准，形成一个互相支持、互相配合的有机整体。

综合标准化的"整体协调"，简单地说，就是为实现最佳整体目标而制定的全部标准，根据总目标的要求同时相互协调。通过协调建立起要素（标准）之间的联系。把这些相互作用、相互依赖的联系建立起来，才能形成一个有机整体。传统标准化也强调协调，但那种协调是单个标准之间的协调，或者是新旧标准之间的协调，或者是上下级之间的协调，协调的内容不外是处理标准相互之间的重复和矛盾，并无整体目标的考虑。整体协调是综合标准化最难的工作，同时也是最具特点、最有价值的工作。可以说整体协调是创造价值的活动，是综合标准化之所以能获得最佳整体效益的内在根据。

（三）综合标准化的特点

从综合标准化的定义和综合标准化的基本理论可以看出，相对于传统标准化而言，综合标准化具有目的性、整体性、成套性、敏感性、全过程管理、计划性和风险性等特点。

1. 目的性

综合标准化具有突出的目的性，其定义首先就提出了"为了达到确定的目标"，"目标"贯穿综合标准化工作全过程。综合标准化工作有明确的目的，并将目的转化为目标，而且还要将"总目标"分解为若干分目标并分别落实到相关标准的制定任务中。在对所有标准进行系统处理、整体协调时，也要以能否保证总目标实现为准则。直到最后阶段对综合标准化项目进行验收时，还要以是否达到预定目标为判定标准。

综合标准化是目标导向的标准化，目的性或目标性不仅是综合标准化的特点，也是一项重要的工作原则，这是其与传统标准化的重要区别。不是说传统标准化没有目的或目标，传统标准化也是有目的的活动，它们的"目的"通常是相互独立的、分散的、各自为政的，而综合标准化的"目的"是一套标准围绕的"目的"，不管这一套标准有多少项标准，都必须服从一个总目标。

2. 整体性

所谓“整体性”也可以说是“系统性”，综合标准化是遵照系统科学的原理发展起来的，系统理论的首要特点就是整体性。这是综合标准化与传统标准化在方法论上的本质区别。

综合标准化过程中建立的标准综合体，其中的每一个标准，从形式上看虽然也是分散的、单个的并且是由不同的人分别制定出来的，但实际上它们是围绕一个共同的整体目标。每个标准虽然都有各自的目标和功能，但它们的目标和功能既不是任意的，也不是孤立的，一切都是从保证整体目标实现和整体目标最佳为出发点确定下来的，并不刻意追求每个标准都达到最高水平。而传统标准化则不然，它不仅单个地、孤立地制定每一个标准，而且单纯地追求每个标准的最佳水平。

3. 成套性

综合标准化的“成套性”是由综合标准化的目的性和整体性这两个特点决定的。综合标准化不是一次只制定一个标准，而是按照“标准综合体规划”在规定的时间内制定一整套对实现既定目标起保证作用的标准，这叫标准的成套性，标准综合体就是“成套标准”。

综合标准化成套制定标准，不是盲目成套。它是当标准化的对象和目标确定之后，经过系统分析、目标分解，建立起来的实现“目标”系统。这个系统中的每一个标准都是必不可缺的和有用的，都是依据目标的要求量身定制的。而传统标准化通常是按需制定标准、分散制定标准，虽然经过长时间的标准积累，最终也可能形成标准体系，但此标准体系与标准综合体的“成套标准”有着实质性的区别。

4. 敏感性

综合标准化的“整体性”和标准综合体的“成套标准”决定了标准综合体必然具有“敏感性”。标准综合体是相关指标协调优化、相互配合的有机整体，其中任何一个标准发生变化必然导致相关标准作用产生偏离，最终影响整个标准综合体，为了确保整个系统相互协调，必须对其他标准进行相应调整，从而保证最后总目标不产生偏差。

敏感性使标准综合体具有对环境适应的动态适应性。所以在实施综合标准化时要充分考虑环境的要求，而且为确保最终目标得以实现，必须密切关注环境变化，随时要因环境变化进行标准综合体的调整。

5. 全过程管理

综合标准化是一个系列活动过程，这个过程包括制定标准，建立标准综合体，并实施标准综合体，实施中或实施后都要通过监督检查反馈信息，对标准进行调整和修订，直到达到预定目标，实现标准化的目的。由此可见，综合标准化是全过程的标准化，以解决实际问题为目的的标准化，而不像传统标准化那样“重制定、轻实施、无反馈”，以制定标准为目的。

综合标准化的这个“全过程”实质上是个螺旋式上升的闭环管理，即一个完整的“P—D—C—A”循环过程。正是因为具有这个特点，综合标准化工作符合认识问题、分析问题和解决问题的一般规律，故能真正地解决很多复杂的问题。

6. 计划性和风险性

综合标准化是一项有组织有计划的标准化活动，但并不是说传统标准化没有计划，传统标准化也有计划，区别在于两者计划的深度和广度不同。与传统标准化不同，综合标准化要求一环扣一环，前后工作紧密衔接，这决定了综合标准化全过程应有计划，如前期的标准综合体规划、中期的标准制修订计划和后期的实施计划。通过编制标准综合体规划，明确综合标准化对象及其相关要素，需要制定、修订的全部标准（课题），每个标准的最终目标和相关要求等；通过标准制修订工作计划，落实制定、修订标准的要求、承担单位或负责人、起止时间等；通过标准综合体实施计划，明确实施的方式、实施组织单位或人员、实施工作内容、实施日常、实施过程记录要求等。

综合标准化与传统标准化相比较，可以说综合标准化是高风险的标准化，传统标准化是低风险甚至无风险的标准化。综合标准化之所以有高风险，这个特点是它自身所固有的。首先，综合标准化的对象和目标通常不是由标准制定者提出的，这个对象和目标常常是国家或企业的重大项目或攻关项目。其次，综合标准化各项工作需要紧密衔接、环环相扣，任何一个环节出了问题，都有可能导致无法达到最终目标的实现。再次，保证标准综合体中所有标准之间的大量技术参数、要求和特性的最佳协调是开展综合标准化的最大技术难题，而且经协调形成的标准综合体，又是一个非常敏感的系统。

（四）综合标准化工作开展

1. 综合标准化的工作原则

综合标准化工作是一项标准化系统工程工作，应遵循必要的工作原则。国家标准《综合标准化工作指南》（GB/T 12366—2009）提出开展综合标准化工作应遵循如下基本原则：

（1）将综合标准化对象及其相关要素作为一个系统开展标准化工作，范围明确并相对完整。

（2）综合标准化的全过程应有计划、有组织地进行，以系统的整体效益（包括技术、经济、社会三方面的综合效益）最佳为目标，保证整体协调一致与最佳，局部效益服从整体效益。

(3) 标准综合体内各项标准的制定与实施应相互配合，所包含的标准可以是不同层次的，但标准的数量应当适中，而且各标准之间应贯彻低层次服从高层次的要求。

(4) 应充分选用现行标准，必要时可对现行标准提出修订或补充要求，积极采用国际标准和国外先进标准。标准综合体应根据产品的生命周期及时修订。

2. 综合标准化的工作程序

综合标准化不仅是一项有组织有计划的标准化活动，而且须遵照必要的程序有步骤地推进。通常综合标准化工作程序包括准备阶段、规划阶段、制定阶段和实施阶段。每个阶段的具体工作如下：

(1) 准备阶段

准备阶段主要工作是确定综合标准化的对象和建立协调机构。在此阶段，还应根据综合标准化开展的需要和可能，开展相关调查研究和可行性分析工作。

① 确定综合标准化对象。选择和确定综合标准化对象是开展综合标准化工作的首要环节。这第一步工作是否到位，对是否能完成综合标准化目标有着最直接的影响，常常由于选择对象时缺乏深入分析，对所选对象的认识肤浅，工作难度估计不足，致使后续工作困难重重。

根据科学技术发展与国民经济建设的需要，以经济性为准则选择综合标准化对象。应从国民经济和社会发展需要出发，选择具有重大技术、经济意义和明显效益的对象，在一定范围内功能互相关联，经过纵横向协作才能解决相关参数指标协调与优化组合问题。总之，要从“是否必要”“是否有意义”“是否可行”等方面全面权衡，做出一个最佳选择，将其确定为综合标准化对象。

② 调研。在选择和确定综合标准化对象过程中，应开展相关调查研究工作，充分了解选择的综合标准化对象的现状、国内外同类产品的水平、国内外标准化概况、各相关方的基本情况和意见等。

③ 可行性分析。可根据需要和可能，开展可行性分析，充分估计各种风险和困难。对选择的综合标准化对象情况，所需人力、物力和财力的情况，以及能否获得预期的技术、经济和社会效益进行可行性分析。

④ 建立协调机构。建立协调机构是开展综合标准化工作的首要工作，这是由综合标准化的特点决定的。综合标准化项目大都是跨行业、跨部门、跨学科的复杂课题，这类问题常需多方配合、通力合作、广泛协调才能解决。因此，建立一个强有力的协调机构是极为必要的。通常根据确定的综合标准化对象，由有关方面的人员组成有权威性的协调机构，负责建立标准综合体的协调和组织实施工作。同时，还应建立相应的工作制度，明确各方职责和分工。

(2) 规划阶段

规划阶段主要工作是根据确定的综合标准化对象和分析结果，确定综合标准化的目标，并根据确定的目标编制标准综合体规划。

① 确定目标。综合标准化是以解决问题为目的的标准化活动，所选定的综合标准化对象，一定存在某种问题需要通过综合标准化得到解决。目标就是解决问题后希望达到的理想状态，所以目标是目的具体化。有了明确的、具体的、量化的目标，才算有了明确的目的，有了综合标准化的主攻方向。目标一经确定，便是各项工作的依据和出发点。

综合标准化目标如何确定和确定怎样的综合标准化目标成为事关全局的问题。收集与综合标准化对象有关的资料，通过分析对比，准确掌握其国内外状况与发展趋势，并根据技术经济发展的预测结果和实际可能，合理确定综合标准化对象应达到的目标，充分体现其整体最佳性。

② 编制标准综合体规划。标准综合体是一套相关指标协调优化、相互配合的标准。这一套标准怎么制定，定成什么样，对所确立的综合标准化目标能否实现有最直接的关系。因此，编制标准综合体规划，对有计划有步骤地开展综合标准化工作极为重要。标准综合体规划是指导性、计划性的文件，在达到预定的目标以前一直有效；建立标准综合体，编制标准制定、修订计划和确定相关科研项目的指南；协调解决跨部门综合标准化工作的依据。

标准综合体规划的基本内容：

a. 综合标准化对象及其相关要素；

b. 需要制定、修订的全部标准；

c. 最终目标值和相关要素的技术要求；

d. 必要的科研项目；

e. 各项工作的组织和完成期限、预算计划及物资经费等保证措施。

编制标准综合体规划的基本原则和要求：

a. 应由各有关部门共同参加编制；

b. 应同各部门的具体工作与计划任务相结合；

c. 应考虑所需的物资资源、劳动资源和经费；

d. 应附有编制说明和实施大纲。

编制标准综合体规划的程序：

a. 确定对象系统。提出对象系统总目标，并根据综合标准化对象及其相关要素的内在联系或功能要求，将所确定的目标分解为具体目标值。

b. 进行系统分析。通过分析资料，对综合标准化对象进行系统分析，找出影响所确定目标的各种相关要素，明确综合标准化对象与相关要素及相关要素之间的内在联系与功能要求。合理确定综合标准化对象及其相关要素的范围，并且绘制综合标准化对象的相关要素图或给出文字说明，明确其系统关系。

c. 选择最佳方案。对综合标准化对象的科学技术水平、综合质量指标以及综合效益进行预测和综合论证。根据需要和可能，合理地确定系统的综合范围和深度，按工作流程确定标准综合体规划的结构。列出综合标准化对象的直接相关要素和间接相关要素，编制相关要素图。确定科研攻关项目、试验步骤、技术措施和组织保证措施，保证综合标准化对象的及时开发、研制，提高其整体水平。

d. 确定标准项目。理顺关系，对综合体中所含要素系统，根据相关要素图，按性质和级别对标准、项目及课题汇总分类。编制跨部门的实施计划，拟订需要制定、修订的标准的内容和数量，并根据轻重缓急确定标准制定、修订时间的最佳顺序和工作进度，将其分别纳入相应的标准制定、修订规划和年度计划中，保证制定、修订标准工作的协调进行。确定制修订工作要点、起草单位和参加单位。确定综合标准化对象的技术手段和质量保证，以及制修订的准备、组织与保证措施。

e. 编制标准综合体规划草案。根据对象的系统分析和目标分解的结果，编制标准综合体规划草案，明确标准综合体的构成。标准综合体规划草案内应包括能保证综合标准化对象整体最佳的所有标准。各项标准应进行系统处理，按性质、范围适当分类，使其构成合理。

f. 规划草案的评审。应组织有关专家对标准综合体规划草案进行审议、认定，形成正式的标准综合体规划。评审内容应包括目标能否保证、构成是否合理、标准是否配套、总体是否协调。

（3）制定阶段

制定阶段的主要任务是根据标准综合体规划所确定的所有标准，通过收集、修订、制定出来，建成标准综合体。一般包括制订工作计划和建立标准综合体。

① 制订工作计划。协调机构根据标准综合体规划中规定的标准构成要求，审查现有标准情况，确定需要制定和修订的标准，制订统一的工作计划，明确分工和进度要求。对技术难点，应制订攻关计划。工作计划包括以下几个方面：

a. 凡有现行标准，能满足总体要求的，应引用现行标准而不再制定新标准；不能满足要求时，应修订现行标准或提出补充要求；没有相应标准时，应制定新标准。

b. 根据标准综合体规划内标准之间的相互联系，确定各项标准制定和修订的顺序与时间。

c. 各项标准的制定和修订任务应被纳入各级标准的制定和修订计划，保证各级标准制定和修订计划的协调。

d. 工作计划中除规定制定和修订标准的项目名称外，还应明确各项标准的主要内容与要求、适用范围、与其他标准的关系、标准起草单位与负责人、参加单位与参加人员、起止时间等。

② 建立标准综合体。建立综合标准体是综合标准化工作的关键步骤，此步骤主要是落实相关工作计划，确保实施阶段有标可依。协调机构应根据工作计划的要求，组织全部标准的起草和审查工作，建立标准综合体。建立标准综合体包括以下几个方面的内容：

a. 制定工作守则，指导参加综合标准化工作的有关人员的活动。

b. 从全局出发，有关方面要密切配合，协调行动。

c. 有关标准的技术内容应相互协调，实施日期应相互配合。

d. 分解的目标值均应在相应标准的有关指标中得到保证。

根据工作进展情况，通过一定手段进行试验验证。整体验证周期太长者可以进行局部验证。通过试验验证适当调整原工作计划和某些标准中不适应的内容。建立标准综合体后，协调机构应根据试验验证结果，对建立标准综合体的全部工作情况进行总结。

（4）实施阶段

实施阶段的主要任务是按照实施计划将标准综合体中的所有标准整体实施，并对标准综合体的实施效果进行评价与验收。

① 组织实施。协调机构按照实施计划，组织相关单位或部门，在规定的时间将标准综合体中的所有标准整体推进实施，实现综合标准化目标。此过程主要工作包括：

a. 根据综合标准化特点，编制标准综合体实施计划。

b. 正式实施前，做好标准宣贯、人员培训、准备好实施必要条件，并细化分工，责任到单位或部门甚至到人。

c. 实施过程中，要做好实施记录、收集反馈信息、处理实施过程中的相关问题，保证标准综合体的正常实施。

d. 正常实施后，定期进行审查与修订，不断更新与充实标准综合体。指定专人在标准实施过程中跟踪检查，记录标准实施过程中的有关数据资料，做好信息反馈。

② 评价和验收。标准综合体正常实施一定时间后，主管部门可组织各有关单位和人员考核标准综合体的实施效果，评价其是否达到了预定的综合标准化目标。

实施效果达到了预定目标，该项综合标准化项目应予以验收；实施效果未达到预定目标，应查找原因，采取改进措施，必要时再次实施。

第三节 新型城镇化标准化理论

一、新型城镇化标准化相关概念

（一）新型城镇化标准

根据《标准化工作指南 第1部分：标准化和相关活动的通用术语》（GB/T 20000.1—2014）中“标准”的定义，新型城镇化标准是指通过新型城镇化标准化活动，按照规定的程序经协商一致制定，为新型城镇化建设的各种活动或其结果提供规则、指南或特性，共同使用和重复使用的文件。上述定义揭示了“新型城镇化标准”这一概念的如下含义。

1. 新型城镇化标准的目的是推动新型城镇化的高质量建设

制定标准的目的是获得最佳秩序，以便促进共同的效益。新型城镇化标准需要围绕贯彻创新、协调、绿色、开放、共享的发展新理念，坚持以人为本，走集约、智能、绿色、低碳的具有中国的新型城镇化道路，实现以新型城镇化高质量发展为目的，进行新型城镇化标准的制修订。正如《新型智慧城市评价指标》（GB/T 33356—2016），这套评价指标体系突出“以人为本、惠民便民”的宗旨，共提出惠民服务、精准治理、生态宜居、智能设施、信息资源、网络安全、改革创新以及市民体验等八个一级评价指标，是引导我国各地智慧城市健康发展的重要手段，为我国新型城镇化建设提供了有力保障和指导。

2. 新型城镇化标准需协调一致

新型城镇化涉及农业、环境、交通、民政、教育等领域，新型城镇化很多决议的出台往往需要召开新型城镇化相关的联席会议，故新型城镇化的标准也需如此。一份新型城镇化标准的内容可能有很多标准相关方，最大限度地吸纳新型城镇化标准相关方的意见并形成各方都能接受的共识是确保新型城镇化标准适用性的基础。如《美丽乡村建设指南》（GB/T 32000—2015），该标准主要内容包括村庄规划、村庄建设、生态环境、经济发展、公共服务、乡风文明、基层组织、长效管理等八个部分，涉及多个领域，因此标准在研制过程中先后邀请住建、环境、农业、民政、教育、交通等相关领域的专家，多次召开标准研讨会，并公开向全国各省市相关单位征求意见，广泛收集各方意见和建议。

3. 新型城镇化标准可供共同使用和重复使用

新型城镇化标准是新型城镇化领域内的一种具有“共同使用”和“重复使用”特性的文件，标准的相关方均可使用，不是一次性的，而是可以多次使用、反复使用的。如《电子证照 总体技术架构》（GB/T 36901—2018）、《电子证照目录信息规范》（GB/T 36902—2018）等国家标准是电子证照系列基础标准，电子证照系列的规划机构、设计机构、开发机构、使用机构等相关方均可使用，而且可以反复使用。

（二）新型城镇化标准化

根据《标准化工作指南 第1部分：标准化和相关活动的通用术语》（GB/T 20000.1—2014）中“标准化”的定义，新型城镇化标准化是指为在新型城镇化领域内获得最佳秩序，促进相关方共同效益，对新型城镇化建设全过程中的现实问题或潜在问题，制定标准、实施标准以及对标准的制定、实施进行监督等特定的活动。上述定义揭示了“新型城镇化标准化”这一概念的如下含义。

1. 新型城镇化标准化是制定、实施新型城镇化标准及监督新型城镇化标准实施的过程

新型城镇化是一项有组织的系统活动过程，主要是制定新型城镇化标准、实施新型城镇化标准及监督新型城镇化标准实施的过程。而且此过程是反复循环、螺旋式上升的过程，每完成一次循环，新型城镇化的标准水平就提升一步。2011年安徽省住房和城乡建设厅、安徽省质量技术监督局联合发布了《安徽省保障性住房建设标准》（DB34/ 1524—2011），该标准规定了从住区规划、住区设施、建筑设计、建筑设备、室内装修、住宅性能、施工与验收及建筑工期与造价等全过程的质量监控与管理。为了执行该标准，安徽省人民政府对该标准实施工作进行了专门部署，并明确了相关部门职责，强化标准实施监管。标准实施后，不仅规范了保障性住房建设，提高了保障性住房质量，提升了政府的公信力，还得到了保障性住房住户的好评，以及国务院领导的高度评价和充分肯定。为提高标准的适用性、科学性，2015年安徽省住房和城乡建设厅组织对此标准进行了修订，将原标准中“廉租住房”统一归并为“公共租赁住房”，增加绿色建筑技术要求的内容，增加养老服务设施建设、结构设计和维护等内容，并根据原标准实施以来出现的新情况、新问题，对有关指标进行调整，对有关内容进行补充和完善。

2. 新型城镇化的目的和作用需要通过制定和实施新型城镇化标准来实现

新型城镇化标准是新型城镇化标准化活动的产物，新型城镇化的目的和作用，需要通过制定和实施新型城镇化的标准来实现，这是新型城镇化标准化的基本任务和主要内容。正如我国围绕智慧城市物联网、大数据等领域发布并实施了《智慧城市 公共信息与服务支撑平台 第1部分：总体要求》（GB/T 36622.1—2018）和《智慧城市 数据融合 第2部分：数据编码规范》（GB/T 36625.2—2018）等多项国家标准，通过梳理智慧城市物联网系统建设的关键功能要素，实现数据资源的标准化，并对系统建设进行总体指导，有效提升了智慧城市信息化建设水平和建设

质量。

3. 新型城镇化标准化是解决新型城镇化建设过程中现实问题或潜在问题的有效指引

我国新型城镇化在稳步推进过程中，依然存在着城镇发展不平衡、城镇发展特色不足，农村人口市民化任务繁重等现实问题或潜在问题，新型城镇化标准的实施，是解决这些问题的有效指引，正如《城市道路交通组织设计规范》（GB/T 36670—2018），契合当前城市道路交通精细化治理的需要，促进了交通组织设计工作从经验性向规范化、标准化的转变。

（三）新型城镇化标准体系

根据《标准体系构建原则和要求》（GB/T 13016—2018）中“标准体系”定义，新型城镇化标准体系是在新型城镇化领域范围内的标准按其内在联系形成的科学的有机整体。新型城镇化标准体系是编制新型城镇化相关标准制、修订计划的依据之一，是促进新型城镇化领域范围内的标准组成趋向科学合理化的手段，是新型城镇化领域内一幅现有、应有和预计制订标准的蓝图，并随着科学技术的发展不断地得到完善和更新。

二、新型城镇化标准化的特征

通过对新型城镇化标准化工作的总结，提出七个特征，即目标性、集合性、协调性、适应性、整体性、开放性、实践性。

（一）目标性

新型城镇化标准化是围绕新型城镇化战略的发展目标、重点领域和任务进行设计，是直接服务于我国新型城镇化高质量建设的发展目标的标准活动。从这个层面上讲，每个标准都是为这一目标而共同服务的，而非简单的叠加。

（二）集合性

新型城镇化标准化涉及面广，领域众多，是由农业、建筑、交通、教育、环境等多个标准化单元有机地结合起来完成新型城镇化高质量建设的综合体，其具有明显的集合性，任何单一领域的标准化都难以独自发挥效应。

（三）协调性

新型城镇化标准体系各要素之间要彼此协调，要与现有的标准体系和标准协调。新型城镇化标准体系建设要与正在进行的物流标准体系、智慧城市标准体系等关联性体系相协调，从而形成相互支持、互相配合的有机整体。

（四）适应性

新型城镇化标准在大多数情况下只是某一技术水准、管理水平和经验的反映，具有一定的先进性。但随着新型城镇化建设水平的提升要求制定或修订相关标准，这就要求对新型城镇化标准进行维护，包括修改、修订、废止等操作，以适应新型城镇化持续推进的要求。

（五）整体性

整体性是新型城镇化标准化的一个主要出发点。新型城镇化的标准化活动，需要从整体角度出发，在标准的制修订、监督实施等过程中，充分发挥整体效应，例如在标准的制修订过程中破除城乡二元结构，将农村与城镇作为整体进行统筹考量，形成共建共享的标准新格局。

（六）开放性

新型城镇化标准化将向各推进主体开放，满足其能力发展和实施区域条件的客观需求，并且根据新型城镇化发展、国家产业政策调整等进行动态调整和完善，及时修订。

（七）实践性

新型城镇化标准化是引领我国新型城镇化进程的重要技术工具，应遵循“从实践中来，到实践中去”的原则，总结提炼我国在新型城镇化推进过程中的先进经验和成熟做法，通过新型城镇化标准向全国，乃至全世界推广实施，有力支撑我国新型城镇化健康发展。

三、新型城镇化标准化的作用

伴随着新型城镇化建设的不断深入，部分城市新型城镇化建设陆续出现了一些问题，如：缺少顶层设计，存在重复建设；布局不合理，城镇功能难以发挥；城乡基础设施建设滞后，资源配置不合理；城市的管理和服务机制还不完善等。在新型城镇化建设中，这些问题亟待解决。标准是经济社会活动的技术依据，城镇的建设、管理、运营，尤其是新型城镇化进程中涉及城乡要素统筹和平等交换、公共服务和基础设施等方面资源均衡配置，以及生态环境建设等方面，都需要标准的技术支撑和规范。标准化是新型城镇化 2020 发展目标实现的现实需求，也是解决当前新型城镇化工作薄弱环节和具体问题的内在要求。《国家新型城镇化规划（2014—2020 年）》在第二十九章强化政策统筹中明确提出“建立健全相关法律法规、标准体系”，并在空气质量、建筑、防灾、建设用地、节约集约用地、高标准农田、畜禽水产品、标准化菜市场、义务教育等方面多次明确提到标准，可以说，新型城镇化标准化是助推新型城镇化建设高质量发展的重要手段，是完善国家治理体系和实现治理能力现代化的重要支撑。

（一）提高公共服务水平，增强社会治理能力

民生问题是政府工作的根本目标，也是社会发展的根本目标。公共服务和社会治理则是实现民生保障的重要载体和基本途径。随着我国法制化的不断完善，公众的维权意识越来越高，提高公共服务和社会管理水平的呼声越来越大，推动公共服务公开、透明，促进社会公平正义，防止或扼制腐败，已成为社会发展的整体趋势。近年来，党中央、国务院提出的社会治理与公共服务标准化战略正是落实社会建设与改善民生的有效途径和关键措施，是使社会走向整体和谐的自接推动力。在政府转型升级不断加速的大背景下，社会管理和公共服务已成为标准化工作的重点领域。一是通过标准可以规范各级政府的行为，建立标准化的工作流程，确立标准化的岗位职责，制定标准化的操作方法和评价机制，建立全程可控制的标准化程序，并对每个环节建立明确具体的工作质量评价标准。全面规范工作人员的公共服务行为，确保基本的公共服务财力和人力的投入以及制度方面的供给；二是通过标准可以规范公共服务机构提供的服务，固化科学的运作模式，规范政府运作流程。通过服务过程的程序化、标准化，使管理者明确责任、管理目标、绩效目标、考核标准，从而很好地利用公共资源，为公众提供切实服务，保障民生。

为提高公共服务水平，增强社会治理能力，我国相关部门积极摸索公共服务和社会管理标准化工作。如2003年全国服务标准化技术委员会组织相关专家制定了《社区服务指南》系列国家标准，包括环境管理、文化、教育、体育服务、卫生服务、法律服务、青少年服务、社区扶助服务、家政服务、物业服务等十项标准，该系列标准对科学规范社区服务行为，提升社区服务质量，具有重要作用；如由全国政务大厅服务标准化工作组组织制定的《政务服务中心服务现场管理规范》（GB/T 36112—2018），该标准对政务服务中心的现场管理主体和职责以及人员服务、空间、秩序、物品、设施设备、文档等内容进行了全面的规定，该标准对规范我国各地政务服务中心建设，提升政务服务的质量和水平，营造更好的政府服务环境，特别是助力“最多跑一次”改革、“放管服”改革、推动服务质量提升方面将发挥重大作用。

（二）规范基础设施建设，促进城乡协调发展

城镇基础设施建设是城镇正常运行和健康发展的物质基础，对于改善人居环境、增强城市综合承载能力、提高城市运行效率、稳步推进新型城镇化、确保全面建成小康社会具有重要作用。城镇基础设施包括道路交通、邮电、供水供电、商业服务、科研与技术服务、生态环境、文化教育、卫生事业等，涉及社会生活的方方面面。当前，我国城镇基础设施建设得到很大改善，但仍存在规划不合理、总量不足、质量不高、运行管理粗放、城镇资源配置不均等问题。而标准化就是为了在一定范围内获得最佳秩序，对现实问题或潜在问题制定共同使用和重复使用的条款的活动，因此通过制定和实施基础设施建设相关标准，实现有标建设，达标验收，按标运维，做到优化城镇基础设施布局，统筹建设城镇生产、生活、社会服务基础设施建设。

为规范城镇基础设施建设和提升管理水平，促进城乡协调发展，提高城镇化质量，国家和地方都加快了相关标准的制修订工作。如由国家住房和城乡建设部（原国家建设部）组织制定的《城市公共设施规划规范》（GB 50042—2008）和《城市基础设施管理》（GB/T 32555—2016），这两项标准对城市公共设施的科学规划、合理布局，统筹安排城市基础设施建设及其有效运行和维护，发挥着重要的基础性和引领性作用；由安徽省住房和城乡建设厅组织制定的《安徽省海绵城市规划技术导则——低影响开发雨水系统构建》（DB34/T 5031—2015），该标准对海绵城市的规划目标、典型用地低影响开发雨水系统设计、低影响开发雨水设施、综合管理等内容进行规定，对指导安徽省低影响开发雨水系统构建具有重要指导作用。

（三）提升资源利用效率，改善生态环境质量

良好的生态环境是社会生产力持续发展和人们生存质量不断提高的重要基础，人与自然的和谐是社会主义和谐社会的重要内容。加快建设资源节约型、环境友好型社会，事关现代化建设进程和国家安全，事关人民群众福祉和根本利益，事关中华民族生存和长远发展。推进能源资源节约，发展循环经济，既是缓解能源资源供求矛盾的重大举措，也是从源头上减少污染、改善生态环境，建设资源节约型、环境友好型社会和实现可持续发展的重要途径。通过制定、实施资源环境标准，引导人的观念和行为，引导和规范技术发展的方向，综合考量社会效益和经济效益，将集约、智能、绿色、低碳的理念贯彻到城镇化的生态文明过程与行动上，推进绿色发展、循环发展、低碳发展，尽可能减少对自然的干扰和损害，节约集约利用土地、水、能源等资源。强化城市和区域生态规划、处理好城市建设中眼前和长远、局部和整体、效率与公平、分割与整合的生态关系，强化和完善生态管理、生态占用补偿、生态绩效问责、战略环境影响评价、生态控制等标准，使集约节约的发展方式在新型城镇化建设中得以实施和推广。

为提升资源利用效率，改善生态环境质量，国家和地方都在全力推进相关标准的制修订工作。如由国家自然资源部（原国土资源部）组织制定的《城镇土地分等定级规程》（GB/T 18507—2014）和《城镇土地估价规程》（GB/T 18508—2014），这两项标准对科学评价和管理城镇土地，规范土地估价行为，确保土地分等定级估价成果客观、公正和合理发挥了重要作用；2020 年 3 月，安徽省生态环境厅与安徽省市场监督管理局联合发布了强制性地方标准《水泥工业大气污染物排放标准》（以下简称《标准》）（DB 34/ 3576—2020），该《标准》针对安徽省水泥行业主要污染物排放占比高，特别是氮氧化物排放量占全省工业总排放量的 45.9%的问题，规定有组织排放的颗粒物、二氧化硫和氮氧化物分别为目前执行的国标特别排放限值的50%、50%、31.2%。预计《标准》实施后，安徽省水泥行业的颗粒物、二氧化硫、氮氧化物排放浓度将大幅下降，有利于加快推进水泥行业淘汰落后产能，以新技术为代表的先进产能得到更好发挥，实现水泥行业绿色发展，同时，也有利于完成年度空气质量改善目标，切实增强人民群众的幸福感、获得感。

（四）保障农产品质量安全，促进农业可持续发展

没有农业标准化，就没有农业现代化，标准化是推动农业现代化的重要支撑手段。实施农业标准化是加快建设现代农业三大体系、率先实现农业现代化的基础环节，是提升农业综合生产能力、保障农产品有效供给的有效措施，是保障农产品质量安全、提升农产品市场竞争力的重要手段。通过推行农业标准化，可以实现传统农业向“产加销、贸工农”一体化转变，在农业生产的产前、产中和产后的全过程进行标准化生产和标准化管理，既可以加快现代农业科技转化为农业生产力，又能够带动各种农业生产要素的优化组合。通过推行农业标准化，可不断提高农民科学用药、用肥和规范生产管理的自觉性，改善农业生态环境。当前，老百姓最为关注的是食品安全问题，建立从农田到餐桌，从农产品种养、生产、加工、贮存、运输等环节的管理，到质量、等级、安全、卫生等与人健康有关的技术与管理要求，实现全过程可追溯性的标准化管理，确保农产品与食品的安全，是走农业可持续发展的关键环节。在制定实施一系列农产品生产、农产品加工、农产品质量安全、农业社会化服务等标准基础上，国家还出台了一系列有关标准符合性验证的认证制度，如无公害产品认证、绿色产品认证、有机产品认证等，这些都推动了农业标准化的有效实施，保障了农产品与食品安全。

为促进我国农业可持续发展，保障农产品质量安全，提升农产品生产企业的管理水平，国家认证认可监督管理委员会于2004年开始组织相关专家开展了《良好农业规范》系列国家标准的制定工作，国家标准化管理委员会先后发布了25项《良好农业规范》系列国家标准（GB/T 20014.1—25），涵盖了种植、养殖等农业生产活动。该系列标准是目前可操作性很强的农产品标准管理体系，对农业生产活动中每一个细节都进行了详细的规定。农业生产者在环境控制、病虫害综合防治、养分综合管理和保护性农业等可持续农作方法中按此系列标准建立控制体系，就能获得安全健康的农产品。

四、新型城镇化标准化的基本任务和主要内容

（一）新型城镇化标准化的基本任务

新型城镇化标准化是对新型城镇化建设过程中的现实问题或潜在问题制定共同使用和重复使用的条款的活动，通过制定各类特定领域的专用标准，满足新型

城镇化建设各方面的工作需求，是新型城镇化标准化的基本任务。根据《国家新型城镇化规划（2014—2020年）》和《国务院关于深入推进新型城镇化建设的若干意见》（国发〔2016〕8号）等文件的要求，我国新型城镇化标准化的基本任务包含以下四个方面：

（1）基本公共服务和社会治理的主要任务

提高基本公共服务能力和服务的有效性；提升城市社会治理能力和运行效率；推进城乡资源均衡配置和基本公共服务均等化等。

（2）基础设施建设的主要任务

科学规划城镇空间的布局；合理配置城镇基础设施；规范城镇基础设施的建设和评价；确保城镇基础设施的质量安全；确保城镇基础设施的有效运行和维护等。

（3）资源环境的主要任务

提升资源利用效率，改善环境质量，促进资源和环境可持续发展；将生态文明全面融入城市发展和人民生活；提高城市文化承载能力，保护文化传承；改善农村人居环境状况等。

（4）农业现代化的主要任务

保障国家粮食安全；确保农产品的有效供给；促进农产品的快速流通；提高农产品的质量安全；提高农业社会化服务的水平；提高农业产业效益和发展能力，促进农业可持续发展等。

（二）新型城镇化标准化的主要内容

标准化是以问题为导向的活动，为解决上述问题，在新型城镇化建设的各个方面、各个阶段，都需要制修订大量与新型城镇化建设相关联的各类特定领域的专用标准，主要包括基本公共服务和社会治理领域专用标准、基础设施建设领域专用标准、资源环境领域专用标准和农业现代化领域专用标准，具体内容如下：

1. 基本公共服务和社会治理领域

以促进教育、就业、社会保险、医疗卫生、公共文化、公共体育、住房保障、养老服务、公共交通、商业服务、法律、邮政等公共服务水平提升的关键技术和能力建设标准，以及影响服务功能布局的配置标准为重点的城市基本公共服务标准的制修订，提高基本公共服务能力和服务的有效性。

以农村转移人口落户，供电、供水、供气、排水、消防、信息、交通、污水和垃圾处理、园林绿化等服务与管理，以及社会治安、防灾减灾、安全生产等为重点的城镇管理标准的制修订，提升城市社会治理能力和运行效率。

以农村基本公共教育、医疗卫生、养老、文化体育、就业、邮政等为重点的农村基本公共服务标准的制修订，推进城乡资源均衡配置和基本公共服务均等化。

基本公共服务和社会治理领域相关专用标准示例见表2-3所列。

表 2-3　基础公共服务和社会治理标准示例

基本公共教育				
序号	标准名称	标准编号	标准类别	标准状态
1	中小学校设计规范	GB 50099—2011	国家标准	现行
2	中小学生教科书卫生要求	GB/T 17227—2014	国家标准	现行
3	中小学健康教育规范	GB/T 18206—2011	国家标准	现行
4	学生心理健康教育指南	GB/T 29433—2012	国家标准	现行
5	网络远程教育平台总体要求	GB/T 21644—2008	国家标准	现行
6	信息技术 学习、教育和培训 在线课程	GB/T 36642—2018	国家标准	现行
7	农村普通中小学校建设标准	建标 109—2008	行业标准	现行
8	义务教育阶段盲校教学与医疗康复仪器设备配备标准	JY/T 0403—2010	行业标准	现行
9	义务教育阶段聋校教学与医疗康复仪器设备配备标准	JY/T 0404—2010	行业标准	现行
10	义务教育阶段培智学校教学与医疗康复仪器设备配备标准	JY/T 0405—2010	行业标准	现行
11	教育管理信息 普通中小学校管理信息	JY/T 1004—2012	行业标准	现行
12	中小学教科书发行服务规范	DB34/T 2368—2015	地方标准	现行
13	中小学教科书发行服务评价准则	DB34/T 2369—2015	地方标准	现行

就业服务				
序号	标准名称	标准编号	标准类别	标准状态
1	公共就业服务 总则	GB/T 33527—2017	国家标准	现行
2	就业援助服务规范	GB/T 33531—2017	国家标准	现行
3	就业登记管理服务规范	GB/T 33532—2017	国家标准	现行
4	公共就业服务中心设施设备要求	GB/T 33553—2017	国家标准	现行
5	高校毕业生就业指导服务规范	GB/T 33667—2017	国家标准	现行
6	职业介绍服务规范	GB/T 33535—2017	国家标准	现行
7	职业指导服务规范	GB/T 33554—2017	国家标准	现行
8	人才测评服务业务规范	GB/T 30663—2014	国家标准	现行
9	职业院校商业与贸易类专业人才培养能力建设与评价规范	SB/T 11089—2014	行业标准	现行
10	残疾人就业服务中心建设标准	建标 178—2016	行业标准	现行
11	养老机构人员培训管理规范	DB34/T 2474—2015	地方标准	现行
12	母婴童从业人员培训规范 零售服务	DB34/T 3097—2018	地方标准	现行

（续表）

社会保险				
序号	标准名称	标准编号	标准类别	标准状态
1	社会保险服务 总则	GB/T 27768—2011	国家标准	现行
2	社会保险术语 第1部分：通用	GB/T 31596.1—2015	国家标准	现行
3	社会保险经办业务流程 总则	GB/T 32621—2016	国家标准	现行
4	社会保险征缴稽核业务规范	GB/T 32622—2016	国家标准	现行
5	社会保险费申报缴纳管理规范	GB/T 34277—2017	国家标准	现行
6	社会保险业务档案管理规范	GB/T 31599—2015	国家标准	现行
7	社会保险咨询服务规范	GB/T 34276—2017	国家标准	现行
8	社会保险登记服务规范	GB/T 35615—2017	国家标准	现行
9	城乡居民基本养老保险服务规范	GB/T 31597—2015	国家标准	现行
10	社会保险关系转移接续 第1部分：企业职工基本养老保险	GB/T 34282.1—2017	国家标准	现行
11	社会保险关系转移接续 第2部分：职工基本医疗保险	GB/T 34282.2—2017	国家标准	现行
12	公安信息代码 第122部分：社会保险类型代码	GA/T 2000.122—2015	行业标准	现行
13	社会保险网上经办服务指南	LD/T 01—2020	行业标准	现行
14	社会保险经办人员基本行为规范	LD/T 02—2020	行业标准	现行

基本社会服务				
序号	标准名称	标准编号	标准类别	标准状态
1	养老机构基本规范	GB/T 29353—2012	国家标准	现行
2	养老机构服务质量基本规范	GB/T 35796—2017	国家标准	现行
3	老年人、残疾人康复服务信息规范	GB/T 24433—2009	国家标准	现行
4	残疾人残疾分类和分级	GB/T 26341—2010	国家标准	现行
5	救助管理站服务	GB/T 28223—2011	国家标准	现行
6	流浪未成年人救助保护机构服务	GB/T 28224—2011	国家标准	现行
7	养老机构顾客满意度测评	MZ/T 133—2019	行业标准	现行
8	残疾人社会福利机构基本规范	MZ 009—2001	行业标准	现行
9	婚姻登记机关等级评定标准	MZ/T 024—2011	行业标准	现行
10	殡葬代理机构服务规范	MZ/T 047—2013	行业标准	现行
11	儿童社会工作服务指南	MZ/T 058—2014	行业标准	现行
12	社区社会工作服务指南	MZ/T 071—2016	行业标准	现行
13	养老机构社会工作小组工作服务规范	DB34/T 2945—2017	地方标准	现行
14	社会福利机构膳食服务规范	DB34/T 2953—2017	地方标准	现行
15	儿童福利机构保护性护理规范	DB34/T 2951—2017	地方标准	现行
16	流浪乞讨人员救助服务规范	DB34/T 3235—2018	地方标准	现行

（续表）

医疗卫生				
序号	标准名称	标准编号	标准类别	标准状态
1	疾病预防控制中心建筑技术规范	GB 50881—2013	国家标准	现行
2	传染病医院建筑设计规范	GB 50849—2014	国家标准	现行
3	医院安全技术防范系统要求	GB/T 31458—2015	国家标准	现行
4	医院陪护服务基本要求	GB/T 28917—2012	国家标准	现行
5	优抚医院服务规范	GB/T 29355—2012	国家标准	现行
6	医院消毒卫生标准	GB 15982—2012	国家标准	现行
7	疫源地消毒总则	GB 19193—2003	国家标准	现行
8	中小学校传染病预防控制工作管理规范	GB 28932—2012	国家标准	现行
9	医疗服务基本数据集 第1部分：门诊摘要	WS 373.1—2012	行业标准	现行
10	医疗机构环境表面清洁与消毒管理规范	WS/T 512—2016	行业标准	现行
11	新型农村合作医疗基本数据	WS 541—2017	行业标准	现行
12	重症监护病房医院感染预防与控制规范	WS/T 509—2016	行业标准	现行
13	医院感染暴发控制指南	WS/T 524—2016	行业标准	现行
14	疾病控制基本数据集 第10部分：传染病报告	WS 375.10—2012	行业标准	现行
15	美丽乡村 村卫生室建设与运行规范	DB34/T 2635—2016	地方标准	现行

基本住房保障				
序号	标准名称	标准编号	标准类别	标准状态
1	房屋建筑制图统一标准	GB/T 50001—2017	国家标准	现行
2	应急临时安置房防雷技术规范	GB/T 34291—2017	国家标准	现行
3	住房公积金支持保障性住房建设项目贷款业务规范	GB/T 50626—2010	行业标准	现行
4	公共租赁住房运行管理标准	JGJ/T 433—2018	行业标准	现行
5	农村住房危险性鉴定标准	JGJ/T 363—2014	行业标准	现行
6	危险房屋鉴定标准（附条文说明）	JGJ 125—2016	行业标准	现行
7	农村危险房屋加固技术标准	JGJ/T 426—2018	行业标准	现行
8	民用房屋修缮工程施工规程	CJJ/T 53—1993	行业标准	现行
9	住房保障信息系统技术规范（附条文说明）	CJJ/T 196—2012	行业标准	现行
10	住房保障基础信息数据标准（附条文说明）	CJJ/T 197—2012	行业标准	现行
11	安徽省保障性住房建设标准	DB34/ 5030—2015	地方标准	现行
12	安徽省农村房屋抗震技术规程	DB34/T 922—2009	地方标准	现行

（续表）

公共文化体育				
序号	标准名称	标准编号	标准类别	标准状态
1	文化馆服务标准	GB/T 32939—2016	国家标准	现行
2	文物保护单位开放服务规范	GB/T22528—2008	国家标准	现行
3	民族民俗文化旅游示范区认定	GB/T 26363—2010	国家标准	现行
4	乡镇综合文化站服务标准	GB/T 32940—2016	国家标准	现行
5	公共体育设施 室外健身设施应用场所安全要求	GB/T 34284—2017	国家标准	现行
6	公共体育设施 室外健身设施的配置与管理	GB/T 34290—2017	国家标准	现行
7	全民健身活动中心管理服务要求	GB/T 34280—2017	国家标准	现行
8	公共广播系统工程技术规范	GB/T 50526—2010	国家标准	现行
9	广播电影电视工程建设标准管理办法	GY 5020—1995	行业标准	现行
10	文化馆建筑设计规范（附条文说明）	JGJ/T 41—2014	行业标准	现行
11	中小学校体育设施技术规程（附条文说明）	JGJ/T 280—2012	行业标准	现行
12	小学体育器材设施配备标准	JY/T 0466—2015	行业标准	现行
13	美丽乡村 文化广场管理与维护规范	DB34/T 2637—2016	地方标准	现行
14	美丽乡村 传统村落保护与利用	DB34/T 2633—2016	地方标准	现行
15	徽州传统建筑修缮技术规程	DB34/T 5047—2016	地方标准	现行

社区自治与服务				
序号	标准名称	标准编号	标准类别	标准状态
1	社区服务指南 第1部分：总则	GB/T 20647.1—2006	国家标准	现行
2	社区服务指南 第4部分：卫生服务	GB/T 20647.4—2006	国家标准	现行
3	社区服务指南 第5部分：法律服务	GB/T 20647.5—2006	国家标准	现行
4	社区服务指南 第8部分：家政服务	GB/T 20647.8—2006	国家标准	现行
5	城乡社区网格化服务管理规范	GB/T 34300—2017	国家标准	现行
6	社区便民服务中心服务规范	GB/T 36735—2018	国家标准	现行
7	社区商业设施设置与功能要求	GB/T 37915—2019	国家标准	现行
8	社区信息化 第1部分：总则	GB/T 31490.1—2015	国家标准	现行
9	社区基础数据元	GB/T 29854—2013	国家标准	现行
10	社区基础数据元	GB/T 29854—2014	国家标准	现行
11	社区卫生服务中心、站建设标准(附条文说明)	建标 163—2013	行业标准	现行
12	城市社区服务站建设标准（附条文说明）	建标 167—2014	行业标准	现行
13	安全社区建设基本要求	AQ/T 9001—2006	行业标准	现行
14	社区图书馆（室）服务规范	DB34/T 2605—2016	地方标准	现行

（续表）

公共安全				
序号	标准名称	标准编号	标准类别	标准状态
1	安全防范系统供电技术要求	GB/T 15408—2011	国家标准	现行
2	消防联动控制系统	GB 16806—2006	国家标准	现行
3	信息安全技术 信息系统安全工程管理要求	GB/T 20282—2006	国家标准	现行
4	公共安全视频监控数字视音频 编解码技术要求	GB/T 25724—2017	国家标准	现行
5	自然灾害救助应急响应划分基本要求	GB/T 29425—2012	国家标准	现行
6	城郊干道交通安全评价指南	GB/T 37458—2019	国家标准	现行
7	企业安全生产标准化基本规范	AQ/T 9006—2010	行业标准	现行
8	公路交通安全设施施工技术规范	JTG F71—2006	行业标准	现行
9	城市轨道交通运营突发事件应急预案编制规范	JT/T 1051—201	行业标准	现行
10	自然灾害风险管理基本术语	MZ/T 027—2011	行业标准	现行
11	自然灾害损失现场调查规范	MZ/T 042—2013	行业标准	现行
12	医疗机构消防安全管理	WS 308—2009	行业标准	现行
13	住宅小区安全防范系统设计规范	DB34/T 490—2005	地方标准	现行
14	社会治安视频监控系统图像采集点编码规则	DB34/T 1618—2012	地方标准	现行
15	公路工程施工作业人员安全操作规程	DB34/T 1740—2012	地方标准	现行
16	电梯使用安全管理规范	DB34/T 2088—2014	地方标准	现行
17	电梯安全状况评估规范	DB34/T 2496—2015	地方标准	现行
18	城市公共汽电车客运企业反恐怖防范指南	DB34/T 2584—2016	地方标准	现行
19	危险化学品领域安全与职业病危害评价导则 第1部分：建设项目预评价	DB34/T 2750.1—2016	地方标准	现行
20	危险化学品领域安全与职业病危害评价导则 第2部分：建设项目验收评价	DB34/T 2750.2—2016	地方标准	现行
21	危险化学品领域安全与职业病危害评价导则 第3部分：危险化学品企业现状评价	DB34/T 2750.3—2016	地方标准	现行
22	公路施工现场安全作业指导书编写规程	DB34/T 2916—2017	地方标准	现行

2. 基础设施建设领域

以城乡总体规划、城市地下空间规划、城市公共设施规划、综合交通体系规划、中小学校的布局等为重点的规划标准制修订，提升城乡布局的科学性。

以城市、乡镇和农村房屋建筑，供水、供气、供热、污水处理及再生利用、污泥处理处置、供电、交通等基础设施，教育、卫生、流通、文化、体育、养老、就业、旅游和休闲、邮政、司法行政等公共服务设施，人防、消防、防洪、防震、排水防涝、垃圾处理、应急避难防灾设施等为重点的设施建设标准制修订，提高建筑工程质量安全和保障能力。

以城市地下管线信息系统建设与管理标准、智能电网、智能交通网、智能物流、智能热网、智能水网和智能燃气网建设与运行维护标准等为重点的智慧城市标准制修订。提高城镇运行的信息化水平。

基础设施建设领域相关专用标准示例见表 2－4 所列。

表 2－4　基础设施建设领域标准示例

能源供应基础设施				
序号	标准名称	标准编号	标准级别	标准状态
1	供电服务规范	GB/T 28583—2012	国家标准	现行
2	城镇燃气设计规范	GB 50028—2006	国家标准	现行
3	城镇供热系统评价标准	GB/T 50627—2010	国家标准	现行
4	城镇燃气工程基本术语标准	GB/T 50680—2012	国家标准	现行
5	供热系统节能改造技术规范	GB/T 50893—2013	国家标准	现行
6	供热工程制图标准	CJJ/T 78—2010	行业标准	现行
7	城镇燃气报警控制系统技术规程	CJJ/T 146—2011	行业标准	现行
8	城镇燃气管道非开挖修复更新工程技术规程	CJJ/T 147—2010	行业标准	现行
9	农村水电供电区电力发展规划导则	SL 22—2011	行业标准	现行
10	居住区供配电系统技术标准	DB34/T 1469—2019	地方标准	现行
11	油气回收改造工程技术要求	DB34/T 2701—2016	地方标准	现行
12	安徽省城镇燃气服务规范	DB34/T 5017—2015	地方标准	现行
供水排水基础设施				
序号	标准名称	标准编号	标准级别	标准状态
1	给水排水制图标准	GB/T 50106—2001	国家标准	现行
2	给水排水工程基本术语标准	GB/T 50125—2010	国家标准	现行

（续表）

供水排水基础设施				
序号	标准名称	标准编号	标准级别	标准状态
3	给水排水构筑物工程施工及验收规范	GB 50141—2008	国家标准	现行
4	城镇给水排水技术规范	GB 50788—2012	国家标准	现行
5	城镇给水厂运行、维护及安全技术规程	CJJ 58—2009	行业标准	现行
6	城镇排水水质水量在线监测系统技术要求	CJ/T 252—2011	行业标准	现行
7	给排水工程顶管技术规程	DB34/T 1789—2012	地方标准	现行
8	排水抗裂型沥青混合料应用技术规程	DB34/T 3092—2018	地方标准	现行
9	城镇供水服务标准	DB34/T 5025—2015	地方标准	现行

交通运输基础设施				
序号	标准名称	标准编号	标准级别	标准状态
1	水路信息分类与代码	GB/T 17734—1999	国家标准	现行
2	通用航空机场设备设施	GB/T 17836—1999	国家标准	现行
3	干线公路定位规则	GB/T 18731—2002	国家标准	现行
4	中华人民共和国铁路线路名称代码	GB/T 25344—2010	国家标准	现行
5	城市交通流信息采集与存储	GB/T 29192—2012	国家标准	现行
6	跨座式单轨交通设计规范	GB50458—2008	国家标准	现行
7	城市道路与轨道交通合建桥梁设计规范	CJJ 242—2016	行业标准	现行
8	环境影响评价技术导则 民用机场建设工程	HJ/T 87—2002	行业标准	现行
9	公路工程技术标准	JTG B01—2014	行业标准	现行
10	公路建设项目环境影响评价规范	JTG B03—2006	行业标准	现行
11	水运工程施工监理规范	JTJ 216—2000	行业标准	现行
12	公路水路交通信息资源业务分类	JT/T 748—2009	行业标准	现行
13	铁路桥涵工程施工安全技术规程	TB 10303—2009	行业标准	现行
14	安徽省高速公路工地标准化建设指南	DB34/T 1663—2012	地方标准	现行
15	安徽省高速公路服务区建筑设计规范	DB34/T 1853—2013	地方标准	现行
16	安徽省公路水运工程梁式支架技术规程	DB34/T 1981—2013	地方标准	现行
17	城市公共交通客运服务规范	DB34/T 1902—2013	地方标准	现行

（续表）

邮电通信基础设施				
序号	标准名称	标准编号	标准级别	标准状态
1	邮政业术语	GB/T 10757—2011	国家标准	现行
2	地面数字电视广播传输系统实施指南	GB/T 26666—2011	国家标准	现行
3	基于公用电信网的宽带客户网络安全技术要求	GB/T 29234—2012	国家标准	现行
4	宽带光纤接入工程技术标准	GB/T 51380—2019	国家标准	现行
5	广播电影电视工程建设项目竣工验收工作规程	GY/T 5006—2010	行业标准	现行
6	直播卫星电视广播接收系统及设备通用规范	SJ/T 11387—2008	行业标准	现行
7	基于公用电信网的宽带客户网络服务质量（QoS）技术要求	YD/T 1964—2009	行业标准	现行
8	邮政业信息系统安全等级保护实施指南	YZ/T 0163—2018	行业标准	现行
9	住宅小区和商住楼通信设施技术标准	DB34/ 917—2009	地方标准	现行
10	公共场所无线城市局域网服务规范	DB34/T 3182—2018	地方标准	现行

环保环卫基础设施				
序号	标准名称	标准编号	标准级别	标准状态
1	城镇污水处理厂污染物排放标准	GB 18918—2002	国家标准	现行
2	城市污水再生回灌农田安全技术规范	GB/T 22103—2008	国家标准	现行
3	生活垃圾填埋场稳定化场地利用技术要求	GB/T 25179—2010	国家标准	现行
4	农村生活垃圾处理导则	GB/T 37066—2018	国家标准	现行
5	城镇污水处理厂防毒技术规范	AQ 4209—2010	行业标准	现行
6	城镇污水处理厂运行、维护及安全技术规程	CJJ 60—2011	行业标准	现行
7	生活垃圾填埋场无害化评价标准	CJJ/T 107—2019	行业标准	现行
8	生活垃圾填埋场环境监测技术标准	CJ/T 3037—1995	行业标准	现行
9	城市生活垃圾中端收集转运规范	DB34/T 3427—2019	地方标准	现行
10	城镇污水处理厂运行、维护及安全技术规程	DB34/ 5032—2015	地方标准	现行
11	城镇污水处理厂运行管理和评价标准	DB34/T 5055—2016	地方标准	现行

（续表）

防灾安全基础设施				
序号	标准名称	标准编号	标准级别	标准状态
1	建（构）筑物地震破坏等级划分	GB/T 24335—2009	国家标准	现行
2	城市抗震防灾规划标准	GB 50413—2007	国家标准	现行
3	城市防洪工程设计规范	GB/T 50805—2012	国家标准	现行
4	城市消防站设计规范	GB 51054—2014	国家标准	现行
5	城市消防规划规范	GB 51080—2015	国家标准	现行
6	城市桥梁抗震设计规范	CJJ 166—2011	行业标准	现行
7	建筑消防设施检测技术规程	GA 503—2004	行业标准	现行
8	城市防洪应急预案编制导则	SL/T 754—2017	行业标准	现行
9	安徽省农村房屋抗震技术规程	DB34/T 922—2009	地方标准	现行
10	山洪灾害防治非工程措施运行维护规程	DB34/T 2924—2017	地方标准	现行
11	火灾高危单位消防安全评估规程	DB34/T 3221—2018	地方标准	现行
12	工程建设场地抗震性能评价标准	DB34/ 5008—2014	地方标准	现行

3. 资源环境领域

以空间资源配置、土地利用、水资源利用与保护、能源综合利用、生活垃圾处理、污水污泥等污染物排放控制与处理、城市绿地建设与管理、自然保护区管理、风景名胜区管理等为重点的资源环境承载能力和配置管理标准的制修订，完善相关产品标准、工程标准、服务标准中的资源环境保护技术要求，提升资源利用效率，改善环境质量，促进资源和环境可持续发展。

以土地节约集约利用、工矿废弃地复垦利用、新能源和可再生能源应用、低能耗建筑、建筑节能、绿色建筑、绿色建材、建筑产业现代化、城市节水、城市水体涵养保护、海绵城市建设、低影响开发雨水系统、绿色生态城区建设、城市绿道建设、建筑碳排放、再生资源综合利用、城市市政基础设施节能等为重点的绿色城市建设标准制修订，将生态文明全面融入城市发展和人民生活。

以历史文化名城名镇名村、历史文化街区、传统村落和传统民居特色景观旅游名镇名村保护利用、风景名胜区等为重点的文化资源保护标准制修订，提高城市文化承载能力，保护文化传承。

以美丽乡村建设、农村垃圾和污水处理、农业源污染治理、农村生态环境保护、河道治理等为重点的农村人居环境标准制修订，改善农村人居环境状况。

资源环境领域相关专用标准示例见表 2-5 所列。

表 2-5　资源环境领域标准示例

生态建设与保护				
序号	标准名称	标准编号	标准级别	标准状态
1	水土保持综合治理 规划通则	GB/T 15772—2008	国家标准	现行
2	水土保持综合治理 技术规范 风沙治理技术	GB/T 16453.5—2008	国家标准	现行
3	自然保护区总体规划技术规程	GB/T 20399—2006	国家标准	现行
4	自然保护区生态旅游规划技术规程	GB/T 20416—2006	国家标准	现行
5	退耕还林工程建设效益监测评价	GB/T 23233—2009	国家标准	现行
6	退耕还林工程质量评估指标与方法	GB/T 23235—2009	国家标准	现行
7	国家生态旅游示范区建设与运营规范	GB/T 26362—2010	国家标准	现行
8	自然生态系统土壤长期定位监测指南	GB/T 32740—2016	国家标准	现行
9	森林生态系统长期定位观测方法	GB/T 33027—2016	国家标准	现行
10	绿色生态城区评价标准	GB/T 51255—2017	国家标准	现行
11	荒漠生态系统定位观测指标体系	LY/T 1698—2007	行业标准	现行
12	自然保护区自然生态质量评价技术规程	LY/T 1813—2009	行业标准	现行
13	退耕还林工程生态林与经济林认定技术规范	LY/T 1761—2008	行业标准	现行
14	国家森林城市评价指标	LY/T 2004—2012	行业标准	现行
15	环境影响评价技术导则 生态影响	HJ 19—2011	行业标准	现行
16	水土保持工程质量评定规程	SL 336—2006	行业标准	现行
17	水生态文明城市建设评价导则	SL/Z 738—2016	行业标准	现行
18	水生态文明城市评价准则	DB34/T 3321—2019	地方标准	现行
19	安徽省海绵城市规划技术导则——低影响开发雨水系统构建（试行）	DB34/T 5031—2015	地方标准	现行
环境治理				
序号	标准名称	标准编号	标准级别	标准状态
1	大气污染物综合排放标准	GB 16297—1996	国家标准	现行
2	医疗机构水污染物排放标准	GB 18466—2005	国家标准	现行
3	危险废物焚烧污染控制标准	GB 18484—2001	国家标准	现行
4	生活垃圾焚烧污染控制标准	GB 18485—2014	国家标准	现行
5	电镀污染物排放标准	GB 21900—2008	国家标准	现行
6	人居环境气候舒适度评价	GB/T 27963—2011	国家标准	现行
7	水污染物排放总量监测技术规范	HJ/T 92—2002	行业标准	现行

（续表）

环境治理				
序号	标准名称	标准编号	标准级别	标准状态
8	农业固体废物污染控制技术导则	HJ 588—2010	行业标准	现行
9	废弃电器电子产品处理污染控制技术规范	HJ 527—2010	行业标准	现行
10	巢湖流域城镇污水处理厂和工业行业主要水污染物排放限值	DB34/ 2710—2016	地方标准	现行
11	美丽乡村 村庄环境整治规范	DB34/T 3374—2019	地方标准	现行
水资源管理				
序号	标准名称	标准编号	标准级别	标准状态
1	地表水环境质量标准	GB 3838—2002	国家标准	现行
2	生活饮用水卫生标准	GB 5749—2006	国家标准	现行
3	地下水资源分类分级标准	GB/T 15218—1994	国家标准	现行
4	城市污水再生利用 分类	GB/T 18919—2002	国家标准	现行
5	城市污水再生利用 城市杂用水水质	GB/T 18920—2002	国家标准	现行
6	节水型社会评价指标体系和评价方法	GB/T 28284—2012	国家标准	现行
7	节水灌溉项目后评价规范	GB/T 30949—2014	国家标准	现行
8	地表水和污水监测技术规范	HJ/T 91—2002	行业标准	现行
9	城市综合用水量标准	SL 367—2006	行业标准	现行
10	地下水资源勘察规范	SL 454—2010	行业标准	现行
11	用水指标评价导则	SL/Z 552—2012	行业标准	现行
12	水资源保护规划编制规程	SL 613—2013	行业标准	现行
13	安徽省行业用水定额	DB34/T 679—2014	地方标准	现行
14	农村饮水安全工程水质抽检规程	DB34/T 3081—2018	地方标准	现行
15	徽州新聚落生活污水生态处理技术导则	DB34/T 5053—2016	地方标准	现行
土地资源管理				
序号	标准名称	标准编号	标准级别	标准状态
1	城镇土地分等定级规程	GB/T 18507—2014	国家标准	现行
2	城镇土地估价规程	GB/T 18508—2014	国家标准	现行
3	土地利用现状分类	GB/T 21010—2007	国家标准	现行
4	农用地定级规程	GB/T 28405—2012	国家标准	现行
5	农用地估价规程	GB/T 28406—2012	国家标准	现行

（续表）

土地资源管理				
序号	标准名称	标准编号	标准级别	标准状态
6	土地生态服务评估 原则与要求	GB/T 31118—2014	国家标准	现行
7	耕地质量验收技术规范	NY/T 1120—2006	行业标准	现行
8	土地利用现状省级汇总技术规程	TD 1003—1994	行业标准	现行
9	土地开发整理规划编制规程	TD/T 1011—2000	行业标准	现行
10	土地利用数据库标准	TD/T 1016—2007	行业标准	现行
11	开发区土地集约利用评价规程	TD/T 1029—2010	行业标准	现行
12	土地复垦方案编制规程 第1部分：通则	TD/T 1031.1—2011	行业标准	现行
13	湿地生态状况评估技术规范	DB34/T 3420—2019	地方标准	现行
14	省级重要湿地和一般湿地生态监测技术规程	DB34/T 3422—2019	地方标准	现行

资源节约与综合利用				
序号	标准名称	标准编号	标准级别	标准状态
1	太阳能热利用术语	GB/T 12936—2007	国家标准	现行
2	工业企业能源管理导则	GB/T 15587—2008	国家标准	现行
3	通信用太阳能电源系统	GB/T 26264—2010	国家标准	现行
4	再生资源回收体系建设规范	GB/T 37515—2019	国家标准	现行
5	海洋可再生能源资源调查与评估指南 第2部分：潮汐能	GB/T 34910.2—2017	国家标准	现行
6	海洋可再生能源资源调查与评估指南 第3部分：波浪能	GB/T 34910.3—2017	国家标准	现行
7	可再生能源发电站电力监控系统网络安全防护技术规范	DL/T 1941—2018	行业标准	现行
8	海洋能源术语	HY/T 045—1999	行业标准	现行
9	潮汐电站资源调查评价规范	NB/T 10082—2018	行业标准	现行
10	农村太阳能光伏室外照明装置 第1部分：技术要求	NY/T 1913—2010	行业标准	现行
11	能源消耗与节约计算通则	QJ 1565—1988	行业标准	现行
12	铅锌矿采、选能源消耗限额	YS/T 748—2010	行业标准	现行
13	锑精矿单位产品能源消耗限额	YS/T 767—2012	行业标准	现行
14	能源计量示范单位评价要求	DB34/T 1692—2016	地方标准	现行
15	太阳能热水系统与建筑一体化技术规程	DB34/ 1801—2012	地方标准	现行
16	徽派建筑可再生能源利用设计导则	DB34/T 5050—2016	地方标准	现行

4. 农业现代化领域

以粮食安全和重要农产品有效供给，以及农产品流通网络布局与批发零售市场建设、小型农产品集贸市场和集配中心、农产品电子商务等农产品流通，农产品生产、农产品加工、农产品质量安全、农业社会化服务等为重点的现代农业标准制修订，提高农业产业效益和发展能力，促进农业可持续发展。

农业现代化领域相关专用标准示例见表 2-6 所列。

表 2-6 农业现代化领域标准示例

农业种植养殖				
序号	标准名称	标准编号	标准级别	标准状态
1	玉米全程机械化生产技术规范	GB/T 34379—2017	国家标准	现行
2	瘦肉型种猪生产技术规范	GB/T 25883—2010	国家标准	现行
3	紧压茶茶树种植良好规范	GB/T 30377—2013	国家标准	现行
4	人参优质种植技术规范	GB/T 34789—2017	国家标准	现行
5	小麦种子产地检疫规程	GB 7412—2003	国家标准	现行
6	食品安全管理体系 水产品加工企业要求	GB/T 27304—2008	国家标准	现行
7	玉米—大豆带状复合种植技术规程	NY/T 2632—2014	国家标准	现行
8	黄颡鱼养殖技术规程	NY/T 1351—2007	国家标准	现行
9	鸡饲养标准	NY/T 33—2004	行业标准	现行
10	有机食品 水稻生产技术规程	NY/T 1733—2009	行业标准	现行
11	苜蓿种子生产技术规程	NY/T 1780—2009	行业标准	现行
12	油茶林下经济作物种植技术规程	LY/T 3046—2018	行业标准	现行
13	林业植物产地检疫技术规程	LY/T 1829—2009	行业标准	现行
14	中华鳖池塘养殖技术规范	SC/T 1010—2008	行业标准	现行
15	刺参繁育与养殖技术规范	SC/T 2074—2017	行业标准	现行
16	水产品工厂化养殖装备安全卫生要求	SC/T 6040—2007	行业标准	现行
17	泾县兰香有机茶种植技术规程	DB34/T 2247—2014	地方标准	现行
18	湖羊养殖技术规程	DB34/T 2598—2016	地方标准	现行
19	七彩山鸡种鸡养殖技术规程	DB34/T 3297—2018	地方标准	现行
20	杂交水稻制种机插大田管理技术规范	DB34/T 1832—2013	地方标准	现行
21	淮北春花生高效施肥技术规程	DB34/T 3022—2017	地方标准	现行
22	水产健康养殖示范场建设管理规范	DB34/T 3033—2017	地方标准	现行
23	棉花化肥减施增效技术规程	DB34/T 3292—2018	地方标准	现行

（续表）

农技综合服务				
序号	标准名称	标准编号	标准级别	标准状态
1	农业社会化服务 农作物病虫害防治服务质量要求	GB/T 32980—2016	国家标准	现行
2	农业社会化服务 土地托管服务规范	GB/T 34802—2017	国家标准	现行
3	农业社会化服务 农业技术推广服务组织要求	GB/T 33408—2016	国家标准	现行
4	农业良种繁育与推广 种植业良种繁育基地建设及评价指南	GB/T 36210—2018	国家标准	现行
5	测土配方施肥技术规范	NY/T 1118—2006	行业标准	现行
6	农业建设项目验收技术规程	NY/T 1717—2009	行业标准	现行
7	农业环境污染损害鉴定技术导则	NY/T 3025—2016	行业标准	现行
8	农业气象灾害现场调查规范	DB34/T 1594—2012	地方标准	现行
9	政策性农业保险气象服务规范	DB34/T 1916—2013	地方标准	现行

农产品流通				
序号	标准名称	标准编号	标准级别	标准状态
1	农产品批发市场管理技术规范	GB/T 19575—2004	国家标准	现行
2	水产品流通管理技术规范	GB/T 24861—2010	国家标准	现行
3	农产品物流包装容器通用技术要求	GB/T 34343—2017	国家标准	现行
4	农产品购销基本信息描述 薯芋类	GB/T 34258—2017	国家标准	现行
5	农产品流通信息管理技术通则	GB/T 37060—2018	国家标准	现行
6	食用农产品保鲜贮藏管理规范	GB/T 29372—2012	国家标准	现行
7	农产品供应商标准	GH/T 1088—2013	行业标准	现行
8	农产品市场信息分类与计算机编码	NY/T 2137—2012	行业标准	现行
9	农产品全息市场信息采集规范	NY/T 2138—2012	行业标准	现行
10	黄瓜流通规范	SB/T 10572—2010	行业标准	现行
11	生鲜农产品配送中心管理技术规范	SB/T 10873—2012	行业标准	现行
12	农产品批发市场检测室技术规范	SB/T 10919—2012	行业标准	现行
13	农产品追溯信息采集规范 粮食	DB34/T 1640—2012	地方标准	现行
14	农产品溯源要求 信息规范	DB34/T 2210—2014	地方标准	现行
15	乡镇农产品质量安全监管示范站建设标准	DB34/T 3078—2018	地方标准	现行

（续表）

农产品安全				
序号	标准名称	标准编号	标准级别	标准状态
1	优质稻谷	GB/T 17891—2017	国家标准	现行
2	优质小麦 强筋小麦	GB/T 17892—1999	国家标准	现行
3	玉米	GB 1353—2018	国家标准	现行
4	鲜苹果	GB/T 10651—2008	国家标准	现行
5	地理标志产品 太平猴魁茶	GB/T 19698—2008	国家标准	现行
6	农产品质量分级导则	GB/T 30763—2014	国家标准	现行
7	农产品等级规格 姜	NY/T 2376—2013	行业标准	现行
8	绿色食品 猕猴桃	NY/T 425—2000	行业标准	现行
9	绿色食品 薯芋类蔬菜	NY/T 1049—2015	行业标准	现行
10	鲜鸡蛋、鲜鸭蛋分级	SB/T 10638—2011	行业标准	现行
11	地理标志产品 金寨猕猴桃	DB34/T 2881—2017	地方标准	现行
12	地理标志产品 六安瓜片茶	DB34/T 237—2017	地方标准	现行
13	池塘养殖水产品质量安全可追溯管理规范	DB34/T 1898—2013	地方标准	现行
农业装备资料				
序号	标准名称	标准编号	标准级别	标准状态
1	农业机械运行安全技术条件 第 1 部分：拖拉机	GB 16151.1—2008	国家标准	现行
2	农业机械运行安全技术条件 第 12 部分：谷物联合收割机	GB 16151.12—2008	国家标准	现行
3	农业机械 生产试验方法	GB/T 5667—2008	国家标准	现行
4	棉花加工机械安全要求	GB 18399—2001	国家标准	现行
5	农业谷物干燥机 干燥性能的测定 第 1 部分：总则	GB/T 21163.1—2007	国家标准	现行
6	粮食加工、储运设备现场监测装置技术规范	GB/T 25227—2010	国家标准	现行
7	自走式农业机械导航系统作业性能要求及评价方法	GB/T 37164—2018	国家标准	现行
8	玉米全程机械化生产技术规范	GB/T 34379—2017	国家标准	现行
9	旋耕机	GB/T 5668—2017	国家标准	现行
10	插秧机 安全操作规程	NY/T 3120—2017	行业标准	现行

（续表）

农业装备资料				
序号	标准名称	标准编号	标准级别	标准状态
11	农业机械作业质量标准编写规则	NY/T 1353—2007	行业标准	现行
12	粮食清洗机安全技术要求	NY 1410—2007	行业标准	现行
13	农业机械先进性评价 一般方法	NY/T 1931—2010	行业标准	现行
14	小型面粉加工成套设备	JB/T 8838—2014	行业标准	现行
15	批式循环谷物干燥机	JB/T 10268—2011	行业标准	现行
16	茶叶匀堆机型式与主参数	GH/T 1166—2017	行业标准	现行
17	茶叶加工机械产品型号编制方法	GH/T 1180—2017	行业标准	现行
18	毛峰茶机械化加工技术规程	DB34/T 323—2003	地方标准	现行
19	山核桃脱脯机械化作业技术规范	DB34/T 900—2009	地方标准	现行
20	毯状钵苗水稻插秧机 技术条件	DB34/T 1656—2012	地方标准	现行
21	农机维修服务规范	DB34/T 2870—2017	地方标准	现行
22	沿淮地区中粳稻全程机械化栽培技术规程	DB34/T 2653—2016	地方标准	现行

第三章　新型城镇化标准化实践

第一节　国家新型城镇化标准化实践

一、国家新型城镇化标准体系构建

（一）构建背景

我国已进入全面建成小康社会的决定性阶段，正处于经济转型升级、加快推进社会主义现代化的重要时期，也处于城镇化深入发展的关键时期，必须深刻认识城镇化对经济社会发展的重大意义，牢牢把握城镇化蕴含的巨大机遇，准确研判城镇化发展的新趋势新特点，妥善应对城镇化面临的风险挑战。我国城镇化是在人口多、资源相对短缺、生态环境比较脆弱、城乡区域发展不平衡的背景下推进的，这决定了我国必须从社会主义初级阶段这个最大实际出发，遵循城镇化发展规律，走中国特色新型城镇化道路。

标准是经济社会活动的技术依据。标准是新型城镇化 2020 发展目标实现的现实需求，也是解决当前新型城镇化工作薄弱环节和具体问题的内在要求。《国家新型城镇化规划（2014—2020 年）》（以下简称《规划》）在第二十九章强化政策统筹中明确提出要“建立健全相关法律法规、标准体系”。为贯彻落实规划要求，充分发挥标准化对新型城镇化建设的支撑作用，促进各项政策和改革措施落地，确保新型城镇化建设的有序和规范，国家标准化管理委员会组织编制了《新型城镇化标准体系框架》。

（二）标准化需求分析

《规划》提出“根据本规划制定配套政策，建立健全相关法律、法规、标准体系”，并在空气质量、建筑、防灾、建设用地、节约集约用地、高标准农田、畜禽水产品、标准化菜市场、义务教育等方面多次明确提到标准，新型城镇化进程中涉及城乡要素统筹和平等交换、公共服务和基础设施等资源均衡配置以及生态环境建设等方面，也都需要通过标准化支撑和规范，可以说，推进新型城镇化建设，标准化工作责无旁贷。

1. 国家新型城镇化的建设目标

《规划》明确提出了我国新型城镇化的发展目标：

（1）城镇化水平和质量稳步提升

城镇化健康有序发展，常住人口城镇化率达到60%左右，户籍人口城镇化率达到45%左右，户籍人口城镇化率与常住人口城镇化率差距缩小2个百分点左右，努力实现1亿左右农业转移人口和其他常住人口在城镇落户。

（2）城镇化格局更加优化

以“两横三纵”为主体的城镇化战略格局基本形成，城市群集聚经济、人口能力明显增强，东部地区城市群一体化水平和国际竞争力明显提高，中西部地区城市群成为推动区域协调发展的新的重要增长极。城市规模结构更加完善，中心城市辐射带动作用更加突出，中小城市数量增加，小城镇服务功能增强。

（3）城市发展模式科学合理

密度较高、功能混用和公交导向的集约紧凑型开发模式成为主导，人均城市建设用地严格控制在100平方米以内，建成区人口密度逐步提高。绿色生产、绿色消费成为城市经济生活的主流，节能节水产品、再生利用产品和绿色建筑比例大幅提高。城市地下管网覆盖率明显提高。

（4）城市生活和谐宜人

稳步推进义务教育、就业服务、基本养老、基本医疗卫生、保障性住房等城镇基本公共服务覆盖全部常住人口，基础设施和公共服务设施更加完善，消费环境更加便利，生态环境明显改善，空气质量逐步好转，饮用水安全得到保障。自然景观和文化特色得到有效保护，城市发展个性化，城市管理人性化、智能化。

（5）城镇化体制机制不断完善

户籍管理、土地管理、社会保障、财税金融、行政管理、生态环境等制度改革取得重大进展，阻碍城镇化健康发展的体制机制障碍基本消除。

2. 国家新型城镇化的建设内容

《规划》明确提出了我国新型城镇化的建设内容：

（1）有序推进农业转移人口市民化

具体内容包括：以农业转移人口为重点，兼顾高校和职业技术院校毕业生、城镇间异地就业人员和城区城郊农业人口，完善公共就业创业服务体系，扩大社会保障覆盖面，改善基本医疗卫生条件，拓宽住房保障渠道，建立健全农业转移人口市民化推进机制，统筹推进户籍制度改革和基本公共服务均等化。

（2）优化城镇化布局和形态

具体内容包括：优化城镇化空间布局和城镇规模结构，在《全国主体功能区规划》确定的城镇化地区，发展集聚效率高、辐射作用大、城镇体系优、功能互补强的城市群，使之成为支撑全国经济增长、促进区域协调发展、参与国际竞争合作的重要平台。完善城市群之间综合交通运输网络，构建城市群内部综合交通运输网络，建设城市综合交通枢纽，改善中小城市和小城镇交通条件。

（3）提高城市可持续发展能力

具体内容包括：强化城市产业就业支撑，优化城市产业结构，增强城市创新能力，营造良好就业创业环境；优化城市空间结构和管理格局；提升城市基本公共服务水平，优先发展城市公共交通，加强市政公用设施建设，完善基本公共服务体系；提高城市规划科学性，加强空间开发管制，健全规划管理体制机制，严格建筑规范和质量管理，强化实施监督，提高城市规划管理水平和建筑质量；加快绿色城市建设，推进智慧城市建设，注重人文城市建设；完善城市治理结构，强化社区自治和服务功能，创新社会治安综合治理，健全防灾减灾救灾体制。

（4）推动城乡发展一体化

具体内容包括：推进城乡统一要素市场建设，推进城乡规划、基础设施和公共服务一体化；加快农业现代化进程，保障国家粮食安全和重要农产品有效供给，提升现代农业发展水平，完善农产品流通体系；建设社会主义新农村，提升乡镇村庄规划管理水平，加强农村基础设施和服务网络建设，加快农村社会事业发展。

（5）改革完善城镇化发展体制机制

具体内容包括：加强制度顶层设计，尊重市场规律，统筹推进人口管理、土地管理、财税金融、城镇住房、行政管理、生态环境等重点领域和关键环节体制机制改革，形成有利于城镇化健康发展的制度环境。

3. 标准化要素确定

《规划》提出的新型城镇化的发展目标和建设内容，我国新型城镇化建设标准化要素可概括为基本公共服务和社会治理、城镇基础设施、城镇资源环境、农业现代化等 4 个领域，以及公共教育、基本社会服务、住房保障、供水排水、交通运输、生态建设、土地资源、农业种植养殖、农产品质量等 26 个标准化要素。具体见表 3－1 所列。

国家新型城镇化标准化领域和标准化要素与《规划》的对应关系：

（1）标准化领域方面，根据《规划》的新型城镇化主要指标和重点领域确定。由于规划专栏 1 从基本公共服务、基础设施、资源环境三个方面明确确立了新型城镇化主要指标，且新型城镇化标准体系框架定位于支撑规划 2020 发展目标这一有限目标的实现，因此，确定指标层包括基本公共服务、基础设施和资源环境。

表 3-1 标准化要素

序号	标准化领域	标准化要素
1	基本公共服务和社会治理	(1) 公共教育
		(2) 就业服务
		(3) 社会保险
		(4) 基本社会服务
		(5) 医疗卫生与计划生育
		(6) 基本住房保障
		(7) 公共文化体育
		(8) 社区建设
		(9) 公共安全
2	城镇基础设施	(1) 能源供应
		(2) 供水排水
		(3) 交通运输
		(4) 邮电通讯
		(5) 环保环卫
		(6) 防灾安全
		(7) 社会事业
3	城镇资源环境	(1) 生态保护
		(2) 环境治理
		(3) 水资源
		(4) 土地资源
		(5) 能源
4	农业现代化	(1) 农业种植养殖
		(2) 农技综合服务
		(3) 农产品流通
		(4) 农产品质量
		(5) 农业装备资料

(2) 基本公共服务方面包括基本公共教育、就业服务、社会保险、基本社会服务、医疗卫生与计划生育、基本住房保障、公共文化体育、社区建设、公共安全等 9 个要素，分别对应《规划》的第七章、第十八章第三节的相关要求。

(3) 基础设施方面包括能源供应基础设施、供水排水基础设施、交通运输基础设施、邮电通讯基础设施、环保环卫基础设施、防灾安全基础设施和社会事业基础设施等7个要素，分别对应《规划》的第十三章综合交通运输网络构建，第十六章城市公共交通、市政公用设施建设、基本公共服务，第十九章第四节防灾减灾救灾的相关要求。

(4) 资源环境方面包括生态保护、环境治理、水资源管理、土地资源管理、能源管理等5个要素，分别对应《规划》的第十章、第十四章、第十七章第一节、第十八章第一节、第二十四章和第二十七章的相关要求。

(5) 农业现代化方面包括农业种植养殖、农技综合服务、农产品流通、农产品质量、农业装备资料等5个要素，分别对应《规划》的第二十一章的第一节、第二节、第三节的相关要求。

(三) 指导思想

经过对《规划》的深入解读以及对标准在规划实施中所发挥的作用分析，新型城镇化标准体系框架应坚持目标导向、问题导向，突出解决新型城镇化进程中的全局性、共性和基础通用问题，以支撑新型城镇化2020发展目标的实现为方向。新型城镇化标准体系建设的主要任务是构建反映和表征新型城镇化以人为本，注重绿色、智慧和人文发展等特色的，涉及资源配置、规划要求、基础规范等方面的标准的新型城镇化标准体系。新型城镇化标准体系建设主要目标是科学引导支撑新型城镇化的标准化工作，使支撑新型城镇化的标准化工作协调推进。

(四) 基本原则

标准体系框架提出标准体系建设主要遵循目标导向、系统性、协调性和开放性的四大基本原则。

1. 坚持目标导向

新型城镇化标准体系框架的构建紧密围绕规划明确提出的发展目标、重点领域和任务进行设计和构建，直接服务于规划提出的我国新型城镇化发展2020目标这一有限目标的实现。目标导向原则的确定是基于新型城镇化涉及面广，与之相关的标准化领域和内容多，如不能聚集主要问题和目标，在有限时间和有限财力支撑下能完成各项目标和任务。

2. 坚持系统性原则

将新型城镇化建设作为一个系统，围绕新型城镇化的整体最佳目标规划设计新型城镇化标准体系，并统筹考虑系统各要素的功能、各要素之间的关系以及各要素与系统的关系，从而确保标准体系的有效性和适用性。

3. 坚持协调性原则

新型城镇化标准体系各要素之间要彼此协调，要与现有的标准体系和标准协调。新型城镇化标准体系建设要与正在进行的《社会管理和公共服务标准化工作“十二五”行动纲要》、《标准化事业发展“十二五”规划》、物流标准体系、智慧城市标准体系等相协调，从而形成相互支持、互相配合的有机整体。

4. 坚持开放性原则

新型城镇化标准体系框架将向各推进主体开放，满足其能力发展和实施区域条件的客观需求，并且根据新型城镇化发展、国家产业政策调整等进行动态调整和完善，及时修订。

（五）标准体系结构图构建

新型城镇化标准体系是新型城镇化标准的系统性组合，作为新型城镇化的顶层设计，可以对新型城镇化质量起到引导支撑的作用。《国家标准化管理委员会 国家发展和改革委员会 住房和城乡建设部关于开展新型城镇化标准体系建设工作的指导意见》（国家标准委农联〔2015〕21 号）结合国家新型城镇化的发展目标，以覆盖全面的标准体系框架对新型城镇化的主要领域和任务进行了有序整合和概括，具体标准体系结构如图 3-1 所示。

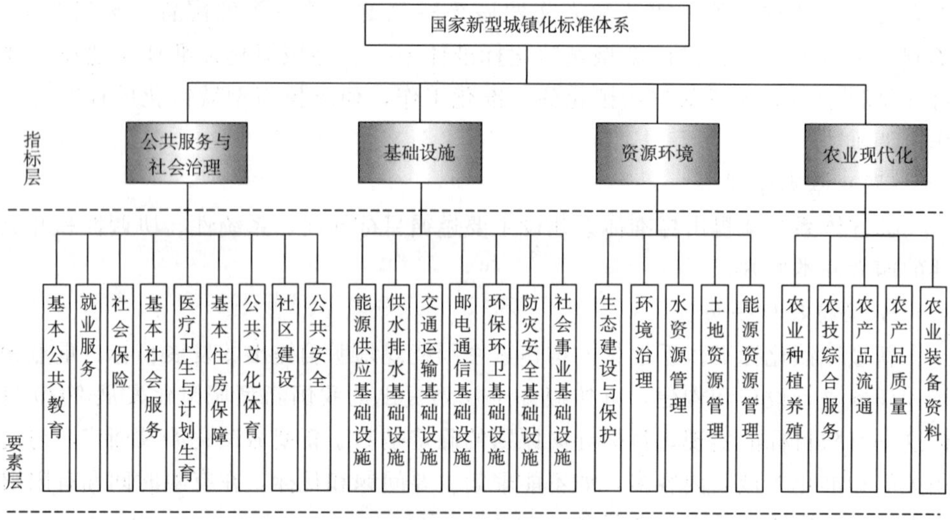

图 3-1 国家新型城镇化标准体系结构图

注 1：标准体系结构图中所列条目代表了新型城镇化进程中可通过标准化活动予以规范和指导的方面或要素，它不代表未来可能建立的标准或标准体系的具体名称。每一项列出的要素都有相对应的标准（如基础通用类标准、领域通用类标准）。

注 2：要素层所列要素都可以进一步展开，形成推进层，各指标层与其展开的要素层和推进层可形成相应的子体系，具体见附录五。

国家新型城镇化标准体系结构图由三个层次组成，分别为指标层、要素层和推进层，其中指标层是直接反映新型城镇化核心指标和辅助指标的具有引导全局性质的标准组合层次，制定支撑《规划》主要指标和目标实现的基础通用类标准。指标层包括基本公共服务和社会治理、基础设施、资源环境、农业现代化等四个领域，其中农业现代化领域的标准在体系框架中单独设置；要素层是为实现核心指标所需要的基本要素的标准组合层次，由指标层展开，制定指导和评价城镇化进程中特定领域的通用类标准；推进层是为实现要素功能而选择的重要路径及各节点的标准组合层次，由要素层展开，制定特定领域的专用标准，具体包括学校布局与建设、道路设施、土地配置等137个方面。各指标层与其展开的要素层和推进层可形成相应的子体系，具体内容如下：

1. 基本公共服务和社会治理标准子体系

基本公共服务和社会治理标准子体系包括基本公共教育、就业服务、社会保险、基本社会服务、医疗卫生与计划生育、基本住房保障、公共文化体育、社区建设、公共安全等9个要素，这9个要素展开后，形成包括54个方面的推进层。

2. 基础设施标准子体系

基础设施标准子体系包括能源供应基础设施、供水排水基础设施、交通运输基础设施、邮电通信基础设施、环保环卫基础设施、防灾安全基础设施、社会事业基础设施等7个要素，这7个要素展开后，形成包括48个方面的推进层。

3. 资源环境标准子体系

资源环境要素标准子体系包括生态建设与保护、环境治理、水资源管理、土地资源管理、能源资源管理等5个要素，这5个要素展开后，形成包括17个方面的推进层。

4. 农业现代化标准子体系

农业现代化标准子体系包括农业种植养殖、农技综合服务、农产品流通、农产品质量、农业装备资料等5个要素，这5个要素展开后，形成包括18个方面的推进层。

（六）相关问题的说明

1. 关于标准体系框架构建的有限目标原则

新型城镇化标准体系框架基于新型城镇化规划中明确提出的任务并能运用标准化支撑的对象确立，其目标是直接支撑规划主要指标和发展目标的实现，而非涵盖城镇建设的方方面面。所涵盖的标准是侧重于支撑新型城镇化进程的资源配置指标类标准和基础通用类标准，而非涉及城市建设的具体产品标准、方法标准等。对于各部门各自领域内与新型城镇化规划不相关的内容，不纳入标准体系。

确定新型城镇化标准体系建设主要任务目标的时间阶段与新型城镇化规划的

时间阶段一致，即 2014—2020 年。

2. 关于社会治理领域标准化问题

社会治理是新型城镇化建设过程中的重要内容，新型城镇化规划第十九章专门对社会治理进行了阐述。2012 年，国家标准化管理委员会同国家发展和改革委员会等 27 个部门联合发布的《社会管理和公共服务标准化工作“十二五”行动纲要》中将社会管理和公共服务作为一个大的主题进行了表述，为此，考虑到随着新型城镇的不断发展，社会治理理念在新型城镇化中的作用也不断得到体现和加强，特别对于基本公共服务的影响日益密切，将社会治理与基本公共服务合并作为一个指标层的内容在体系框架中体现，表述为“基本公共服务和社会治理（管理）”。

3. 关于城乡一体化涉及的农业农村标准化领域问题

新型城镇化的发展不是孤立的，在《规划》中提出了“四化同步”的指导思想。同时，《规划》第六篇对城乡一体化的主要任务进行了阐述，内容涉及了农村和农业等领域的标准化问题。其中基本公共服务、基础设施以及资源环境的要求，为体现城乡一体化的基本公共服务和资源配置均等化的要求，主要内容纳入了基本公共服务、基础设施和资源环境之中。鉴于农业现代化涉及的农业种植、农业社会化服务、农产品质量安全、流通等内容与新型城镇化间接相关，与上述三个指标层的标准化对象不同，为此，对于《规划》中提出的农业现代化领域标准化问题，在本标准体系框架中采取虚线关联的方式将农业现代化问题与新型城镇化标准体系进行了关联，以体现这种关系。

（七）标准体系的实施应用

2015 年 2 月 28 日，国家标准化管理委员会、国家发展和改革委员会、国家住房和城乡建设部等 3 个部门下发《关于开展新型城镇化标准体系建设工作的指导意见》（标委办农联〔2015〕21 号），要求“到 2020 年，初步建成体现以人为本、注重绿色、智慧和人文发展的新型城镇化发展理念的，以资源配置、规划要求、基础规范为重点，层次分明，科学合理，适用有效，基本覆盖新型城镇化建设核心关键环节，满足以人为核心的、统筹城乡协调发展的新型城镇化发展需求的标准体系”，并要求：

1. 分工负责，形成合力

建立新型城镇化标准化工作协调机制，加强部门间的统筹协调，研究解决新型城镇化标准化的重大问题。新型城镇化标准化工作按照统一管理、分工负责的原则，共同推进新型城镇化标准化工作。国家标准化管理委员会同国家发展和改革委员会和有关部门做好新型城镇化标准体系的顶层设计、标准规划，指导推进各项工作顺利开展。国家标准化管理委员会负责国家标准的统一立项、协调审查、统一编号和批准发布，国务院各有关部门负责各自领域标准项目的提出、起草、技术审查等工作，并组织开展相关标准宣贯、实施和监督。各地方政府结合自身职能，因地制宜制定新型城镇化标准化工作推进的具体方案和措施，加大标准的宣贯和推广应用。

2. 加强重点领域标准制修订和研究

围绕规划提出的基本公共服务和社会治理（管理）、基础设施、资源环境等领域和方面，重点开展公共服务资源布局标准，基础设施网络布局标准，土地利用规划、生态环境规划结果和规划技术方法标准，生态文明考核评价标准，人口信息化管理标准等具有引导性、系统性和全局性的基础通用类标准的现状调研、指标采集等工作，明确规范内容、评估关键技术指标参数，为各领域后续开展支撑新型城镇化资源布局和配置均等化的标准制定提供数据支撑和依据。

3. 推动新型城镇化标准应用与示范

围绕新型城镇化标准化重点领域，选取不同区域开展不同层级、不同类型，组织开展新型城镇化标准化试点和示范项目，积极推进标准的宣贯和实施，因地制宜地建立不同区域实施新型城镇化规划的模式与机制，为新型城镇化标准制定提供实践和验证，为全国提供可复制、可推广的标准化经验和模式。

4. 加强工作保障和实施推广

各部门、各地方加大对新型城镇化所急需的标准研究和制修订工作的人员和财政支持力度，通过专项财政支持的引导，探索建立多元化的经费投入机制。注重技术人员和标准化人员的培养和技能培训，提高标准制定的水平。建立丰富多样的标准宣贯途径，加大标准宣贯力度。探索标准推广实施的方式方法，促进标准应用。

二、国家新型城镇化标准化试点介绍

（一）新型城镇化标准化试点概述

新型城镇化标准化试点是由国家标准化管理委员会组织，各级人民政府在开展新型城镇化工作过程中，为提升新型城镇化质量和标准化水平，探索运用标准化方法、发展标准化作用，总结可复制、可推广的经验和标准成果而开展的一系列相关联的活动。为规范新型城镇化标准化试点项目的管理，国家标准化管理委员会依据《中华人民共和国标准化法》及相关规定，制定了《新型城镇化标准化试点项目管理办法（试行）》，规定了试点领域及基本条件、试点项目申报、试点项目组织实施、试点项目管理与评估等内容。从 2015 年开始，国家标准化管理委员会联合国家发展和改革委员会等部门，在全国范围内先后开展了三批新型城镇化标准化试点工作（第四批试点正在组织申报中），共计 36 个试点项目。

（二）第一批新型城镇化标准化试点情况

为推进中国特色新型城镇化建设、全面提高城镇化质量，2014 年 3 月，中共中央、国务院印发了《规划》。为贯彻落实“规划”的要求，2014 年 12 月，国家发展和改革委员会等 11 个部门联合下发了《关于印发国家新型城镇化综合试点方案的通知》（发改规划〔2014〕2960 号），同意将江苏、安徽两省和宁波等 62 个城市（镇）列为国家新型城镇化综合试点地区。

为贯彻落实《规划》，充分发挥标准化对新型城镇化的支撑和促进作用，2015 年 6 月，国家标准化管理委员会办公室、国家发展和改革委员会办公厅联合下发了《关于扎实推进国家新型城镇化标准化试点工作的通知》（标委办农联〔2015〕83 号），明确由江苏省、安徽省、浙江省宁波市、山东省青岛市、广东省广州市、北京市通州区、浙江省嘉兴市、山东省威海市、深圳市光明新区、四川省阆中市等 10 个地区在国家新型城镇化综合试点工作中开展标准化试点。

1. 试点工作目标

通过新型城镇化标准化试点，推动标准化在新型城镇化发展过程中的应用和实施，提升新型城镇化发展过程中的标准化水平，总结试点经验，形成新型城镇化标准化可复制、可推广的发展模式，支撑和促进新型城镇化规范、有序发展。主要目标包括：

① 探索建立新型城镇化标准化工作机制，形成不同规模的新型城镇化标准化工作模式。

② 适应新型城镇化发展需求，逐步建立较为完善的新型城镇化标准体系，加强新型城镇化涉及的资源配置、建设规划，以及资源节约、绿色智慧等方面标准的制修订。

③ 提高标准实施的有效性，推动相关标准的贯彻应用。

2. 试点工作任务

（1）构建体系

根据各地自然环境、人文习俗、经济水平等因素，以及新型城镇化综合试点工作需求，因地制宜，选择试点区域和领域，建立与本地城镇化相适应的新型城镇化标准体系。

（2）制定标准

加强适应本地区城镇化建设需求的地方标准的制修订，提高城镇化建设法治化、规范化水平。对经实践检验行之有效的地方标准，进行提炼，及时转化为国家标准、行业标准。对已制定和正在制定的国家标准、行业标准进行对比验证，及时提出修订意见和建议，提高国家标准、行业标准的适用性、科学性和有效性。

（3）宣贯培训

积极开展标准化培训，增强相关人员的标准化意识和标准化水平，提高标准实施的主动性和自觉性。加强重点标准的宣贯和实施，提高标准实施的有效性。

（4）总结推广

对试点工作过程中行之有效的做法和标准及时进行总结，形成新型城镇化标准化可复制、可推广的发展模式，树立典型，加强宣传和推广。

3. 试点工作实施

截至2019年12月，第一批10个国家新型城镇化标准化试点均完成了试点任务，并通过了国家标准化管理委员会组织的专家评估。各试点的具体情况见表3-2所列。

表3-2　第一批国家新型城镇化标准化试点具体情况表

序号	试点地区	试点项目名称	试点内容	试点任务完成情况
1	安徽省	安徽省国家新型城镇化标准化试点	围绕城镇基础设施建设、新型城镇建设、城镇资源环境、基本公共服务、基本社会管理等5个领域，开展标准化试点	评估通过
2	江苏省	江苏省国家新型城镇化标准化试点	围绕基本公共服务和社会治理、基础设施建设、资源环境、农业现代化等重点领域，开展标准化试点	评估通过
3	北京市通州区	通州区国家新型城镇化标准化试点	围绕农业转移人口市民化、城镇化投融资、城乡一体化发展、规划管理体制等国家新型城镇化建设四大重点领域，开展标准化试点	评估通过
4	浙江省宁波市	宁波市国家新型城镇化标准化试点	围绕基本公共服务和社会治理、基础设施、资源环境和生态保护、农业现代化等4大领域，开展标准化试点	评估通过
5	浙江省嘉兴市	嘉兴市国家新型城镇化标准化试点	围绕养老、医疗、政务、城市规划和建设、城市绿化、循环经济、美丽乡村、都市型农业等8个重点要素，开展标准化试点	评估通过
6	山东省青岛市	青岛市国家新型城镇化标准化试点	围绕基本公共服务和社会治理、全域基础设施建设、资源环境和生态保护、海绵城市等4个方面，开展标准化试点	评估通过
7	山东省威海市	威海市国家新型城镇化标准化试点	围绕城市管理、特色小镇、公共服务等领域，开展标准化试点	评估通过
8	广东省广州市	广州市国家新型城镇化标准化试点	围绕着国家重要中心城市建设，选取养老、医疗、政务、城市规划和建设、城市绿化、循环经济、美丽乡村、都市型农业等8个重点领域，开展标准化试点	评估通过
9	广东省深圳市	深圳市光明新区国家新型城镇化标准化试点	围绕经济、社会、城市、生态、文化、政府服务共6个领域24个方面，开展标准化试点	评估通过
10	四川省阆中市	阆中市国家新型城镇化标准化试点	围绕古城保护、乡村旅游、民生服务等领域开展标准化试点	评估通过

（三）第二批新型城镇化标准化试点情况

为贯彻落实《规划》，充分发挥标准化在推进新型城镇化建设、城市规划建设管理和加强社会治理中的作用，全面提高城镇化质量，2016 年 4 月，国家标准化管理委员会和国家发展和改革委员会决定共同组织开展国家新型城镇化标准化试点扩围工作。

1. 试点重点领域

重点围绕农业转移人口市民化、城市功能提升、中小城市和特色小城镇培育、新农村建设、土地利用机制完善、投融资机制创新，智慧城市、绿色城市、人文城市、海绵城市建设，以及多规合一、地下管廊、产城融合、公共服务均等化、城乡协调发展等单个或多个领域开展标准化试点。

2. 试点主要任务

（1）构建体系

根据各地自然环境、人文习俗、经济水平等因素，以及新型城镇化综合试点工作需求，因地制宜，选择试点相应领域，建立与本地城镇化相适应的新型城镇化相关领域标准体系。

（2）制定标准

加强适应本地区城镇化建设需求的地方标准的制修订，提高城镇化建设法治化、规范化水平。对经实践检验行之有效的地方标准，进行提炼，及时转化为行业、国家标准。对已制定和正在制定的国家、行业标准进行对比验证，及时提出修订意见和建议，提高国家、行业标准的适用性、科学性和有效性。

（3）宣贯培训

积极开展标准化培训，增强相关人员的标准化意识和标准化水平，提高标准实施的主动性和自觉性。加强重点标准的宣贯和实施，提高标准实施的有效性。

（4）完善机制

加强标准化支撑新型城镇化综合试点工作机制建设，探索建立标准化有效对接试点工作、服务支撑试点的工作模式和机制。

（5）总结推广

对试点工作中行之有效的做法和标准及时进行总结，形成新型城镇化标准化可复制、可推广的发展模式，树立典型，加强宣传和推广。

3. 试点工作实施

经各市（区、县、镇）人民政府申报，省级质量技术监督部门初审、筛选和推荐，国家标准化管理委员会组织专家进行综合评审，最终确定内蒙古呼伦贝尔市、上海市嘉定区、山东省邹城市、河南省郑州市等 16 个市（区）或县开展国家新型城镇化标准化试点。截至 2019 年 12 月，扩围的 16 个国家新型城镇化标准化试点均完成了试点任务，并通过了专家评估。各试点的具体情况见表 3－3 所列。

表 3－3　国家新型城镇化标准化扩围试点具体情况表

序号	试点地区	试点项目名称	试点内容	试点任务完成情况
1	内蒙古呼伦贝尔市	呼伦贝尔市海拉尔区国家新型城镇化标准化试点	围绕“城镇标识导引”领域建立了涵盖城市导向标志、城市安全标志以及城市形象标志等 3 个领域 9 个方面，开展标准化试点	评估通过
2	辽宁省新民市	新民市国家新型城镇化标准化试点	按照城乡规划一体化、基础设施一体化、公共服务一体化、社会管理一体化、产业一体化标准，推动全市工业化、城镇化、农业现代化、信息化、绿色化进程	等待评估
3	上海市嘉定区	上海市嘉定区外冈镇国家新型城镇化标准化试点	聚焦土地整治利用、农产品生产流通、农业旅游等领域，建立土地整治的分配、规划、管理、维护、利用等综合标准体系，在农产品生产流通、农业旅游开发等方面实行标准化	评估通过
4	浙江省温岭市	温岭市东部产业集聚区国家新型城镇化标准化试点	围绕海绵道路、海绵建筑、绿色湿地三大领域，开展滨海类型海绵城市标准化试点	评估通过
5	浙江省苍南县	苍南县龙港镇国家新型城镇化标准化试点	围绕“大部门行政体制”“市管社区服务与管理”“智慧龙港城市治理”“设市模式绩效考核”四个领域，开展标准化试点	评估通过
6	江西省贵溪市	贵溪市塘湾镇国家新型城镇化标准化试点	围绕塘湾镇构建“干净城镇”标准体系，在农村生活垃圾处理、绿色集镇建设等方面，开展标准化试点	等待评估
7	山东省临沂市	临沂市河东区国家新型城镇化标准化试点	围绕河东区城市功能提升、特色城镇培育和城乡协调发展，以“宜居河东”建设，开展标准化试点	评估通过
8	山东省邹城市	邹城市国家新型城镇化标准化试点	围绕基础通用、基础公共服务和社会治理、基础设施、文化建设与传承、资源环境、现代农业等领域，开展标准化试点	评估通过
9	河南省新县	新县国家新型城镇化标准化试点	以智慧城市建设为基础，围绕建设智慧政务、智慧民生、智慧旅游、智慧农业、智慧城市管理等方面，开展标准化试点	评估通过
10	河南省郑州市	郑州市郑东新区国家新型城镇化标准化试点	围绕城市功能提升、产城融合、楼宇经济、公共服务均等化等领域，开展标准化试点	评估通过
11	湖南省资兴市	资兴市黄草镇国家新型城镇化标准化试点	围绕“村庄建设、生态环境、经济发展、公共服务、文化建设、组织管理”六个方面，开展标准化试点	评估通过

（续表）

序号	试点地区	试点项目名称	试点内容	试点任务完成情况
12	广东省台山市	台山市水步镇国家新型城镇化标准化试点	围绕“行政管理、公共服务、基础设施建设、资源开发保护、扶贫开发”五大主领域，开展标准化试点	评估通过
13	四川省郫县	郫县国家新型城镇化标准化试点	围绕乡村旅游、川菜食品两大特色产业以及城乡社区治理、创新创业服务、特色小城镇发展水平评价等领域开展标准化建设工作	评估通过
14	四川省成都市	成都市温江区国家新型城镇化标准化试点	围绕城乡社区发展治理，开展社区党建、社区自治、社区服务、社区环境等方面标准化试点	评估通过
15	云南省凤庆县	凤庆县国家新型城镇化标准化试点	以建设产研融合的凤庆滇红小镇和鲁史古镇为内容，在新型城镇建设、城市规划建设管理和社会治理等方面，开展标准化试点	评估通过
16	甘肃省金昌市	金昌市国家新型城镇化标准化试点	重点在新农村建设、产城融合、公共服务均等化三个方面，开展标准化试点	评估通过

（四）第三批新型城镇化标准化试点情况

为贯彻落实党的十九大会议精神和《规划》，探索发挥标准化在推进新型城镇化建设中的支撑和引领作用，通过新型城镇化标准化试点，总结形成新型城镇化建设过程中可复制、可推广的发展模式，加快推进国家新型城镇化标准体系建设，促进新型城镇化的规范有序发展。2018 年 7 月，国家标准化管理委员会决定组织开展第三批国家新型城镇化标准化试点工作。

1. 试点领域

重点围绕农业转移人口市民化、城镇空间布局与形态优化、城乡资源配置及基本公共服务均等化、城市功能提升、特色小城镇培育、城市营商环境改善、土地利用机制完善、城镇投融资机制创新、产城融合发展、新型城市建设（智慧城市、绿色城市、创新城市、海绵城市、健康城市、品质城市等）、城镇基础设施运行与维护、城镇管理与社区治理、乡村文化资源保护与利用、乡村资源环境承载能力和配置管理、城乡协调发展等单个或多个领域开展标准化试点。

2. 试点主要任务

（1）试点单位应结合本地新型城镇化工作进展，充分发挥标准化规范、统一、协调作用，以促进人的城镇化为核心、提高质量为导向，支撑新型城镇化工作依法合规、科学高效推进；建立和完善与当地新型城镇化工作相匹配的标准化工作机制。

（2）试点单位应结合本地新型城镇化工作的主要任务和需求，建立起表现形式灵活、结构符合本地新型城镇化工作特点、内容覆盖本地新型城镇化工作范围的实用有效的标准体系；同时，及时跟进新型城镇化发展需求，对标准适用性及时进行验证评估，对标准体系进行动态改进。

（3）试点单位应定期组织开展相关的标准化理论知识、重点标准的研究、宣贯与培训，探索标准化在新型城镇化工作中的作用，促进标准的有效实施。

（4）试点单位和省级标准化行政主管部门应及时总结标准化在新型城镇化建设中的经验，加强宣传推广，发挥试点带动作用，推动标准化理念和标准化方法在新型城镇化中的应用，促进新型城镇化工作深入开展。

3. 试点项目名单

经各市（区、县、镇）人民政府申报，省级质量技术监督部门初审、筛选和推荐，国家标准化管理委员会组织专家进行综合评审，最终确定江苏省泰州市、浙江省台州市、广东省珠海市斗门区等15个市（区、县、镇）开展国家新型城镇化标准化试点。目前，各试点正按计划有序推进相关工作。各试点的具体情况见表3－4所列。

表3－4　第三批国家新型城镇化标准化试点名单

序号	试点地区	试点项目名称	试点领域	试点任务完成情况
1	江苏省泰州市	江苏省泰州市新型城镇化标准化试点	新型城市建设	建设中
2	浙江省台州市	浙江省台州市仙居县新型城镇化标准化试点		建设中
3	广东省珠海市	广东省珠海市斗门区新型城镇化（智慧城市）标准化试点		建设中
4	陕西省西咸新区	陕西省西咸新区沣西新城新型城镇化标准化试点		建设中
5	河北省唐山市	河北省唐山市曹妃甸区国家新型城镇化标准化试点	特色小镇培育	建设中
6	湖南省娄底市	湖南省娄底市冷水江市禾青镇新型城镇化标准化试点		建设中
7	内蒙古鄂尔多斯市	内蒙古自治区鄂尔多斯市伊金霍洛旗阿勒腾席热镇城镇管理与社区治理标准化试点	城镇管理与社会治理	建设中
8	山东省潍坊市	山东省潍坊市奎文区大虞街道孙家社区新型城镇化标准化试点		建设中

（续表）

序号	试点地区	试点项目名称	试点领域	试点任务完成情况
9	江苏省海安市	江苏省海安市土地利用“五化并进”新型城镇化标准化试点	土地利用机制完善	建设中
10	四川省彭州市	四川省彭州市新型城镇化标准化试点	产城融合发展	建设中
11	浙江省湖州市	浙江省湖州市吴兴区织里镇新型城镇化标准化试点	城镇综合领域	建设中
12	福建省福州市	福建省福州市连江县丹阳镇新型城镇化标准化试点		建设中
13	福建省南平市	福建省南平市延平区王台镇新型城镇标准化试点		建设中
14	江西省赣州市	江西省赣州市会昌县麻州镇新型城镇化标准化试点		建设中
15	湖南省长沙市	湖南省长沙市长沙县果园镇新型城镇化标准化试点		建设中

第二节　安徽省新型城镇化标准化实践

一、安徽省新型城镇化标准体系构建

（一）构建背景

“十二五”以来，在省委、省政府的坚强领导下，安徽省坚持工业化、城镇化双轮驱动，大力推进新型城镇化试点省建设，城镇化水平快速持续提升。质量和速度双提升，开始进入城市主导型社会。全省城镇人口五年增加约550万人，城镇化率年均提高1.5个百分点，超过全国平均速度，城镇常住人口首次超过农村常住人口，常住人口城镇化率达到50.5%，初步进入城市主导型社会。农业转移人口市民化稳步推进，户籍制度改革取得突破性进展，基本公共服务均等化取得阶段性成效。随着经济发展进入新常态，城镇化增速将有所放缓，新型城镇化建设必须适应内外部环境和条件的深刻变化，加快迈向质量与速度并重、以提升质量为主的新阶段。

标准是经济社会有序发展的技术支撑，是国家治理体系和治理能力现代化的基础性制度。新型城镇化要有序推进农业转移人口市民化、优化城镇化布局和形态、提高城市可持续发展能力、推动城乡发展一体化，这些都需要标准的支撑和规范。国家发展和改革委员会等 11 个部门《关于印发新型城镇化综合试点方案的通知》（发改规划〔2014〕2960 号）批准将安徽、江苏两省和宁波等 62 个城市（镇）列为国家新型城镇化综合试点地区；国家标准化管理委员会、国家发展和改革委员会《关于扎实推进国家新型城镇化标准化试点工作的通知》（标委办农联〔2015〕83 号）明确由安徽省、江苏省、浙江省宁波市等 10 个地区人民政府在国家新型城镇化综合试点工作中开展标准化试点；安徽省人民政府关于印发《国家新型城镇化试点省安徽总体方案的通知》（皖政〔2015〕15 号）中明确提出“建立健全新型城镇化标准体系。加快与新型城镇化发展相配套的规划、建设、管理与评价等标准的制修订，强化标准实施与监督，探索建立可复制可推广的标准化模式”。为顺利完成安徽省新型城镇化试点省建设任务，推进安徽省国家级新型城镇化标准化试点建设，安徽省构建了新型城镇化标准体系。

（二）标准化需求分析

2015 年 2 月，安徽省人民政府印发了《国家新型城镇化试点省安徽总体方案》，明确提出“加快与新型城镇化发展相配套的规划、建设、管理与评价等标准的制修订，强化标准实施与监督，探索建立可复制、可推广的标准化模式”的标准化要求；2016 年 7 月，安徽省人民政府印发了《安徽省新型城镇化发展规划（2016—2025 年）》，提出了“高标准建设紧凑城市”“健全节约集约用地制度，严格执行城市用地分类与规划建设用地标准”“加快建立城乡统一的社会保障、基本养老和医疗服务标准”“到 2020 年，蚌埠、淮南、淮北、阜阳、亳州、宿州、滁州等市达到国家节水型城市标准”“到 2020 年，设区城市全部达到国家园林城市标准，80％以上县城达到国家园林县城标准”“到 2020 年，城市建成区 20％以上的面积达到海绵城市建设标准要求”等标准化要求。

因此，安徽省新型城镇化标准体系构建应紧紧围绕《国家新型城镇化试点省安徽总体方案》《安徽省新型城镇化发展规划（2016—2025 年）》等文件要求，充分发挥标准在新型城镇化建设中的支撑和引领作用。

1. 安徽省新型城镇化综合试点的总体要求和试点目标

2014 年 12 月 29 日，国家发展和改革委员会等 11 个部委联合印发了《国家新型城镇化综合试点方案》，并将安徽省列为国家新型城镇化综合试点省。为扎实推进新型城镇化试点省建设，安徽省制定了《国家新型城镇化试点省安徽总体方案》，对安徽省新型城镇化综合试点工作进行全面部署：

（1）总体要求

全面贯彻落实党的十八大，十八届三中、四中全会，中央城镇化工作会议和国家新型城镇化规划精神，以人的城镇化为核心，以提升质量为关键，坚持尊重规律、因地制宜、分类指导、统筹推进原则，围绕“人、地、钱、规划、建设、管理”，推进农业转移人口市民化，促进城乡统筹发展和产城融合发展，增强要素保障能力，形成有利于新型城镇化健康发展的制度体系，走出一条高质量、可持续、广包容的城镇化道路。

（2）具体目标

到2017年，常住人口城镇化率达到54%，户籍人口城镇化率达到30%左右；到2020年，常住人口城镇化率达到58%，力争户籍人口城镇化率达到35%，初步建立比较完善的新型城镇化体制机制，全省城镇化水平和质量有较大幅度提高。

① 农业转移人口市民化促进机制初步建立。到2020年，全覆盖、保基本、多层次、可持续的基本公共服务体系基本建成。

② 城乡统筹发展水平明显提高。到2020年，基本实现“多规合一”全覆盖。中心城市能级进一步增强，县城规划建设管理水平显著提升，美好乡村建设取得明显成效。

③ 产城融合发展进一步加快。开发区产城一体化试点全面推进，智慧城市、人文城市、绿色城市建设步伐加快，城镇基础设施水平显著提升，城镇人居环境明显改善。

④ 多元可持续的城镇化投融资机制基本建立。投融资机制改革进一步深化，融资渠道进一步拓宽，市场化融资模式逐步确立，城镇化资金保障能力显著提高。

⑤ 与城镇化发展相适应的农村土地管理制度进一步完善。

2. 安徽省新型城镇化综合试点的主要内容

（1）坚持以人为本，探索建立农业转移人口市民化推进机制

具体内容包括推动户籍制度改革、加强劳动就业培训、完善住房供应体系、增强教育保障、提供医疗卫生保障、健全养老服务体系、建立农业转移人口市民化成本分担机制等7个方面。

（2）统筹城乡发展，提高城乡质量和水平

具体内容包括强化规划引导作用、推动县城提质扩容“三治、三增、三提升”、扎实推进城乡一体化发展、优化行政区划设置、创新社会治理等5个方面。

（3）推进产城融合，增强城镇综合承载力

具体内容包括强化产业支撑、增强城镇功能、优化城镇生态环境等3个方面。

（4）强化要素保障，提高城镇化可持续发展能力

具体内容包括创新农村土地承包经营权管理机制、改革完善农村宅基地管理

制度、创新建设用地供给机制、创新农村集体“三资”管理运营体制、发挥开发性和政策性金融作用、健全地方债券发行管理制度、创新市场化融资模式、探索设立住宅政策性金融机构等8个方面。

3. 标准化要素确定

根据国家标准化管理委员会、国家发展和改革委员会、国家住房和城乡建设部等三部门《关于开展新型城镇化标准体系建设工作的指导意见》（标委办农联〔2015〕21号）和《安徽省新型城镇化标准化试点工作实施方案》（皖质函〔2015〕304号）的相关规定，并结合安徽省新型城镇化综合试点主要任务和具体调研情况，确定城镇基础设施建设、新型城镇建设、城镇资源环境、基本公共服务、基本社会管理等5个主要领域，以及城镇规划、供排水设施、道路交通、综合管廊、土地资源、公共教育、政务服务、户籍管理、住房保障等22个标准化要素。具体见表3－5所列。

表3－5　标准化需求

序号	标准领域	标准化需求
1	城镇基础设施	（1）城镇规划
		（2）供排水设施
		（3）道路交通
		（4）地下管网
2	新型城镇建设	（1）智慧城市
		（2）海绵城市
		（3）绿色城市
		（4）美丽乡村
3	城镇资源环境	（1）水资源
		（2）土地资源
		（3）环境整治
		（4）绿色建筑
		（5）节能减排
4	基本公共服务	（1）公共教育
		（2）医疗卫生
		（3）政务服务
		（4）养老服务
		（5）儿童福利

（续表）

序号	标准领域	标准化需求
5	基本社会管理	（1）住房保障
		（2）户籍管理
		（3）社区治理
		（4）公共安全

4. 试点前标准化情况及存在的问题

（1）从标准分布领域来看

虽然现有相关标准覆盖了新型城镇化中城镇规划建设、基本社会管理、基本公共服务、城镇生态环境、新型城镇建设等重要领域，但具体的标准缺失严重，并不成体系。

（2）从标准层次来看

标准包括了国家标准、行业标准和地方标准，但与新型城镇化相关的标准主要为国家标准和行业标准，安徽省地方标准较少，而且各层次标准之间并不协调。因此，需要从安徽省新型城镇化建设和发展的现实需要出发，制定相关地方标准。

（3）从标准数量来看

与新型城镇化相关国家标准、行业标准有 1000 多项，但与安徽省新型城镇化试点内容直接相关的标准仅 100 多项，大多数标准不适用或不是试点主要内容，无法全面覆盖安徽省新型城镇化的规划、建设、管理、维护、运行以及服务等环节，难以满足试点建设的需要。因此，急需优化标准结构、均衡布局，加快标准的制修订工作。

5. 需求分析结果

（1）标准化要素

根据《国家新型城镇化试点省安徽总体方案》的规定，并结合安徽省新型城镇化标准化试点的内容，确定安徽省新型城镇化涉及城镇基础设施建设、新型城镇建设、城镇资源环境、基本公共服务、基本社会管理 5 个主要标准化领域，其中基础设施建设包括城镇规划、供排水设施、道路交通、综合管廊等 4 个标准化要素，新型城镇建设包括智慧城市、海绵城市、绿色城市、美丽乡村等 4 个标准化要素，城镇资源环境包括水资源、土地资源、环境治理、绿色建筑、节能减排等 5 个标准化要素，基本公共服务包括公共教育、医疗卫生、政务服务、养老服务、儿童福利等 5 个标准化要素，基本社会管理包括住房保障、户籍管理、社会治理、公共安全等 4 个标准化要素。

（2）标准层次及类型

目前，新型城镇化的标准包括国际标准、国家标准、行业标准、地方标准、团体标准以及企业标准，但主要为国家标准、行业标准和地方标准。因此，安徽省新型城镇化建设需要的标准主要为国家标准、行业标准和地方标准，这些标准包括现行的标准，也包括需要制定的标准。

（三）指导思想

全面贯彻党的十八大和十八届三中、四中、五中、六中全会以及中央城镇化工作会议、中央城市工作会议精神，深入贯彻习近平总书记系列重要讲话特别是视察安徽重要讲话精神，按照“五位一体”总体布局和“四个全面”战略布局，深入落实创新、协调、绿色、开放、共享发展理念，深化标准化工作改革要求，推动实施标准化战略，建立完善标准化体制机制，优化标准体系，强化标准实施与监督，夯实标准化技术基础，增强标准化服务能力，加快标准化在新型城镇化各领域的普及应用和深度融合，充分发挥标准化在新型城镇化中的基础性、引领性和战略性作用。

（四）构建的基本原则和依据

1. 构建的基本原则

（1）全面系统，重点突出

立足安徽省新型城镇化综合试点的目标任务，统筹考虑试点的各业务领域，重点把握安徽省新型城镇化建设的重点任务和重点领域，确保安徽省新型城镇化建设标准体系的完整性和系统性，覆盖所有重点领域。

（2）层次清晰，避免交叉

基于对安徽省新型城镇化建设内容的科学分类，按照体系协调、职责明确、管理有序的原则编制安徽省新型城镇化建设标准体系，确保总体系与子体系之间、各子体系之间、标准之间的相互协调，避免交叉与重复。

（3）开放兼容，动态优化

保持标准体系的开放性和可扩充性，为新的标准项目预留空间，同时结合安徽省新型城镇化建设的发展需求，定期对标准体系进行修改完善，提高安徽省新型城镇化建设标准体系的适用性。

（4）基于现实，适度超前

基于安徽省新型城镇化建设地区的自然环境、人文习俗、经济水平等因素，立足安徽省新型城镇化综合试点对于标准化的现实需求，同时把握安徽省新型城镇化建设当前和今后一个时期发展趋势和发展方向，建立适度超前、具有可操作性的标准体系。

2. 构建的主要依据

标准体系是由一定系统范围内的具有内在联系的标准组成的科学有机整体，是体现标准化系统内标准的最佳秩序。标准体系是新型城镇化标准化建设工作的基础，是编制标准的制修订计划的重要依据，是促进新型城镇化建设范围内的标准组成趋向科学合理化的手段，是新型城镇化建设现有、应有和预计制订标准的蓝图。

依据《中华人民共和国标准化法》、《标准体系表编制原则和要求》（GB/T 13016—2018）、《标准体系表编制指南》（GB/T 13017—2018）、《关于印发新型城镇化综合试点方案的通知》（发改规划〔2014〕2960 号）、《关于开展新型城镇化标准体系建设工作的指导意见》（标委办农联〔2015〕21 号）、《安徽省人民政府关于印发国家新型城镇化试点省安徽总体方案的通知》（皖政〔2015〕15 号）、《安徽省人民政府关于深入推进新型城镇化试点省建设的实施意见》（皖政〔2016〕85 号）等文件。

（五）标准体系构建

1. 构建方法

围绕安徽省新型城镇化综合试点的目标和任务，采用系统管理的原理和过程分析的方法，对安徽省新型城镇化建设标准化需求及标准化对象进行识别和分析，根据标准化的原理和方法，构建了安徽省新型城镇化标准体系框架。

根据安徽省新型城镇化标准体系框架，编制标准体系表，并通过实地调研、专家研讨等方式予以验证和确认；收集和整理安徽省新型城镇化建设相关的现行国家标准、行业标准和地方标准，并根据安徽省新型城镇化建设的实际和特点，制修订相关地方标准，完成安徽省新型城镇化标准体系构建。

2. 标准体系框架

参照国家标准化管理委员会等 3 个部门发布的《关于开展新型城镇化标准体系建设工作的指导意见》（标委办农联〔2015〕21 号）中新型城镇化标准体系框架，并结合《安徽省人民政府关于印发国家新型城镇化试点省安徽总体方案的通知》（皖政〔2015〕15 号）、《安徽省人民政府关于深入推进新型城镇化试点省建设的实施意见》（皖政〔2016〕85 号）以及安徽省新型城镇化的建设实际和标准化需求，采用层次分析法将安徽省新型城镇化建设的各板块及其内部分板块按照逻辑关系进行排列组合，以标准体系框架图通用的树形层次结构表达各（分）板块的内在联系，构建安徽省新型城镇化标准体系结构图，如图 3-2、图 3-3 所示。

安徽省新型城镇化标准体系结构图由三个层次组成，分别为要素层和指标层，其中要素层由通用基础标准、城镇基础设施建设、新型城镇建设、城镇资源环境、基本公共服务、基本社会管理等 6 个主要方面组成，指标层由城镇规划、供排水设施、道路交通、综合管廊、土地资源、公共教育、政务服务、户籍管理、住房保障等 22 个要素组成，各要素层下由若干具体标准组成，并形成推进

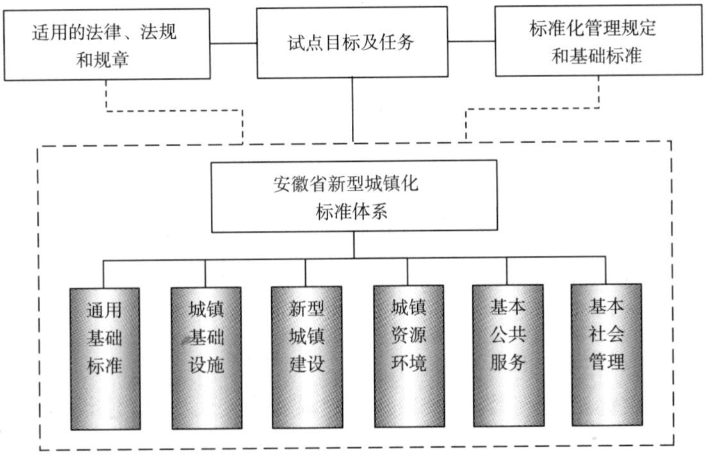

图 3－2　安徽省新型城镇化标准体系总体结构图

注 1：上面虚线表示上排方框中的内容对标准体系的指导关系。

注 2：虚线方框表示完整的标准体系。

注 3：实线连线表示相关关系。

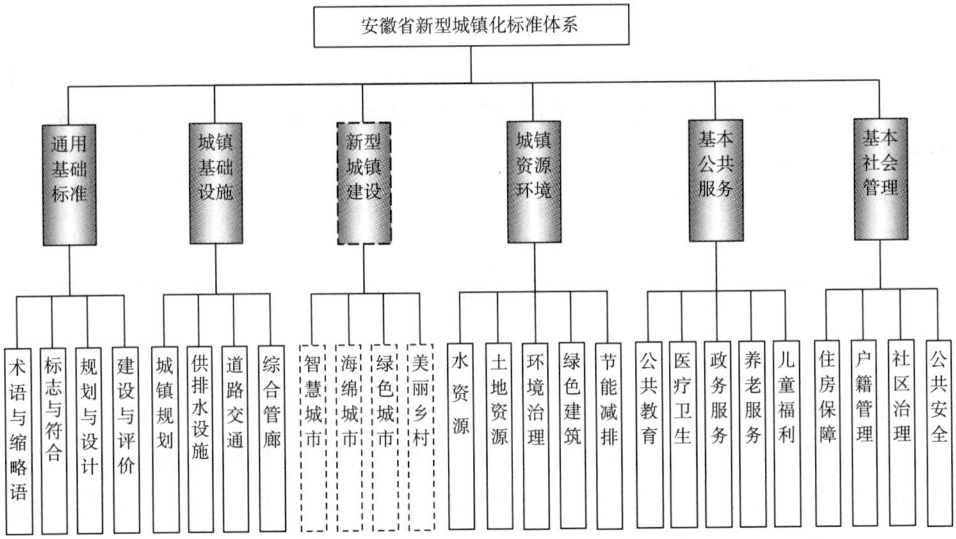

图 3－3　安徽省新型城镇化标准体系结构图

注："新型城镇建设"子体系的内容可能包含城镇基础设施、新型城镇建设、城镇资源环境、基本公共服务、基本社会管理的相关内容，而且其下的智慧城市、海绵城市、绿色城市、美丽乡村等要素均可以单独成体系，本体系仅纳入了安徽省试点相关内容。

层。其中体系层的具体内容如下：

（1）通用基础标准子体系

通用基础标准是在安徽省新型城镇化建设范围内，对新型城镇化建设直接或间接普遍适用、具有广泛指导意义的标准。该子体系包括术语与缩略语、标志与符号、规划与设计、建设与评价等4个要素。

（2）城镇基础设施建设标准子体系

城镇基础设施建设标准是在城镇基础设施建设领域内对需要协调统一的技术事项、管理事项等制定的标准。该子体系包括城镇规划、供排水设施、道路交通、综合管廊等4个要素。

（3）新型城镇建设标准子体系

新型城镇建设标准是在智慧城市、海绵城市等新型城镇建设领域内对需要协调统一的技术事项、管理事项等制定的标准。该子体系包括智慧城市、海绵城市、绿色城市、美丽乡村等4个子要素。

（4）城镇资源环境标准子体系

城镇资源环境标准是在城镇资源环境领域内对需要协调统一的技术事项、管理事项等制定的标准。该子体系包括水资源、土地资源、环境治理、绿色建筑、节能减排等5个要素。

（5）基本公共服务标准子体系

基本公共服务标准是在城镇基本公共服务领域内对需要协调统一的服务事项、管理事项等制定的标准。该子体系包括公共教育、医疗卫生、政务服务、养老服务、儿童福利等5个要素。

（6）基本社会管理标准子体系

基本社会管理标准是在城镇基本社会管理领域内对需要协调统一的技术事项、管理事项等制定的标准。该子体系包括住房保障、户籍管理、社会治理、公共安全等4个要素。

3. 标准明细表

（1）明细表内容

安徽省新型城镇化标准明细表以体系层中的通用基础标准、城镇基础设施建设、新型城镇建设、城镇资源环境、基本公共服务、基本社会管理为主体，分别单独列表，形成6个标准明细表。

标准明细表主要由标准的类别、标准编号和体系代号、标准名称、采用或对应的标准编号、代替标准号、实施日期、备注等要素组成。

（2）标准的类别

标准的类别以标准体系中各体系层下的要素层进行划分。

（3）标准编号

标准编号是各个标准的统一代号，其中国家标准、行业标准和地方标准分别按照现有标准的编号进行填写。

（4）标准的体系代号

为了确定各个标准在标准体系中的位置，便于管理和使用，根据标准体系的结构和标准位置，统一赋予各个标准一个体系代号，体系代号由标准识别号、标准分类号、标准顺序号和标准年代号组成。其中标准识别号由 AH/＋XXCZH（新型城镇化拼音首字母表示）组成；标准分类号由要素类别号和指标类别顺序号组成，要素类别顺序号按照 01、02……进行编号，具体见表 3－6 所列；标准顺序号按照 001、002……进行编号。

表 3－6　标准分类号

要素层	要素类别号	指标层	指标顺序号
通用基础标准	JC （“基础”拼音首字母表示）	术语与缩略语	01
		符号与标志	02
		规划与设计	03
		建设与评价	04
城镇基础设施建设	SS （“设施”拼音首字母表示）	城镇规划	01
		供排水设施	02
		道路交通	03
		综合管廊	04
新型城镇建设	XC （“新城”拼音首字母表示）	智慧城市	01
		海绵城市	02
		绿色城市	03
		美丽乡村	04
城镇资源环境	ZH （“资环”拼音首字母表示）	水资源	01
		土地资源	02
		环境治理	03
		绿色建筑	04
		节能减排	05
基本公共服务	GF （“公服”拼音首字母表示）	公共教育	01
		医疗卫生	02
		政务服务	03
		养老服务	04
		儿童福利	05

（续表）

要素层	要素类别号	指标层	指标顺序号
基本社会管理	SG （“社管”拼音首字母表示）	住房保障	01
		户籍管理	02
		社会治理	03
		公共安全	04

标准的体系代号具体形式如图 3－4 所示。

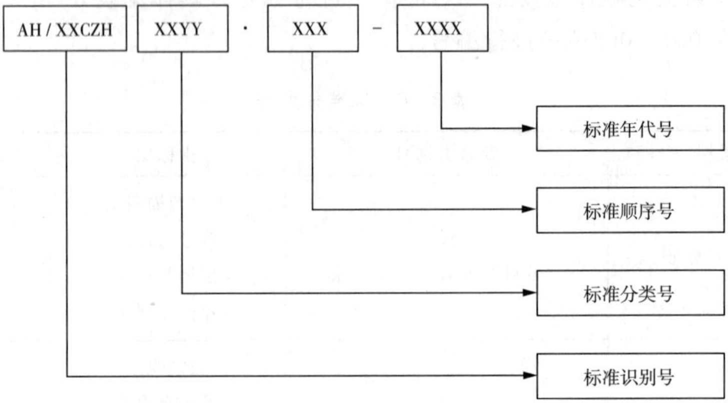

图 3－4　标准体系代号

4. 标准统计表

全国共收集和制定标准 358 项（包括地方指导性文件 31 项），其中城镇基础设施标准 69 项、新型城镇建设标准 61 项、城镇资源环境标准 86 项、基本公共服务标准 85 项、基本社会管理标准 57 项，标准制修订任务完成率为 100%。具体统计数据见表 3－7 所示。

表 3－7　标准统计表

标准类别	应有数（项）	现有数（项）	完成率	备注
国家标准	89	89	100%	新制定国家制定 22 项
行业标准	48	48	100%	新制定行业制定 12 项
地方标准	190	190	100%	新制定地标 128 项
地方指导性文件	31	31	100%	—
合计	358	358	100%	—

二、安徽省新型城镇化标准化技术支撑

（一）专业标准化工作组织

省级专业标准化技术委员会是在一定专业领域内，从事全省性标准化工作的技术工作组织，负责本专业技术领域的标准化技术归口工作。目前，安徽省围绕新型城镇化相关领域先后批准组建了“安徽省智慧城市建设标准化技术委员”“安徽省节能减排及循环经济标准化技术委员会”“安徽省信息技术标准化技术委员会”等8个与新型城镇化建设相关的省级专标委，为新型城镇化标准化工作提供了有力的技术支持，见表3-8所列。

表3-8 新型城镇化相关专业标准化技术委员会名单

专标委编号	专标委名称	成立时间
AH/TC23	安徽省建筑节能标准化技术委员会	2015.06
AH/TC25	安徽省信息技术标准化技术委员会	2015.06
AH/TC41	安徽省节能减排及循环经济标准化技术委员会	2015.06
AH/TC69	安徽省再生材料标准化技术委员会	2016.08
AH/TC70	安徽省清洗保洁服务标准化技术委员会	2016.01
AH/TC75	安徽省物业服务标准化技术委员会	2017.04
AH/TC81	安徽省智慧城市建设标准化技术委员会	2019.06
AH/TC82	安徽省轨道交通标准化技术委员会	2019.08

（二）重要标准制修订情况

为推进安徽省新型城镇化相关标准的制修订工作，原安徽省质量技术监督局会同省住房和城乡建设厅、省发展和改革委员会、省民政厅、省政务服务中心等多个部门，围绕安徽省新型城镇化建设的养老服务、政务服务、儿童福利、智慧城市、美丽乡村等重点领域，开展相关重要标准的制修订工作。试点期间，安徽省共立项新型城镇化相关地方标准217项，其中已发布地方标准190项，围绕养老服务发布实施相关标准20项、围绕政务服务发布实施相关标准24项、围绕儿童福利发布实施相关标准11项、围绕智慧城市发布实施相关标准9项、围绕美丽乡村发布实施相关标准8项等，新型城镇化相关专项地方标准目录见表3-9所列。

表3-9 新型城镇化相关专项地方标准目录

养老服务标准		
序号	标准编号	标准名称
1	DB34/T 2468—2015	养老机构常见病预防控制规范
2	DB34/T 2469—2015	养老机构休养人员心理护理规范
3	DB34/T 2470—2015	养老机构休养人员情绪沟通规范
4	DB34/T 2471—2015	养老机构信息管理规范
5	DB34/T 2472—2015	养老机构介护休养人员临终关怀规范
6	DB34/T 2473—2015	养老机构介护休养人员保护性护理规范
7	DB34/T 2474—2015	养老机构人员培训管理规范
8	DB34/T 2475—2015	养老机构康复基础训练规范
9	DB34/T 2476—2015	养老机构危险源识别与控制规范
10	DB34/T 2624—2016	养老机构自理休养人员日常服务规范
11	DB34/T 2625—2016	养老机构业务咨询服务规范
12	DB34/T 2626—2016	养老机构休养人员入住评估规范
13	DB34/T 2627—2016	养老机构突发事件应急处置通用规范
14	DB34/T 2628—2016	养老机构介护休养人员日常服务规范
15	DB34/T 2629—2016	养老机构查房服务规范
16	DB34/T 2945—2017	养老机构社会工作小组工作服务规范
17	DB34/T 2954—2017	养老机构合同管理规范
18	DB34/T 3236—2018	社区养老服务指南
19	DB34/T 5044—2016	养老服务设施规划建设导则
20	DB34/T 2606.1—2016	家政培训服务规范 第1部分：居家养老
政务服务标准		
序号	标准编号	标准名称
1	DB34/T 2430—2015	政务服务中心便民配套服务规范
2	DB34/T 2439—2015	政务公开与政务服务统一编码规范

（续表）

政务服务标准		
序号	标准编号	标准名称
3	DB34/T 3066—2017	政务服务　乡镇为民服务中心建设与服务规范
4	DB34/T 3067—2017	政务服务　村级为民服务中心建设与服务规范
5	DB34/T 3071—2017	“互联网＋政务服务”数据交换信息技术规范
6	DB34/T 3074—2017	电子政务外网 IPv4 地址规范
7	DB34/T 3075—2017	基层政务用户接入电子政务外网技术规范
8	DB34/T 3228—2018	政务服务事项办事指南编写规范
9	DB34/T 3229—2018	市县（区）、乡（镇）、村（社区）政务服务体系建设指南
10	DB34/T 3394—2019	政务服务评价规程
11	DB34/T 3395—2019	政务服务　亲切服务规范
12	DB34/T 1164—2015	行政审批服务　信息编码规范
13	DB34/T 1168—2016	行政审批服务　术语和定义
14	DB34/T 1169—2016	行政审批服务　服务基本要求
15	DB34/T 1170—2016	行政审批服务　服务导询规范
16	DB34/T 1171—2016	行政审批服务　六类行政审批事项服务规范
17	DB34/T 1174—2016	行政审批服务　预约服务规范
18	DB34/T 1175—2016	行政审批服务　延时服务规范
19	DB34/T 1176—2016	行政审批服务　双章制服务规范
20	DB34/T 1177—2016	行政审批服务“超时责任追究”服务规范
21	DB34/T 1178—2016	行政审批服务“一表制”服务规范
22	DB34/T 1180—2015	行政审批服务“一审一核制”服务规范
23	DB34/T 1181—2015	行政审批服务“并联审批”服务规范
24	DB34/T 1183—2015	行政审批服务　并联审批“缺席责任追究”服务规范

（续表）

儿童福利标准		
序号	标准编号	标准名称
1	DB34/T 2026—2013	儿童福利机构标准体系的构成和要求
2	DB34/T 2944—2017	社会福利机构困境儿童服务规范
3	DB34/T 2946—2017	儿童福利指导中心服务规范
4	DB34/T 2947—2017	儿童福利机构信息（档案）管理规范
5	DB34/T 2948—2017	社会福利机构儿童日常生活照料规范
6	DB34/T 2949—2017	儿童福利机构教育工作规范
7	DB34/T 2950—2017	社会福利机构儿童常见病预防控制规范
8	DB34/T 2951—2017	儿童福利机构保护性护理规范
9	DB34/T 3252—2018	儿童机器人陪伴服务规范
10	DB34/T 2953—2017	社会福利机构膳食服务规范
11	DB34/T 3322—2019	农村留守儿童社会工作服务指南

智慧城市标准		
序号	标准编号	标准名称
1	DB34/T 2689—2016	城市智能公交系统 基本要求
2	DB34/T 2866.1—2017	公交车无线视频监控平台可靠性评价方法 第1部分：高加速极限试验
3	DB34/T 2866.2—2017	公交车无线视频监控平台可靠性评价方法 第2部分：可靠性试验
4	DB34/T 2383—2015	农业物联网信息服务终端数据交换规范
5	DB34/T 2384—2015	农业物联网信息服务平台数据交换协议
6	DB34/T 2427—2015	农业物联网用温度传感器通用技术条件
7	DB34/T 1923—2013	医疗建筑智能化系统技术规范
8	DB34/T 3182—2018	公共场所无线城市局域网服务规范
9	—	安徽省智慧城市建设指南

（续表）

美丽乡村标准		
序号	标准编号	标准名称
1	DB34/T 2633—2016	美丽乡村 传统村落保护与利用
2	DB34/T 2634—2016	美丽乡村 村级公共服务中心服务与管理规范
3	DB34/T 2635—2016	美丽乡村 村卫生室建设与运行规范
4	DB34/T 2636—2016	美丽乡村 生活垃圾集中处理规范
5	DB34/T 2637—2016	美丽乡村 文化广场管理与维护规范
6	DB34/T 2763—2016	美丽乡村 精品旅游服务规范
7	DB34/T 3374—2019	美丽乡村 村庄环境整治规范
8	DB34/T 3375—2019	美丽乡村 文体设施建设与管理规范

三、安徽省新型城镇化标准化试点介绍

（一）标准化试点概况

2015 年 6 月，国家标准化管理委员会、国家发展和改革委员会下发《关于扎实推进国家新型城镇化标准化试点工作的通知》（标委办农联〔2015〕83 号），明确江苏省、安徽省、浙江省宁波市等 10 个地区在国家新型城镇化综合试点工作开展标准化试点。试点期间，在省委、省政府高度重视和关心支持下，安徽省市场监管局积极组织各方力量，紧紧围绕城镇基础设施建设、新型城镇建设、城镇资源环境、基本公共服务、基本社会管理等安徽省国家新型城镇化综合试点的主要内容，开展标准化试点工作，较好地完成了各项目标任务，并取得了良好的社会效益、经济效益、文化效益和生态效益。

2019 年 11 月 20 日至 22 日，国家市场监督管理总局组织中国标准化研究院、清华大学新型城镇化研究院、中国城市科学研究会等单位的专家对安徽省新型城镇化标准化试点进行评估，专家组一致认为：安徽省较好地完成了国家新型城镇化标准化试点的目标和任务，形成了标准化全面支撑新型城镇化建设的工作格局，提供了标准引领和支撑新型城镇化建设的“安徽经验”。专家组一致同意安徽省新型城镇化标准化试点通过评估，并给予“优秀”等级。安徽省成为全国首个新型城镇化标准化试点省。

（二）试点工作开展情况

1. 加强协调，强化组织领导

为推进国家新型城镇化综合试点工作，安徽省成立了以副省长为组长的推进国家新型城镇化试点省工作领导小组；安徽省新型城镇化标准化试点工作，在试点省工作领导小组的领导下，通过安徽省质量工作领导小组（由“省质量强省活动领导小组”“省标准化工作联席会议”和“省计量工作联席会议”整合而成）及其联席会，对新型城镇化标准化试点工作进行组织和协调；原省质量技术监督局会同省发展和改革委员会、省住房和城乡建设厅等有关部门做好新型城镇化标准体系的顶层设计、标准规划，指导各项工作有效开展。首先，联合转发了国家标准化管理委员会等3个部门《关于开展新型城镇化标准体系建设工作的指导意见》（皖质函〔2015〕92号），对试点相关工作进行了部署，并提出了明确要求。其次，建立新型城镇化标准化工作协调机制，实现部门间的统筹协调，针对政务服务、智慧城市建设等新型城镇化专项试点，先后成立了“安徽省加快推进‘互联网＋政务服务’工作领导小组”“安徽省新型智慧城市部门协调工作组”；针对工程建设标准化工作，原省质量技术监督局与省住房和城乡建设厅联合出台了《关于安徽省工程建设标准编制管理工作的意见》，建立了高效的协调工作机制。再次，原省质量技术监督局会同省发展和改革委员会、省住房和城乡建设厅、省民政厅、省政务服务中心等采取多种手段培养新型城镇化标准化人才，先后组织试点专（兼）职标准化人员参加国家标准化管理委员会组织的新型城镇化标准化相关培训班3期、安徽省标准化战略高级研修班2期、全省质监系统标准化业务培训班3期、安徽省标准化工程师培训班2期、安徽省工程建设标准员职业培训4期等，培训人数达600余人，不断提高专（兼）职标准化人员的标准化意识和工作能力。此外，安徽省还批准组建了“安徽省智慧城市建设标准化技术委员”“安徽省节能减排及循环经济标准化技术委员会”等8个与新型城镇化建设相关的省级专标委，为新型城镇化标准化试点工作提供了有力的技术支持。自试点工作开展以来，全省共计有专职标准化人员24人、兼职标准化人员120人，投身新型城镇化相关标准化工作，原省质量技术监督局还组建了近200人的标准化高级专家库，为推进安徽省新型城镇化标准化工作提供了强有力的人才保障。

2. 健全机制，抓好保障措施

一是制定方案。由原安徽省质量技术监督局牵头，制订了《安徽省新型城镇化标准化试点工作方案》，明确了试点工作的指导思想、总体目标、试点内容、工作步骤、考核评估等内容，并根据试点方案的进度安排，分别制定了试点年度计划。二是出台政策。安徽省将新型城镇化标准化试点相关工作分别写入《安徽省人民政府关于深入推进新型城镇化试点省建设的实施意见》（皖政〔2106〕85

号)、《安徽省新型城镇化发展规划(2016—2025年)》(皖政〔2017〕84号)、《安徽省标准化体系建设发展规划(2016—2020年)》和《安徽省新型智慧城市部门协调工作组(2017—2018年)工作分工》等文件。三是拓展资金投入渠道。通过增加专项资金、整合标准化项目资金、引入社会资金,初步形成以"财政投入为主、自筹投入为辅、争取社会资金融入"多元化的资金筹资机制,三年来全省新型城镇化建设总投资达10942亿元,相关新型城镇化标准化经费达2260万元,其中标准化试点经费590万元、标准化研究项目经费为330万元、标准化奖补经费为1340多万元。

3. 顶层设计,科学构建标准体系

开展安徽省新型城镇化标准化需求分析,根据《国家标准化管理委员会、国家发展和改革委员会、国家住房和城乡建设部关于开展新型城镇化标准体系建设工作的指导意见》(国标委农联〔2015〕21号)的规定,并结合安徽省新型城镇化综合试点省以及新型城镇化发展规划的需要,经过多次专家研讨和论证,构建了包括城镇基础设施建设、新型城镇建设、城镇资源环境、基本公共服务、基本社会管理等5大领域,涵盖城镇规划、道路交通、综合管廊、智慧城市、美丽乡村、土地资源、环境整治、公共教育、医疗卫生、政务服务、养老服务、户籍管理、住房保障等22个子系统的标准体系,绘制了标准体系结构图,编制了标准明细表和标准体系编制说明,共收集和制定了各级标准共358项,其中国家标准89项、行业标准48项、地方标准190项、地方指导性技术文件31项,并牵头或参与制定国家标准22项、行业标准12项、地方标准128项。

4. 部门联动,开展重点标准制修订

为推进安徽省新型城镇化相关标准的制修订工作,原安徽省质量技术监督局会同省住房和城乡建设厅、省发展和改革委员会、省民政厅、省政务服务中心等部门,围绕安徽省新型城镇化建设的重点领域,合力开展相关重要标准的制修订工作,并将新型城镇化相关内容写入安徽省地方标准申报指南,将其分别纳入2015年、2016年、2017年安徽省地方标准制修订项目的申报重点。试点期间,安徽省共立项新型城镇化相关地方标准217项,其中已发布地方标准190项。

5. 积极宣贯,加强标准实施和监督

一是广泛宣传。试点通过中央电视总台、中国之声、央视网、央广网、人民网、凤凰网、安徽电视台、安徽广播、新安网、新安晚报、安徽日报等媒体,宣传安徽省新型城镇化标准化建设的重大意义,报道试点建设的重要事件和重要成果,让各相关单位和试点居民全面、充分了解新型城镇化标准化试点工作,调动了广大人民群众参与试点工作的积极性和主动性,各类报道达300多次。二是认真宣贯,通过召开新闻发布会、标准宣贯会、标准解读会等形式进行标准宣贯,先后召开《安徽省养老服务设施规划建设导则》《安徽省园林绿化养护管理标准》《安徽省村庄规划编制标准》《安徽省城市公共服务设施综合规划编制导则》等82项重要标准112场次专项宣贯会，参会人数达1500多人次。三是强化实施监督。采取“联合发布”“行政推动”“政策引导”等手段，推进各类标准贯彻执行，要求有关主管部门认真开展各类标准的实施督查工作，适时反馈有关标准实施情况和成效。

6. 开展试点，支撑标准有效落地

为支撑新型城镇化相关标准的落地实施，试点期间，在全省范围内开展了新型城镇化相关领域的专项标准化试点工作。一是围绕智慧城市建设，芜湖市、合肥市庐江县开展了新型城镇化智慧城市标准化试点，合肥市入选全球十个“智慧城市国际标准试点”城市之一，核心参与编制《智慧城市基础设施：智慧城市规划多源数据集成规范》ISO 37166、《智慧城市基础设施：智慧停车建设指南》ISO 37163两项国际标准，《安徽省智慧城市建设指南》、《智慧城市网格化综合管理巡查规范》（DB34/T 3432—2019）等系列标准得到落地实施；二是围绕政务服务，安庆市、明光市、芜湖市等17个市县开展了政务服务标准化试点，以此为基础，安徽省获批为全国第一个政务服务标准化试点省，并于2018年1月8日顺利通过国家标准化管理委员会考核验收，《政务服务乡镇为民服务中心建设与服务规范》（DB34/T 3066—2017）等系列标准得到落地实施；三是围绕养老服务，合肥市、宁国市开展了养老服务标准化试点，《养老服务设施规划建设导则》（DB34/T 5044—2016）等系列标准得到落地实施；四是围绕社会福利服务，合肥市、宁国市、铜陵市开展了儿童福利服务标准化试点，《社会福利机构困境儿童服务规范》（DB34/T 2944—2017）等系列标准得到落地实施。

（三）试点效果

安徽省在开展新型城镇化试点过程中，积极总结成熟的试点经验和做法，制定了一批国家标准、行业标准和地方标准，并以此为基础和支撑，形成新型城镇化可复制、可推广的典型经验32条，其中有8项试点经验被国家发展和改革委员会列为国家新型城镇化综合试点典型经验向全国推广，是被采纳推广经验最多的省份之一。通过试点，全省常住人口城镇化率、户籍人口城镇化率分别由试点前的49.2%、22.7%提升到试点后的54.6%和32.7%。庐江县大建设重点项目“庐江县庐城城区地下管线普查和信息系统建设项目”荣获“2016年中国地理信息产业优秀工程”金奖，芜湖市智慧城市建设项目荣获“2017中国新型智慧城市惠民服务优秀示范城市”，阜阳市城市管理综合运行调度中心项目荣获“2018新型智慧城市建设成果”银奖。

安徽省试点工作也得到了广大人民群众的关注和支持，经第三方测评机构对相关专项领域进行满意度测评，测评结果均为优秀，安徽省人民政府政务服务中心政务服务满意度测评为 96.06%、芜湖政务服务标准化试点满意度测评为 95.63%、芜湖智慧城市标准化试点满意度测评为 91.89%、黄山区美丽乡村标准化试点村民满意度测评为 98.21%、南陵县美丽乡村标准化试点村民满意度测评为 94.06%等。试点工作期间，在执行相关国家标准和行业标准的基础上，安徽省在相关领域制定发布了一批地方标准，并积极贯彻实施，取得了显著成效。

1. 城镇基础设施建设水平明显提高

安徽省发布了《安徽省试点市县“多规合一”编制技术导则》、《市县空间规划编制标准》（DB34/T 5071—2017）、《安徽省县城规划编制标准》（DB34/T 1950—2013）、《二次供水工程技术规程》（DB34/T 5024—2015）、《地下管线探测与数据标准》（DB34/T 5042—2016）等城镇基础设施建设相关地方标准，通过认真宣贯实施，全省城镇基础设施建设水平显著提升。一是形成了覆盖全域空间的“一张发展蓝图、一套管控体系、一个信息平台、一套工作机制”，提高了行政工作效率，并形成“多规合一”的体制，社会治理方式有效转变，治理能力和水平有效提升，避免了各类规划在空间上的冲突，解决了资源环境的充分利用、集约节约利用的问题，市县空间规划全部编制完成；二是地下综合管廊、污水处理设施实现标准化建设，全省共建成城市地下综合管廊廊体 123.3 千米，合肥市入围全国地下综合管廊试点城市；三是深化城市公共交通发展，完善智能泊车位、充电桩等新兴交通设施建设。全省已建智能充电桩 2 万个，在建 1 万个。新建智能停车场 2800 个，智能停车位 15 万个。

2. 新型城镇建设深入推进

安徽省发布了《安徽省智慧城市建设指南》《安徽省绿色生态城区建设技术导则》《安徽省海绵城市规划技术导则》（DB34/T 5031—2015）和《美丽乡村生活垃圾集中处理规范》（DB34/T 2636—2016）等新型城镇建设相关地方标准，通过认真宣贯实施，全省智慧城市、绿色城市、海绵城市、美丽乡村的新型城镇建设被稳步推进。一是创建了合肥数字城管、芜湖智慧社区、亳州智慧政务、黄山智慧景区、淮南智慧城管等智慧城市典型试点；二是创建合肥市滨湖新区、池州市天堂湖新区等 2 个国家级和 15 个省级示范城区绿色生态城区，城镇绿色建筑占新建建筑比例为 31.6%；三是创建池州市全国海绵城市试点，全省累计 10%以上的城市建成区达到海绵城市建设要求，城市黑臭水体消除比例达到 87.6%；四是开展农村综合改革标准化试点工作，全省共有 5 个区（县）完成了国家级美丽乡村标准化试点建设工作。

3. 城镇资源环境利用成效显著

安徽省发布了《雨水利用工程技术规程》（DB34/T 5082—2018）、《城镇污水处理厂运行、维护及安全技术规程》(DB34/T 5032—2015)、《公共建筑节能设计标准》(DB34/T 5076—2017)、《产品单位产量综合能耗计算方法及限额确定》(DB34/T 2175—2014)等城镇资源环境相关地方标准，通过认真宣贯实施，全省城镇资源环境利用水平得到有效提升。一是开展了雨污分流管网标准化建设和改造，全省新增污水管网1228千米；二是开展城镇污水处理设施标准化建设，全省共有151座污水处理厂投入运行，城市、县城生活污水集中处理率分别达到93.9%和93.4%；三是推广绿色建筑与建筑节能，全省年度竣工民用建筑中绿色建筑面积比例达到43.1%；四是启动实施2个省级绿色生态城市综合试点和72个省级绿色建筑及装配式建筑项目示范；五是农村土地承包经营权确权登记颁证工作提前一年完成，全省农村集体土地所有权、集体建设用地使用权、农村宅基地使用权的确权登记发证率均在90%以上。六安市金寨县、宿州市埇桥区、阜阳市颍东区等10个县区开展“资源变资产、资金变股金、农民变股东”改革试点工作。

4. 城镇基本公共服务水平显著提升

安徽省发布了《安徽省义务教育阶段学校办学基本标准》、《城乡居民基本养老保险服务规范》、《行政审批服务服务基本要求》(DB34/T 1169—2016)、《养老服务设施规划建设导则》(DB34/T 5044—2016)、《社会福利机构困境儿童服务规范》(DB34/T 2944—2017)等公共服务相关地方标准，通过认真宣贯实施，城镇基本公共服务水平显著提升。一是全面建立了以居住证为主要依据的农业转移人口随迁子女入学政策，统一城乡义务教育经费保障机制，全省农民工随迁子女接受义务教育人数已达26.1万人；二是在全省范围建立制度名称、政策标准、经办服务、信息系统“四统一”的城乡居民养老保险制度，全省新农合共有5.56万人次实现跨省异地即时结报，总医药费用8.88亿元、补偿金额3.87亿元，实际补偿比例达43.6%；三是通过开展标准化“建设年、实施年、提升年、深化年”活动，推动全省政务服务标准化建设形成压茬推进态势，先后开展了32个标准化试点示范项目建设，其中国家级项目11个、省级项目21个。安徽省扎扎实实地探索出一套行之有效的政务服务标准化“安徽经验”。

5. 城镇社会治理能力明显增强

安徽省发布了《流动人员人事档案管理服务规范》《安徽省保障性住房建设导则（试行）》和《安徽省保障性住房建设标准》(DB34/T5030—2015)等城镇社会治理相关地方标准，通过认真宣贯实施，城镇社会治理能力明显增强。一是推进户籍制度改革，放宽农业转移人口落户城镇门槛，全省共有413.6万农业转移人口落户城镇，已办理省内户籍无证迁移2.8万人；二是有序推进“城中村”、老旧小区改造，全省改造完成各类棚户区29.42万套，基本建成各类保障性安居工程 63.43 万套，提前完成国家下达安徽省棚户区改造新开工和基本建成目标任务。

（四）试点工作存在的问题

（1）安徽省新型城镇化标准化试点范围过大，涉及住建、发改、公安、教育、商务、民政、交通、环保等 10 多个部门，组织协调十分困难，工作推动难度大，工作进度和效果不平衡。

（2）安徽省新型城镇化标准化试点领域过宽，不仅包括城镇规划、市政建设、户籍管理、公共安全、住房保障、环境治理、节能减排等 20 多个领域的专项建设，同时还包括智慧城市、海绵城市、绿色城市等新型城镇的综合建设，各建设内容的标准对象和要素有交叉和包含关系，采用传统的标准化原理和方法，构建一个标准体系，难以解决所有问题。

（3）安徽省新型城镇化标准化试点内容过多，如农业转移人口市民化、城乡劳动者平等就业、城镇化投融资等方面，尚无法形成可推广可复制的标准化模式；加之安徽省各地新型城镇化发展不平衡、建设水平参差不齐，因此许多经验做法，难以形成统一的标准，相关标准的有效实施难度较大。

（4）安徽省新型城镇化标准化试点时间相对较短。标准在新型城镇化建设过程中的作用，在短时间内很难充分发挥出来，同时缺乏科学统计方法和评价方法，标准化试点效果难以科学、准确统计和计算。

第四章　新型城镇化标准化案例

案例一　安徽省政务服务标准化

一、基本概况

从2000年开始安徽省16个地级市均成立了市级政务服务中心，2001年12月安徽省成立的省政务服务中心，这是全国最早成立的省级中心之一。在中共中央办公厅、国务院办公厅印发了《关于深化政务公开加强政务服务的意见》以及第十届全国人大常委会第四次会议通过《中华人民共和国行政许可法》后，安徽省62个县（市）、36个区陆续成立了政务服务中心，1476个乡镇（街道）成立了为民服务中心，1.75万个村（社区）建立了为民服务全程代理工作站，基本形成了覆盖全省城乡的政务服务体系。

安徽省委、省政府高度重视政务服务标准化工作。2011年出台的《安徽省人民政府关于加快推进标准化工作的意见》要求："大力推进各级政务服务中心标准化建设，从服务内容、过程、设施、标识、环境到质量、管理等，全面实施标准化服务和管理，打造行政审批服务品牌形象，优化我省投资和发展环境。"明确提出加快推进省、市、县三级政务服务中心标准化建设，成立由省政务中心主任为组长，各厅局、各地市政务中心为成员单位的安徽省政务服务标准化建设领导小组，下设标准化工作办公室。安徽省政府和省政务公开领导小组连续6年在省政府办公厅印发的《全省政务公开工作要点》中，明确将"推进标准化建设"列入重点工作。以省政务服务中心与原省质量技术监督局两部门为主体建立推进全省政务公开政务服务标准化建设的"2＋X"合作机制，通过政务服务标准化"建设年""实施年""提升年""深化年"等活动，由点向面，全面推动标准化工作。

全面参与，科学定标，创造政务服务“安徽标准”。安徽省100%的省辖市、90%以上的县都通过了标准化评估验收，建成了39个标准化试点示范项目。形成“省级中心为龙头，中有合肥，北有蚌埠、明光，南有安庆、广德，辐射带动全省”的以点带面发展格局。建立健全服务基础、服务提供、服务保障、服务评价和改进四大标准体系，主持和参与制定了10项国家标准、24项地方标准，形成了涵盖政务服务重点领域的标准体系，为全省政务服务标准化建设奠定了良好的技术基础。

统一模式，打造品牌，提升安徽政务服务质量。该省建立“统一平台、统一事项、统一服务、统一评价”的“四统一”模式，促进了全省无差异政务服务的均等化建设，成为安徽政务服务鲜明特色。安徽省政务服务中心牵头制定《省市两级统一的公共服务事项目录清单》和《全省统一的行政许可事项目录清单》，同一事项在纵向不同层级、横向不同区域间，保持名称、类型、依据、编码、材料等要素统一，事项标准化入库并上网运行，实现政务服务事项数据统一、同步更新、同源公开、多方使用，精准供给政务服务，为安徽政务服务的互联互通夯实基础。审批流程科学化提高了办事效率；服务过程透明化规范审批行为；运行机制程序化改进了服务方式；服务质量目标化提升了满意度。2015年和2016年，办事群众对政务服务评价满意率平均在99.99%以上，社会公众满意度在95%以上。

二、标准体系构建

根据《中共安徽省委办公厅、安徽省人民政府办公厅关于深化政务公开加强政务服务的实施意见》（皖办发〔2011〕37号）、《安徽省人民政府办公厅关于印发安徽省推进“互联网+政务服务”工作规划的通知》（皖政办〔2017〕73号）、《安徽省人民政府办公厅关于印发进一步深化“互联网+政务服务”推进政务服务“一网、一门、一次”改革行动方案的通知》（皖政办〔2018〕31号）、《安徽省人民政府办公厅关于印发开展基层政务公开标准化规范化试点工作实施方案的通知》（皖政办秘〔2017〕188号）、《政务服务中心标准化工作指南 第2部分：标准体系》（GB/T 32170.2—2015）等文件的要求，以及安徽省政务服务工作的实践经验，按照系统全面、层次恰当、划分明确、相互协调的原则，构建安徽省政务服务标准体系，体系结构如图4-1所示。

安徽省政务服务标准体系结构根据服务的环节为基础构建，框架主要由两个层次组成，其中第一层为服务标准化环节要素，包括服务基础标准、服务提供标准、服务保障标准和服务评价标准等4个子体系；第二层为标准化内容要素，根据标准化环节所包含标准化内容的不同，又分成若干个要素。具体内容如下：

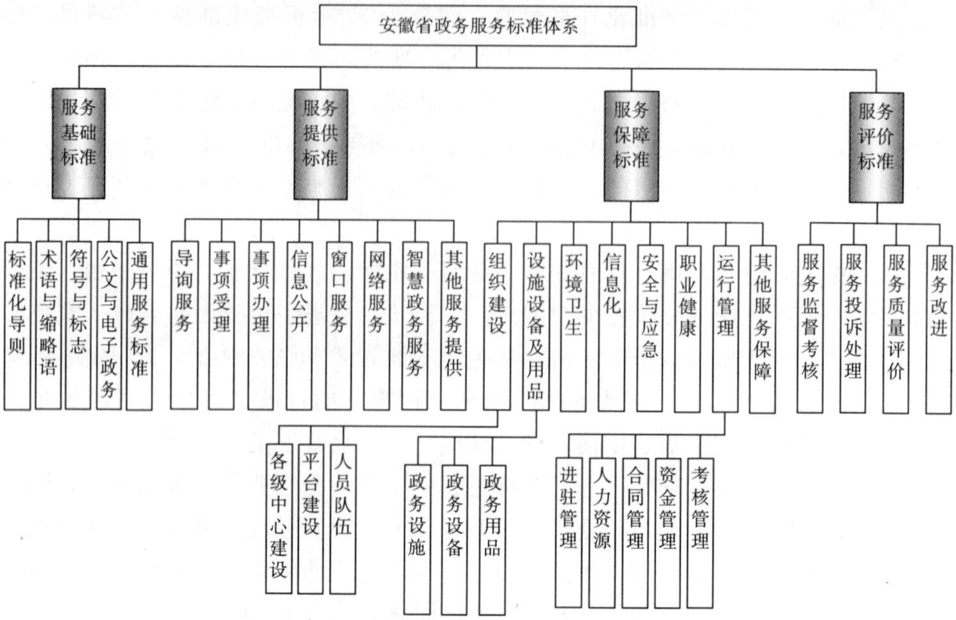

图 4－1　安徽省政务服务标准体系结构图

（1）服务基础标准

服务基础标准是政务服务范围内，对服务组织直接或间接普遍适用、具有广泛指导意义的标准，包括标准化导则、术语与缩略语、符号与标志、公文与电子政务、通用服务标准等 5 个要素。

（2）服务提供标准

服务提供标准是针对政务服务提供的环节、过程、方法、质量等具体内容及事项而收集、制定的标准。根据政务服务不同的服务内容和服务需求，服务提供标准包括导询服务、事项受理、事项办理、信息公开、窗口服务、网络服务、智慧政务服务、其他服务提供等 8 个要素。

（3）服务保障标准

服务保障标准是政务服务组织为支撑政务服务有效提供而收集、制定的标准。服务保障标准包括组织建设、设施设备及用品、环境卫生、信息化、安全与应急、职业健康、运行管理、其他服务保障等 8 个要素，其中组织建设又细分为各级中心建设、平台建设和人员队伍；设施设备及用品细分为政务设施、政务设备和政务用品；运行管理细分为进驻管理、人力资源、合同管理、资金管理和考核管理。

（4）服务评价标准

服务评价标准是对政务服务的有效性、适宜性和满意度进行评价，对达不到预期效果的服务进行改进而收集、制定的标准。服务评价标准分体系包括服务监督考核、服务投诉处、服务质量评价、服务改进等4个要素。

根据标准体系结构图，以及安徽省政务服务工作的实际需要，系统成套地列出所需要的全部相关标准，包括现行的标准（包括但不限于国家标准、行业标准、地方标准）、需要修订的不适用的标准和需要制定的缺少的标准，编制形成标准明细表。

三、标准化工作开展

（一）标准制修订

截至2019年12月，安徽省共批准立项《政务服务中心便民配套服务规范》等政务服务相关地方标准40项，发布实施《政务服务中心便民配套服务规范》（DB34/T 2430—2015）等地方标准24项，参与制定《政务服务中心标准化工作指南 第1部分：基本要求》（GB/T 32170.1—2015）和《政务服务中心服务现场管理规范》（GB/T 36112—2018）等政务服务相关国家标准10项，有效支撑和规范了安徽省政务服务工作的开展（相关标准目录见表4-1所列）。

表4-1　安徽省政务服务相关标准目录

序号	标准编号	标准名称	备注
1	DB34/T 2430—2015	政务服务中心便民配套服务规范	—
2	DB34/T 2439—2015	政务公开与政务服务统一编码规范	—
3	DB34/T 3066—2017	政务服务乡镇为民服务中心建设与服务规范	—
4	DB34/T 3067—2017	政务服务村级为民服务中心建设与服务规范	—
5	DB34/T 3071—2017	“互联网＋政务服务”数据交换信息技术规范	—
6	DB34/T 3228—2018	政务服务事项办事指南编写规范	—
7	DB34/T 3229—2018	市县（区）、乡（镇）、村（社区）政务服务体系建设指南	—
8	DB34/T 3394—2019	政务服务评价规程	—
9	DB34/T 3395—2019	政务服务亲切服务规范	—
10	DB34/T 1162.3—2010	行政服务中心标准体系建设指南 第3部分：标准编写	—

（续表）

序号	标准编号	标准名称	备注
11	DB34/T 1164—2010	行政审批服务信息编码规范	—
12	DB34/T 1168—2010	行政审批服务术语和定义	—
13	DB34/T 1169—2010	行政审批服务服务基本要求	—
14	DB34/T 1170—2010	行政审批服务服务导询规范	—
15	DB34/T 1171—2010	行政审批服务六类行政审批事项服务规范	—
16	DB34/T 1174—2010	行政审批服务预约服务规范	—
17	DB34/T 1175—2010	行政审批服务延时服务规范	—
18	DB34/T 1177—2010	行政审批服务“超时责任追究”服务规范	—
19	DB34/T 1178—2010	行政审批服务“一表制”服务规范	—
20	DB34/T 1180—2010	行政审批服务“一审一核制”服务规范	—
21	DB34/T 1181—2010	行政审批服务“并联审批”服务规范	—
22	DB34/T 1183—2010	行政审批服务并联审批“缺席责任追究”服务规范	—
23	DB34/T 1811—2013	行政机关综合能耗定额及计算方法	—
24	DB34/T2385—2015	行政权力事项编码规则	—
25	GB/T 32617—2016	政务服务中心信息公开数据规范	—
26	GB/T 32618—2016	政务服务中心信息公开业务规范	—
27	GB/T 32619—2016	政务服务中心信息公开编码规范	—
28	GB/T 32170.1—2015	政务服务中心标准化工作指南 第1部分：基本要求	—
29	GB/T 32170.2—2015	政务服务中心标准化工作指南 第2部分：标准体系	—
30	GB/T 32169.1—2015	政务服务中心运行规范 第1部分：基本要求	—
31	GB/T 32169.2—2015	政务服务中心运行规范 第2部分：进驻要求	—
32	GB/T 32169.3—2015	政务服务中心运行规范 第3部分：窗口服务提供要求	—
33	GB/T 32169.4—2015	政务服务中心运行规范 第4部分：窗口服务评价要求	—
34	GB/T 36112—2018	政务服务中心服务现场管理规范	—

（二）标准化试点示范

2007 年，国家标准化管理委员会、国家发展和改革委员会、民政部、商务部、国家体局总局、原国家旅游局等 6 个部门联合下发了《关于推进服务标准化试点工作的意见》（国标委农联〔2007〕7 号），在全国组织开展政务、社区、现代物流、旅游等服务标准化试点工作。为深入推进安徽省政务服务标准化建设，提高政务服务质量和水平，固化行政审批制度改革成果，促进服务型政府和效能政府建设，安徽省认真贯彻，积极申报开展政务服务标准化试点工作。截至 2019 年底，先后开展 39 项政务服务标准化试点项目，其中国家级标准化试点项目 12 个、省级标准化试点 27 个（试点名单见表 4－2 所列）。目前，全省 16 个地级市市级政务服务中心全部开展标准化试点，90%以上的县级政务服务中心开展标准化试点。

表 4－2　安徽省政务服务标准化试点名单

序号	试点名称	试点类型	备注
1	合肥市行政服务标准化试点	国家级	已验收
2	广德县行政服务标准化试点	国家级	已验收
3	蚌埠市行政服务标准化试点	国家级	已验收
4	安徽省政务服务标准化试点	国家级	已验收
5	郎溪县县乡村三级为民全程代理服务综合标准化试点	国家级	已验收
6	安徽省政府政务服务中心服务标准化试点省	国家级	已验收
7	滁州市政务服务标准化试点	国家级	已验收
8	明光市政务服务标准化试点	国家级	已验收
9	安庆市政务服务标准化试点	国家级	已验收
10	铜陵市政务服务标准化试点	国家级	已验收
11	芜湖市政务服务标准化试点	国家级	已验收
12	安徽濉溪县政务服务标准化试点	国家级	建设中
13	巢湖市行政服务标准化试点	省　级	已验收
14	广德县行政服务标准化试点	省　级	已验收
15	铜陵市政务服务标准化试点	省　级	已验收

（续表）

序号	试点名称	试点类型	备注
16	歙县政务服务标准化试点	省　级	已验收
17	庐江县行政服务标准化试点	省　级	已验收
18	含山县行政服务标准化试点	省　级	已验收
19	和县行政服务标准化试点	省　级	已验收
20	凤阳县行政服务标准化试点	省　级	已验收
21	蚌埠市行政服务标准化试点	省　级	已验收
22	濉溪县行政服务标准化试点	省　级	已验收
23	亳州市行政服务标准化试点	省　级	已验收
24	灵璧县行政服务标准化试点	省　级	已验收
25	阜阳市行政服务标准化试点	省　级	已验收
26	明光市行政服务标准化试点	省　级	已验收
27	六安行政服务标准化试点	省　级	已验收
28	马鞍山市行政服务标准化试点	省　级	已验收
29	无为县行政服务标准化试点	省　级	已验收
30	池州市行政服务标准化试点	省　级	已验收
31	桐城市行政服务标准化试点	省　级	已验收
32	宿松县行政服务标准化试点	省　级	已验收
33	当涂县政府政务服务标准化试点	省　级	已验收
34	滁州市人民政府政务服务标准化试点	省　级	已验收
35	怀宁县人民政府政务服务标准化试点	省　级	已验收
36	芜湖市人民政府政务服务标准化试点	省　级	已验收
37	安庆市人民政府政务服务标准化试点	省　级	已验收
38	郎溪县政府政务服务标准化试点	省　级	已验收
39	合肥市包河区人民政府政务服务标准化试点	省　级	建设中

2012 年 11 月，安徽省被国家标准化管理委员会批准为国家级服务业标准化试点省，全省上下坚持以试点工作为引领，主动担当，勇闯新路，建立健全服务基础、服务提供、服务保障、服务评价和改进四大标准体系，安徽通过开展标准化“建设年、实施年、提升年、深化年”活动，推动全省政务服务标准化建设形成压茬推进态势。2018 年 1 月，安徽省政务服务标准化试点省项目通过国家标准化管理委员会考核评估，成为全国第一个政务服务标准化示范省。目前，安徽省已树立一批政务服务标准化示范标杆，形成了“以省级中心为龙头，中有合肥，北有蚌埠、明光，南有安庆、广德，辐射带动全省”的以点带面发展格局。

四、取得成效

通过多年的标准化建设，有力推动了行政审批制度改革，改善了行政权力的运行方式，规范了政府的行政行为，提高了政府的行政管理效能，强化了对行政权力的监督制约，增强了政府公信力和执行力。具体成效如下：

第一，审批流程科学化，办事效率进一步提高。立足“并”字，通过“两集中、两到位”改革，将分散在各部门审批服务职能集中，一站式受理，一条龙服务，让材料多“跑腿”，群众少跑路。蚌埠市行政审批局通过合并办理环节，使审批服务项目的办事环节逐步减少，平均办事环节由 6.5 个降为 4.11 个。强化“简”字，省级行政审批项目实施多轮行政审批流程再造，数量由 2011 年的 707 项精简至 2016 年 213 项，减少 70%，平均办理时间从 17.4 个工作日下降到 5.7 个工作日。突出“联”字，发挥多窗口并联审批的优势。在企业设立方面，实施企业注册登记“一表制”，基本建设方面，利用基本建设项目多部门联动审批。合肥企业设立登记由法定 93 个工作日缩短至 5 个工作日以内，建设项目由法定 187 个工作日缩短至 28 个工作日。

第二，服务过程透明化，审批行为进一步规范。所有行政审批项目标准按要求全面公开，办件流程实行标准化管理，并利用信息化手段全程监控，确保审批服务的准确性和可追溯性，用标准把权力关进制度的笼子。强化权力运行监督，审批更加透明公开，避免暗箱操作，减少自由裁量，防止和杜绝权力寻租、腐败发生，努力打造规范审批、阳光审批、廉洁审批。实施标准化以来，窗口人员认真实施标准，接待服务更加热情周到，解答咨询更加耐心细致，亮牌办公、佩证上岗，用语文明、态度亲切，塑造了窗口新形象。

第三，运行机制程序化，服务方式进一步改进。通过标准化建设，优化、固化省政务服务中心在实践中形成的一系列行之有效的工作运行机制，实现一切程序有控制、一切控制有标准，改善了窗口服务中的“一阵风”“时冷时热”现象，保证服务水平的持续稳定。如窗口队伍建设方面，在以窗口为主导的审批运行机制上，制定了项目进出规范、一审一核实施规范、首席代表及窗口负责人配置等一系列标准；推进跨部门、跨层级联动并联审批，变办好“一个事项”为“一件事情”，重点打造工商登记、建设项目联合审批平台，涉及两个部门的单事项并联审批项目达82项。工商登记“多证合一”改革后，后置审批事项压缩至183项，原来需要提供给多个部门的资料整合为一份资料、多张表格简化为一张表格，相关信息点由64个减少到17个，既降了门槛又方便出入，全省每月新登记市场主体超过5.5万户，其中企业超1.8万户，分别是改革前的3.9倍和3.7倍。

第四，服务质量目标化，满意度进一步提升。通过建立考核评价指标体系，采取内部考核与外部评价相结合的方式，推进服务质量的持续稳定；通过对服务过失和违规行为预警纠错和责任追究，促进了服务质量的持续改进。2015年和2016年，国家统计局安徽调查总队开展政务服务社会公众满意度调查结果显示，办事群众对政务服务评价满意率平均在99.99%以上，社会公众满意度在95%以上。2015年，省政务服务中心办事人现场评价总数6.94万人次，满意率达99.99%。2016年，省政务服务中心办事人现场评价总数1.54万人次，满意率达99.99%。明光市政务服务中心通过标准化建设实现“零距离”沟通、“零积压”办理、“零投诉”办公、“零漏洞”考核。

案例二　安徽省养老服务标准化

一、基本概况

安徽省委、省政府高度重视养老服务事业，先后出台《关于加快发展养老服务业的实施意见》《关于全面放开养老服务市场提升养老服务质量的实施意见》《安徽省构建多层次养老服务体系（2018—2020年）行动计划》等重要政策文件，持续发布实施老龄事业和养老服务体系建设“十二五”“十三五”规划，连续七年将社会养老服务体系建设列入省民生工程，以真金白银持续提升养老服务设施，建立健全养老服务补贴制度，全面构建以居家为基础、社区为依托、机构为补充、医养相结合的养老服务体系，养老服务供给水平显著提升。

（一）养老服务设施短板加快补齐

农村敬老院建设、县级社会福利中心建设先后被纳入省民生工程，各级财政累计投入约27亿元，新增公办养老机构床位近19万张。引导社会力量兴办养老机构，全省建设社会办养老机构845家，床位总数达到11万张。目前，全省各类养老机构总数2447家、床位37万张。安徽省将城市社区养老服务设施配建率列入省政府目标考核指标和民生工程实施内容，要求城市新建小区按每百户 20 平方米至 30 平方米、老旧小区按每百户 15 平方米至 20 平方米配建社区养老服务设施，截至 2019 年 9 月底，全省城市社区养老服务设施配建总面积达到 178 万平方米。

（二）养老服务补贴制度逐步健全

全省 38.5 万农村特困人员被纳入政府供养范围，集中和分散平均供养水平达到月人均 642 元。从 2013 年起，安徽省将高龄津贴、低收入老年人养老服务补贴两项制度纳入省民生工程，截至今年 9 月，已分别惠及 163 万人、38 万人。伴随老年人能力评估制度的推进，经济困难不能自理老年人护理补贴制度逐步建立，为困难老年人提供了更多保障。

（三）养老服务质效持续提升

实施每年千户家庭适老化改造项目，免费对照护老人家庭成员给予技能培训。合理布局推进县级养老服务指导中心、街道养老服务中心和社区养老服务站建设，打造 15 分钟社区居家养老服务圈，为社区和居家老年人提供托养、照护、助医、助浴等服务，目前全省三级中心平均覆盖率过半。创新发展智慧养老，以互联网、物联网、大数据、人工智能等技术为支撑，推动机构养老服务资源进社区、进家庭，打造没有围墙的养老院。从 2019 年起，安徽省将智慧养老试点纳入省民生工程，省财政安排 3200 万元试点补助资金。全省社区居家养老服务信息平台实现市辖区全覆盖。

二、标准体系构建

根据《安徽省人民政府关于加快发展养老服务业的实施意见》（皖政〔2014〕60 号）、《安徽省人民政府办公厅关于印发“十三五”安徽省老龄事业发展和养老体系建设规划的通知》（皖政办〔2017〕61 号）、《安徽省人民政府办公厅关于全面放开养老服务市场提升养老服务质量的实施意见》（皖政办〔2018〕1 号）、《安徽省构建多层次养老服务体系（2018—2020 年）行动计划》、《养老服务标准体系建设指南》（民发〔2017〕145 号）等文件的要求，以及安徽省养老服务工作的实践经验，按照全面系统、协调统一、开放兼容、动态优化、突出重点、适度超前的原则，构建安徽省养老服务标准体系，体系结构如图4－2所示。

安徽省养老服务标准体系结构主要根据服务的环节为基础构建，框架主要由两个层次组成，其中第一层为服务标准化环节要素，包括服务基础标准、服务提供标准、服务保障标准和服务评价标准等 4 个子体系；第二层为标准化内容要素，根据标准化环节所包含标准化内容的不同，又分成若干个要素。具体内容如下：

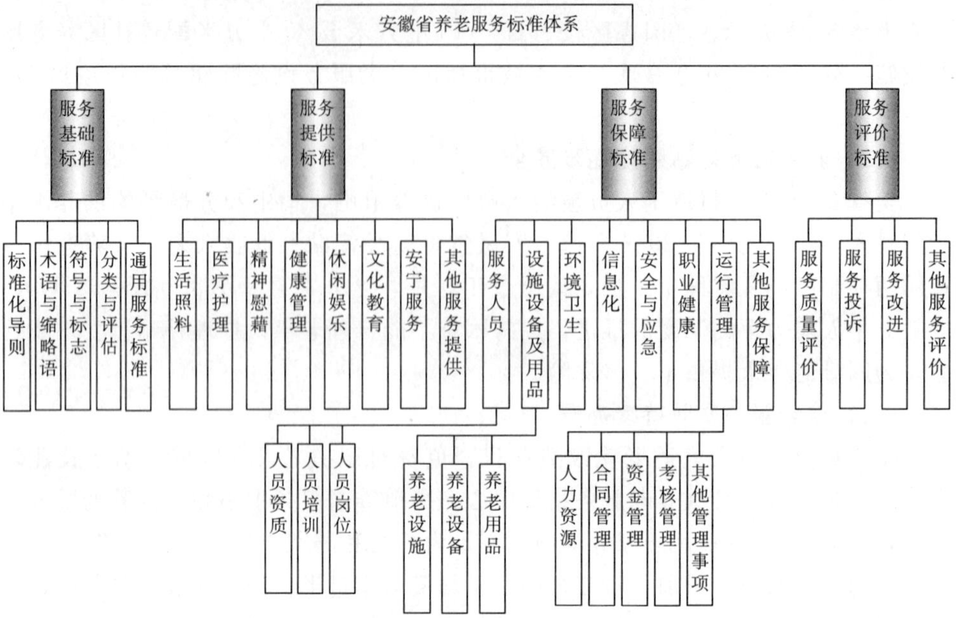

图 4-2　安徽省养老服务标准体系结构图

（1）服务基础标准

服务基础标准是养老服务范围内，对服务组织直接或间接普遍适用、具有广泛指导意义的标准，包括标准化导则、术语与缩略语、符号与标志、分类与评估、通用服务标准等 5 个要素。

（2）服务提供标准

服务提供标准是针对养老服务提供的环节、过程、方法、质量等具体内容及事项而收集、制定的标准。根据养老服务的不同服务内容和服务需求，服务提供标准包括生活照料、医疗护理、精神慰藉、健康管理、休闲娱乐、文化教育、安宁服务、其他服务提供等 8 个要素。

（3）服务保障标准

服务保障标准是养老服务组织为支撑养老服务有效提供而收集、制定的标准。服务保障标准包括服务人员、设施设备及用品、环境卫生、信息化、安全与应急、职业健康、运行管理、其他服务保障等 8 个要素，其中服务人员又细分为人员资质、人员培训和人员岗位；设施设备及用品细分为养老设施、养老设备和养老用品；运行管理细分为人力资源、合同管理、资金管理和考核管理。

（4）服务评价标准

服务评价标准是对养老服务的有效性、适宜性和满意度进行评价，对达不到预期效果的服务进行改进而收集、制定的标准。服务评价标准分体系包括服务质量评价、服务投诉、服务改进、其他服务评价等 4 个要素。

根据标准体系结构图，以及安徽省养老服务工作的实际需要，系统成套地列出所需要的全部相关标准，包括现行的标准（包括但不限于国家标准、行业标准、地方标准）、需要修订的不适用的标准和需要制定的缺少的标准，编制形成标准明细表。

三、标准化工作开展

（一）标准制修订

截至 2019 年 12 月，安徽省共批准立项《养老服务设施规划建设导则》等 38 项地方标准，发布实施《养老服务设施规划建设导则》（DB34/T 5044—2016）等地方标准 20 项，参与制定《养老机构服务质量基本规范》（GB/T 35796—2017）和《城乡居民基本养老保险服务规范》（GB/T 31597—2015）两项国家标准，有效支撑和规范了安徽省养老服务事业的发展（相关标准目录见表 4－3 所列）。

表 4－3　安徽省养老服务相关标准目录

序号	标准编号	标准名称	备注
1	DB34/T 5044—2016	养老服务设施规划建设导则	—
2	DB34/T 3236—2018	社区养老服务指南	—
3	DB34/T 2945—2017	养老机构社会工作小组工作服务规范	—
4	DB34/T 2954—2017	养老机构合同管理规范	—
5	DB34/T 2624—2016	养老机构自理休养人员日常服务规范	—
6	DB34/T 2625—2016	养老机构业务咨询服务规范	—
7	DB34/T 2626—2016	养老机构休养人员入住评估规范	—
8	DB34/T 2627—2016	养老机构突发事件应急处置通用规范	—
9	DB34/T 2628—2016	养老机构介护休养人员日常服务规范	—
10	DB34/T 2629—2016	养老机构查房服务规范	—
11	DB34/T 2606.1—2016	家政培训服务规范　第 1 部分：居家养老	—
12	DB34/T 2468—2015	养老机构常见病预防控制规范	—
13	DB34/T 2469—2015	养老机构休养人员心理护理规范	—
14	DB34/T 2470—2015	养老机构休养人员情绪沟通规范	—
15	DB34/T 2471—2015	养老机构信息管理规范	—

（续表）

序号	标准编号	标准名称	备注
16	DB34/T 2472—2015	养老机构介护休养人员临终关怀规范	—
17	DB34/T 2473—2015	养老机构介护休养人员保护性护理规范	—
18	DB34/T 2474—2015	养老机构人员培训管理规范	—
19	DB34/T 2475—2015	养老机构康复基础训练规范	—
20	DB34/T 2476—2015	养老机构危险源识别与控制规范	—

（二）标准化试点

为规范安徽省养老服务产业健康、规范发展，充分发挥标准化在养老服务产业中的支撑和引领作用，安徽省积极推进养老服务标准化试点工作。截至 2019 年底，安徽省共开展养老服务标准化试点项目 17 个，其中国家级试点 4 个、省级标准化试点项目 13 个（具体见表 4－4 所列）；4 家企业获批国家级智慧健康养老示范企业，8 个街道（乡镇）获批国家级智慧健康养老示范街道（乡镇），安庆市获批国家级智慧健康养老示范基地；8 家养老服务主体获批安徽省第一批智慧养老试点示范工程项目。

表 4－4　安徽省养老服务标准化试点名单

序号	试点名称	试点级别	试点时间	备注
1	合肥九久夕阳红医养结合型养老服务业标准化试点	国家级	合肥九久夕阳红新海护理院有限公司	建设中
2	安徽乐年社区养老型服务业标准化试点	国家级	安徽乐年健康养老产业有限公司	建设中
3	安徽省宁国市社会福利服务标准化试点	国家级	安徽省宁国市社会福利院	已验收
4	铜陵社会福利服务标准化试点	国家级	安徽省铜陵市社会福利事业管理中心	已验收
5	安徽静安养亲苑服务标准化试点	省　级	安徽静安养亲苑	已验收
6	合肥庐阳乐年长者之家服务标准化试点	省　级	合肥庐阳乐年长者之家	已验收
7	涡阳县夕阳红老年公寓服务标准化试点	省　级	涡阳县夕阳红老年公寓	已验收
8	宁国市社会福利服务标准化试点	省　级	宁国市社会福利院	已验收
9	合肥九久夕阳红养老服务标准化试点	省　级	合肥九久夕阳红老年护理中心	已验收

（续表）

序号	试点名称	试点级别	试点时间	备注
10	洪天休宁养老服务标准化试点	省　级	上海洪天休宁养老院	建设中
11	天长市金太阳健康养老服务标准化试点	省　级	天长市金太阳老年公寓	建设中
12	宣城市德祥颐养院养老服务标准化试点	省　级	宣城市德祥颐养院	建设中
13	六安市养老服务信息中心综合标准化试点	省　级	六安市养老服务信息中心	建设中
14	宣城市社会福利中心综合标准化试点	省　级	宣城市社会福利中心	建设中
15	安庆市邻鹿健康养老服务标准化试点	省　级	安庆市邻鹿健康管理有限公司	建设中
16	马鞍山向阳护理院养老护理服务标准化试点	省　级	马鞍山向阳护理院	建设中
17	阜阳市老年公寓养老服务标准化试点	省　级	阜阳市老年公寓	建设中

四、取得成效

党的十八大以来，安徽各项养老服务工作扎实推进、成效显现。国务院办公厅通报表扬安徽为“2016 年度落实养老服务业支持政策积极主动、养老服务体系建设成效明显”的省份，安庆、马鞍山先后被纳入国家养老服务业综合改革地区，池州、芜湖、合肥被纳入医养结合试点地区，铜陵市、合肥市、安庆市、阜阳市、淮北市先后被纳入国家居家和社区养老服务改革试点地区。

（一）困难老年群体保障水平不断提高

全省 38.08 万农村特困人员纳入政府供养范围，集中和分散供养水平达到月人均 705 元和 598 元；老年人福利补贴制度基本建立，从 2013 年起，安徽省将高龄津贴、低收入老年人养老服务补贴两项制度纳入省民生工程，2018 年底，已分别惠及 163 万人、38 万人。

（二）养老服务供给能力明显增强

以规划为引领，推进养老机构和城乡社区养老服务设施建设。省政府先后将农村敬老院建设、县级社会福利中心建设纳入省民生工程，各级财政累计投入约 27 亿元，新增床位近 19 万张；引导社会力量兴办养老机构，全省共有社会办养老机构845家（含公建民营），床位总数达到11万张。全省各类养老机构总数达到2492家、床位30.1万张。积极推进城市社区养老服务设施配建，2018年底，全省城市社区养老服务设施配建总面积达到162万平方米。

（三）社区居家养老服务网络不断健全

省直六部门联合发布《安徽省城乡养老服务三级中心建设规范》，合理布局推进县级养老服务指导中心、街道养老服务中心和社区养老服务站建设，打造20分钟社区居家养老服务圈。2018年底全省平均覆盖率达到20%。积极搭建农村失能老年人集中住养和照料护理网络。省直九部门联合制定《关于推进农村养老服务体系建设加强农村留守老年人关爱服务的若干意见》，鼓励各地因地制宜开展高龄、留守、不能自理老年人探视走访、睦邻互助服务。

（四）统筹推进医养结合

鼓励养老机构开办医疗机构，要求150张床位以上的养老机构必须设医务室或护理站，省级福彩公益金对社会办养老机构内设的医务室、护理站分别给予10万元和5万元的补助，全省678家养老机构内设医疗机构。鼓励150张以下床位的养老机构与周边医疗机构建立长期合作关系，全省医养签约的养老机构达到602个。

（五）持续优化养老服务发展环境

建立并有效落实社会办养老机构一次性建设补贴、运营补贴、贷款贴息、政府购买服务补贴制度。世界银行贷款首个养老服务体系建设项目落地安徽，项目贷款总额1.18亿美元。会同省人力资源和社会保障厅、财政厅建立养老服务从业人员岗前培训和在职提升培训制度，全省各级累计培训从业人员约2万人；全面推动建立养老从业人员入职奖励和学费减免政策。加强养老服务行业标准化建设，制定发布18项养老服务地方标准。

（六）创新发展智慧养老

省政府成立以分管省长为组长的智慧养老发展领导小组，统筹推进智慧养老。将养老智慧化纳入省民生工程实施，在全省推进智慧养老试点示范，合肥静安养亲苑等8家单位入选全省第一批智慧养老示范工程。

在积极优化传统养老服务供给的基础上，安徽省人民政府办公厅印发了《加快发展智慧养老若干政策》，推进物联网、大数据、云计算、人工智能等现代信息技术在养老服务各个领域中的耦合应用，建设智慧化、精准化和个性化的养老服务体系。该政策明确了包括“支持智慧养老机构建设”等五个方面的扶持政策。同时，对搭建标准体系提出了明确要求，对申报成为国家标准、行业标准的，给予20万元以上的奖励，并将已发布实施的智慧养老标准列入各级养老服务培训内容。

案例三　安徽省美丽乡村建设标准化

一、美丽乡村建设基本概况

安徽是农业大省，也是农村改革的发源地，农业资源丰富，区位条件优越。经过多年的努力，农业和农村经济发展积累了丰富经验，潜力和优势正逐步显现，农业综合生产能力不断提高，农业发展方式加快转变，农民收入构成由单一化向多元化转变，农村改革由单项改革向综合配套改革转变，传统农业正向现代农业加速演进，为安徽省美丽乡村建设奠定了较为坚实的基础。

为贯彻落实省第九次党代会的重大部署，扎实推进美好安徽建设，不断提升社会主义新农村建设水平，进一步加快全面小康社会建设进程。2012 年 9 月，《中共安徽省委、安徽省人民政府关于全面推进美好乡村建设的决定》（皖发〔2012〕18 号），明确了美好乡村建设的总体要求、重点任务和保障措施。为指导美好乡村建设，构筑分区、分类、分步骤的美好乡村建设路径，实现“生态宜居村庄美、兴业富民生活美、文明和谐乡风美”的总体目标。安徽省人民政府印发了《安徽省美好乡村建设规划（2012—2020 年）》，总体目标是建设生态宜居村庄美、兴业富民生活美、文明和谐乡风美的美好乡村。到 2016 年，力争全省 40%以上的中心村达到美好乡村建设要求；到 2020 年，力争全省 80%以上的中心村达到美好乡村建设要求；到 2030 年，全省中心村全面达到美好乡村建设要求。《安徽省美好乡村建设规划（2012—2020 年）》明确提出：从 2013 年开始，每年重点培育建设 1500 个左右中心村，全面推进环境整治、基础设施建设和公共服务配套，建设周期 2 年；每年治理 10000 个左右自然村，以村庄环境综合整治为重点，建设周期 1 年。

截至 2019 年底，全省共完成美丽乡村中心村建设 4552 个（全部通过验收），其中省级中心村 2053 个，市县级中心村 2499 个。预计到 2020 年底，完成省级中心村 3023 个。按照规划进度要求，2020 年安排建设的 798 个省级中心村预计 2021 年下半年完成，届时，美丽乡村中心村建设达标率超过 80%的目标任务。

二、美丽乡村建设标准体系构建

根据《中共安徽省委、安徽省人民政府关于全面推进美好乡村建设的决定》（皖发〔2012〕18 号）、《安徽省美好乡村建设规划（2012—2020 年）》、《安徽省美丽乡村建设“十三五”规划》、《安徽省美好乡村建设标准（试行）》、《美丽乡村建设指南》（GB/T 32000—2015）等文件的要求，结合实地调研结果和实践经验，按照全面系统、层次分明、重点突出、动态优化的原则，构建安徽省美丽乡村建设标准体系，体系结构图如图 4-3 所示。

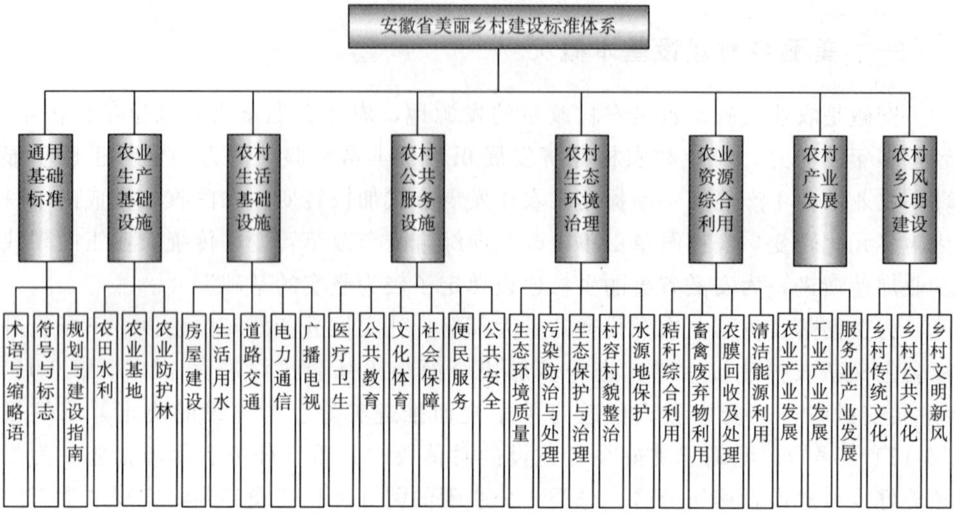

图 4-3　安徽省美丽乡村建设标准体系结构图

安徽省美丽乡村建设标准体系结构主要围绕美丽乡村的建设内容为基础构建，框架主要由两个层次组成，分别为内容层和要素层，其中内容层由通用基础标准、农业生产基础设施、农村生活基础设施、农村公共服务设施、农村生态环境治理、农业资源综合利用、农村产业发展、农村乡风文明建设等 8 个子体系组成；要素层由各子体系下若干要素组成。其中要素层的具体内容如下：

（1）通用基础标准子体系

通用基础标准是在美丽乡村建设范围内，对美丽乡村建设直接或间接普遍适用、具有广泛指导意义的标准。该子体系包括术语与缩略语、符号与标志、规划与建设指南等 3 个要素。

（2）农业生产基础设施标准子体系

农业生产基础设施标准是在农业生产基础设施领域内对需要协调统一的技术事项、管理事项等制定的标准。该子体系包括农田水利、农业基地、农业防护林等 3 个要素。

（3）农村生活基础设施标准子体系

农村生活基础设施标准是在农村生活基础设施领域内对需要协调统一的技术事项、管理事项等制定的标准。该子体系包括房屋建设、生活用水、道路交通、电力通信、广播电视等 5 个要素。

(4) 农村公共服务设施标准子体系

农村公共服务设施标准是在农村公共服务基础设施领域内对需要协调统一的技术事项、管理事项等制定的标准。该子体系包括医疗卫生、公共教育、文化体育、社会保障、便民服务、公共安全等 6 个要素。

(5) 农村生活环境治理标准子体系

农村生活环境治理标准是在农村生活环境治理领域内对需要协调统一的技术事项、管理事项等制定的标准。该子体系包括生态环境质量、污染防治与处理、生态保护与治理、村容村貌整治、水源地保护等 5 个要素。

(6) 农业资源综合利用标准子体系

农业资源综合利用标准是在农业资源综合利用领域内对需要协调统一的技术事项、管理事项等制定的标准。该子体系包括秸秆综合利用、畜禽废弃物利用、农膜回收及处理、清洁能源利用等 4 个要素。

(7) 农村产业发展标准子体系

农村产业发展标准是在农村产业发展领域内对需要协调统一的技术事项、管理事项等制定的标准。该子体系包括农业产业发展、工业产业发展、服务业产业发展等 3 个要素。

(8) 农村乡风文明建设标准子体系

农村乡风文明建设标准是在农村乡风文明建设领域内对需要协调统一的技术事项、管理事项等制定的标准。该子体系包括乡村传统文化、乡村公共文化、乡村文明新风等 3 个要素。

根据标准体系结构图，以及安徽省美丽乡村建设的实际需要，系统成套地列出所需要的全部相关标准，包括现行的标准（包括但不限于国家标准、行业标准、地方标准）、需要修订不适用的标准以及制定缺少的标准，编制形成标准明细表。

三、标准化工作开展情况

（一）标准制修订

截至 2019 年 12 月，安徽省共发布实施美丽乡村建设相关地方标准 93 项，其中围绕美丽乡村建设专项批准立项《美丽乡村村规民约制定规范》等 11 项地方标准，发布实施《美丽乡村生活垃圾集中处理规范》（DB34/T 2636—2016）等地方标准 8 项（含技术指导文件）（表 4－5），参与制定《美丽乡村建设指南》（GB/T 32000—2015）和《美丽乡村建设评价》（GB/T 37072—2018）国家标准两项，有效支撑和规范了安徽省美丽乡村建设。

表 4-5　安徽省美丽乡村地方标准目录

序号	标准编号/计划号	标准名称	备注
1	DB34/T 2633—2016	美丽乡村传统村落保护与利用	—
2	DB34/T 2634—2016	美丽乡村村级公共服务中心服务与管理规范	—
3	DB34/T 2635—2016	美丽乡村村卫生室建设与运行规范	—
4	DB34/T 2636—2016	美丽乡村生活垃圾集中处理规范	—
5	DB34/T 2637—2016	美丽乡村文化广场管理与维护规范	—
6	DB34/T 2763—2016	美丽乡村精品旅游服务规范	—
7	DB34/T 3374—2019	美丽乡村村庄环境整治规范	—
8	DB34/T 3375—2019	美丽乡村文体设施建设与管理规范	—
9	皖政办秘〔2012〕18号	安徽省美好乡村建设标准（试行）	技术指导性文件
10	2019-01-170	美丽乡村村标村牌设置原则与要求	已立项
11	2019-01-171	美丽乡村村规民约制定规范	已立项

（二）标准化试点

为贯彻落实党的十八大关于推动城乡发展一体化的战略部署，改善农村公共服务质量，提高农村社会管理水平，改善农村生产生活条件，促进基本公共服务均等化，从2013年起，国家标准化管理委员会和财政部联合在全国组织开展美丽乡村建设、农村公共服务等农村综合改革标准化试点工作。

为充分发挥标准化在美丽乡村建设中的支撑和引领作用，原安徽省质量技术监督局分别于2014年、2016年、2018年连续组织申报了第一批、第二批、第三批国家美丽乡村建设标准化试点项目。截至2019年12月，安徽省共获批了铜陵市义安区、淮北市烈山区、黄山市黄山区、滁州市凤阳县等7个县（区）开展美丽乡村建设标准化试点，具体见表4-6所列。

表 4-6　安徽省美丽乡村建设标准化试点名单

序号	试点名称	试点类型	试点时间	备注
1	铜陵市义安区美丽乡村建设标准化试点	国家级	2014—2016年	已验收
2	安庆市潜山县美丽乡村建设标准化试点	国家级	2014—2016年	已验收
3	淮北市烈山区美丽乡村建设标准化试点	国家级	2014—2016年	已验收
4	黄山市黄山区美丽乡村建设标准化试点	国家级	2016—2019年	已验收

（续表）

序号	试点名称	试点类型	试点时间	备注
5	芜湖市南陵县美丽乡村建设标准化试点	国家级	2016—2019 年	已验收
6	滁州市凤阳县美丽乡村建设标准化试点	国家级	2019—2021 年	建设中
7	池州市青阳县美丽乡村建设标准化试点	国家级	2019—2021 年	建设中

通过开展试点工作，建立结构合理、层次分明、与当地经济社会发展水平相适应的标准体系，进而形成以标准化支撑农村公共服务的长效机制。通过实践证明，建立美丽乡村标准化试点具有一定实际意义，在一定范围内，建立适宜试点建设的标准体系，能够在较小范围内进行标准化应用示范，提高局部地区标准化工作水平，从而为全省美丽乡村标准化试点建设提供实践经验和建设蓝本。

四、取得成效

自 2012 年 9 月，安徽省委、省政府作出全面推进美好乡村建设的决策部署。经过努力，全省上下围绕“生态宜居村庄美、兴业富民生活美、文明和谐乡风美”的总体目标，科学规划实施，扎实有序推进，取得了重要阶段性成效，呈现出健康运行、持续推进的良好态势。

（一）规划体系不断完善

坚持规划引领，以相关法律法规、标准规范等为依据，编制印发《安徽省美好乡村建设规划（2012—2020 年）》《安徽省美好乡村建设标准》和《安徽省村庄布点规划导则》，指导全省各县（市、区）科学编制村庄布点规划和中心村建设规划，规划体系不断完善。开展乡村规划评估和技术培训，引导村民参与村庄规划，规划编制质量和管理水平不断提升。

（二）农村人居环境显著改善

大力推进美丽乡村中心村建设，积极开展自然村环境整治，扎实推进“三线三边”环境治理。到 2019 年底，全省完成 3300 个农村环境综合整治任务，做到“五清一改”全覆盖；完成危房改造 45.91 万户，其中建档立卡贫困户为 33.53 万户。一大批“脏乱差”的村庄变成了生态宜居的美丽乡村，农村人居环境明显改善。

（三）基础设施和公共服务逐步完善

加快城乡统筹发展，加强村庄道路、安全饮水、垃圾污水处理等基础设施建设。截至 2019 年底，全省农村自来水普及率为 88.5%，中心村自来水普及率超过 80%，已建成 1596 个美丽乡村中心村生活污水处理设施，在建 411 个。以美丽乡村建设为平台，普遍加快了农村文化、教育、医疗卫生、养老等社会服务配套，新建改建了一批村级便民服务中心、村民健身场所、文化活动室、卫生室等公共服务设施，提升了农民幸福指数。

（四）农民收入较快增长

注重把中心村建设、环境整治与农村经济发展、农民就业增收结合起来，依托各类农业示范园区建设，着力扩大“一村一品”覆盖面，大力发展特色农业。依托区位、生态资源等优势，加强传统村落保护和特色景观旅游名镇名村培育，大力发展城郊休闲度假、生态农业观光、民俗风情体验等不同类型乡村旅游。农业综合生产能力系统提升，产业化经营水平显著提高，新型农业经营体系加快构建，返乡创业人口不断增加。加强农村集体资金、资产、资源管理，不断发展壮大村级集体经济。农民收入实现较快增长，农村常住居民人均可支配收入逐年增加，2019 年达到 15416 元。

（五）乡风文明显著提升

深入开展五好家庭、安徽好人、星级文明户等评选活动。充分发挥村民理事会等自治组织的作用，制定村规民约，大力培育文明新风。广泛开展农村志愿服务活动，关爱农村留守妇女、留守儿童、留守老人，强化农村未成年人德育工作。实施农村“文化墙”、文化活动室、农家书屋等设施建设，扎实推进农民文化乐园建设，拓展文化育人的有效载体。践行群众路线，建立了联系帮扶、结对共建等机制，进一步密切了党群干群关系。群众精神文化生活日趋丰富，乡风文明显著提升。

实践证明，开展美丽乡村建设契合中央精神，符合安徽省实际，顺应群众期待，是一举多得的重大民生工程。“十三五”时期，要在已有工作基础上，积极拓展美丽乡村的内涵和外延，深入推进美丽乡村建设，在总结中完善，在坚持中发展，在发展中创新，努力取得新的更大成绩。

案例四　芜湖市智慧城市建设标准化

一、基本概况

（一）总体情况

芜湖市是国家长江三角洲城市群发展规划的大城市，皖江城市带承接产业转移示范区的核心城市，合芜蚌国家自主创新示范区，G60 科创走廊的重要成员，经济总量居安徽省第二位。芜湖市现辖无为市，镜湖区、弋江区、鸠江区、三山区以及芜湖县、繁昌县、南陵县，市域面积 6026 平方千米，其中市区面积 1491 平方千米。2019 年，全市户籍人口 389.8 万，其中城镇人口为 250.9 万，城镇化率达 66.41%；全市实现地区生产总值 2618.26 亿元，全市实现财政收入 621.18 亿元，城镇常住居民人均可支配收入 42064.00 元。2013 年，芜湖被列入首批国家智慧城市试点，芜湖市紧紧围绕全面转型、率先崛起、富民强市发展主线，大力推动物联网、云计算、大数据等新代信息技术的深入应用，坚持“智慧基础设施、智慧应用服务、智慧产业经济”三位一体发展，全力加快智慧城市建设步伐，为打造经济、社会两个升级版和城市品质提升提供有力支撑。2017 年，芜湖市获批为安徽省智慧城市建设标准化试点，围绕智慧城市建设中的惠民服务、精准治理、智能设施、信息资源等重点领域开展标准化工作。

芜湖市在建设发展中，面临着社会转型期城市管理的共性问题，早在 2007 年即开始尝试利用信息化手段提升城市管理精准化水平，历时 8 年，特别是 2013 年创建国家智慧城市试点以来，芜湖市积极利用大数据、云计算等新技术，大胆创新、锐意改革，社会服务管理信息化工作实现了较大突破。

1. 通信基础设施覆盖、速度双提升

2014 年底全市固定宽带接入用户普及率超过 64%，全市城市宽带网络 20Mbps 以上速度接入能力达到 94.8%，农村宽带网络 4Mbps 以上接入能力达到 69.2%。全市 3G 网络基本实现全覆盖，4G 网络基础设施也正在逐步建设完善，全市 3G/4G 用户达到 167.9 万人，普及率达到 47.4%。无线热点基本覆盖交通枢纽、大中专院校等公共服务区域，热点 AP 数量达到 1.2 万个。2015 年，市政府相继与电信、移动、联通安徽公司签订“十三五”期间战略合作协议，继续加大通信基础设施特别是 4G 网络投入，保障芜湖市在全省通信基础领域的领先地位。中国电信股份有限公司安徽分公司在芜启动“宽带提速大行动”，到 2017 年三季度，将完成四县四区光纤网无缝覆盖，成为全省首个“全光网”城市。7 月下旬，芜湖县率先实现了从“程控交换时代”向“全光纤网络时代”的历史跨越，成为全省百个全光网县，出口总带宽 80G。

2. 电子政务外网实现全覆盖

芜湖市政务外网、党政专网横向覆盖到所有市直单位，纵向覆盖到县（区）、乡镇（街道）和村委会（杜居委），实现四级全覆盖，为全市协同办公、公共服务与管理提供了稳定、畅通的运行网络。“一站通”平台、金保系统、金医系统等重要公共服务信息化系统均部署在政务外网，既保证了网络带宽，又保障了信息安全。

3. 数据交换平台初步建成

建设和完善数据共享交换平台，已共享包括省级计生、民政、工商、质检以及市级公安、人社、公积金、教育、财政等123个部门（大类），共计交换34亿条政府各类基础业务数据，并分类形成人口库、企业库、房屋库、地理信息库等专题库。

4. 公共平台建设有序推进

芜湖市建成政务云计算中心，6年投资1.05亿元，整台优化全市政务网络、机房设施、云平台和计算存储资源。建成全市共享容灾备份中心（一期），保障了政务数据安全。2015年市共享容灾备份中心（二期）已完成招标，即将开始建设。建成全市地理信息共享平台，二维地理信息已实现全覆盖，三维地理信息覆盖100平方千米，并面向全市开展空间信息服务。投资2.05亿元建设芜湖市“天网工程”（期），在市重点区域、人员密集区域等地部署前端监控点2000个，整合原有政府投资的监控点40000个，打造了市区两级统一视频资源管理平台。

（二）主要做法

2017年10月，原省质量技术监督局、省发展和改革委员会联合印发《关于下达安徽省智慧城市建设标准化试点项目的通知》（皖质函〔2017〕462号），决定批准芜湖市开展智慧城市建设标准化试点（以下简称“试点”）工作。标准化试点主要做法如下。

1. 建立领导工作机构

为全面统筹全市智慧城市建设，芜湖市大力推进智慧城市建设体制机制创新，2018年1月，市智慧城市建设推进办公室正式批复组建，与市政府办公室合署办公，专门推进全市智慧城市规划、建设、管理等工作。2018年4月8日，芜湖市人民政府办公室关于印发《2018年芜湖市推进新型城镇化（智慧城市）标准化试点工作方案的通知》（芜政办秘〔2018〕90号），并成立了试点工作领导小组，领导小组由市委常委、常务副市长曹啃兵同志任组长，市有关部门主要负责同志为成员，统筹研究解决试点中的重大问题，领导小组下设办公室，原市质量技术监督局负责领导小组办公室日常工作。原市质量技术监督局为扎实开展试点项目工作，印发了《关于成立市质监局推进新型城镇化（智慧城市）标准化试点领导小组的通知》（芜质监〔2018〕58号），进一步明确试点工作的人员配置以及职责、权限。

2. 强化政策工作保障

芜湖市在智慧城市建设过程中非常重视标准化工作，充分发挥政策引导作用，将智慧城市标准化作为促进智慧城市发展的基础性工作，大力支持智慧城市标准化各项工作开展。2017年11月，市信息化工作领导小组办公室、市智慧城市建设领导小组办公室联合印发《芜湖市“十三五”信息化发展规划》（芜信组办〔2017〕2 号），其中 83 处提及“标准”“标准化”，更将“智慧城市标准化工程”列入芜湖市“十三五”信息化发展规划重点工程。2017 年 12 月，《芜湖市促进智慧城市建设 2018 年工作方案的通知》（芜政办秘〔2017〕367 号），明确要求加快推进智慧城市标准化建设。推动智慧城市建设相关国家、省级标准落实，结合智慧城市建设实际需求，贯彻执行《新型智慧城市评价指标》（GB/T 33356—2016）国家标准要求。重点推进信息安全、基础设施、过程管理、数据共享和评价体系等领域标准制定。加强标准试验验证实施，加快推进智慧城市标准化试点建设。2018 年 4 月，《芜湖市 2018 年度智慧城市建设工作要点的通知》（芜政办秘〔2018〕92 号），进一步要求加强智慧城市标准化建设。同时，根据原省质量技术监督局《关于安徽省新型城镇化（智慧城市建设）标准化试点项目经费安排的通知》（皖质办函〔2017〕431 号），做好试点工作的经费统筹和保障。

3. 加强高端智库支撑

芜湖市充分依托中国科学技术大学、清华大学、中国计量大学等高端智库，发挥市标准化研究院等标准化技术机构专业优势，开展智慧城市标准化发展等课题研究，全面推进形成以高标准引领智慧城市高质量发展的新机制。市政府相继与中国电信股份有限公司安徽分公司、清华大学、科大讯飞股份有限公司组建安徽大数据工程研究中心，与中国电信云计算公司共建大数据联合实验室，与中国科学技术大学共建智慧城市实验室、智慧城市研究院，开展大数据和智慧城市创新研究，推进芜湖市智慧城市建设和智慧产业发展，积极打造智慧城市标准研究中心。原市质量技术监督局、市信息办指导市标准化研究院、中国计量大学标准化学院，编制发布了《芜湖市智慧城市标准化白皮书》，市标准化研究院相继承担了原省质量技术监督局重点调研课题《新型智慧城市标准体系构建及标准研制需求调研》、市创新环境软科学项目《新型智慧城市标准体系构建及关键标准研制》等课题研究，为全面推进智慧城市建设标准化工作提供了技术支撑和对策研究。

4. 明确试点目标安排

2017 年 6 月，市政府申报新型城镇化标准化试点项目时，根据《国家标准化管理委员会办公室、国家发展和改革委员会办公厅关于扎实推进国家新型城镇化标准化试点工作的通知》（标委办农联〔2015〕83 号）、《安徽省新型城镇化标准化试点工作实施方案》（皖质函〔2015〕304 号）等文件的相关要求，制定了《芜湖市推进新型城镇化（智慧城市）标准化试点工作方案》，明确了试点工作的目的意义、现状与工作基础、指导思想与总体目标、试点内容与进度安排、考核评估指标、组织管理、运行机制与保障措施、效益分析等内容，重点确定了强化工作基础、构建标准体系、研制重点标准、加强宣贯实施、及时总结推广等5个方面重点任务，25项具体任务的试点项目工作任务清单，试点工作领导小组成员单位协调推进，各阶段工作任务得到有效落实。

5. 全面开展试点创建

获批开展智慧城市建设标准化试点工作后，芜湖市高度重视，原市委常委、常务副市长曹哨兵对试点工作作出了重要要求。2018年8月3日，试点工作领导小组组织召开芜湖市推进新型城镇化（智慧城市）标准化试点工作座谈会，会议解读了试点工作方案，部署推进试点工作任务，与会各单位围绕智慧城市标准化工作措施、取得的成效、存在的困难问题积极展开了交流。试点构建了与本地新型城镇化相适应的智慧城市标准体系框架，各相关单位扎实推进智慧城市相关标准的申报和研制，充分发挥标准化建设“推荐示范”作用，加快智慧城市建设“芜湖经验”的复制和推广。先后组织开展了智慧城市标准化相关培训和辅导，摄制试点宣传片，充分发挥网络等主流媒体的作用，创新形式和载体，广泛宣传智慧城市建设标准化的重大意义、政策措施等，加大标准宣传贯彻力度，推进标准贯彻实施。充分利用近年来的信息化应用和智慧城市建设成果，大力创新智慧示范应用，以大数据为支撑，按照“政府引导、社会参与、统一标准、分类指导”的原则，分别选取鸠江区华强社区、弋江区科技产业园开展智慧社区和智慧园区试点示范建设，打造智慧园区、智慧社区等示范工程。2018年10月，标准化试点项目顺利通过了原省质量技术监督局组织的中期评估。

6. 完善标准体系构建

结合芜湖市智慧城市建设实际情况，以智慧城市建设整体框架为依托，通过充分调查评估并对存在的问题进行属性分析为重要基础，以对标准体系不同标准进行梳理，明确智慧城市标准化工作的主要范围和重点领域为主要方向，把全面提升智慧城市在管理、服务、基础设施等方面的国际化水平作为主要基调，进行了标准体系框架的设计。智慧城市标准体系主要从总体标准、基础设施标准、数据标准、社会治理、智慧经济、惠民服务、安全与保障等7个方面进行了构建，并搜集整理了现行以及在制定的与智慧城市紧密相关的标准，包括国家标准、行业标准、地方标准、团体标准和在制定标准，合计1082项。组织开展智慧城市标准相关培训和辅导，并实时跟踪、定期评估智慧城市标准体系表的科学性、适用性和有效性，及时对标准体系进行维护和更新，以更好发挥标准体系对智慧城市标准化工作的指导作用。

7. 加快重点标准研制

芜湖市在省地方标准研制上重点发力，智慧城市、“互联网＋政务服务”等领域标准制定都有了新突破。2017年，根据原省质量技术监督局《关于下达

2017 年第二批安徽省地方标准制修订计划的函》（皖质函〔2017〕321 号），市信息办、市标准化研究院获批研制 2 项省地方标准。《智慧城市 网格化综合管理巡查规范》（DB34/T 3432—2019）已批准发布于 2019 年 12 月起实施，《智慧城市 电子证照应用规范》目前已形成报批稿，这是安徽省智慧城市领域的第一批地方标准，将有力规范和引领全省各地市智慧城市领域建设。同时，市信息化办公室参与制定的《农业信息基础数据元》也获批立项。2018 年，根据原省质量技术监督局《关于下达 2018 年第一批安徽省地方标准制修订计划的函》（皖质函〔2018〕326 号），市信息化办公室联合市标准化研究院等单位提出并申报的《智慧城市 网格化综合管理 系统技术规范》《智慧城市 政务云机房迁入管理规范》《智慧城市 政务信息资源安全管理规范》3 项智慧城市领域标准，市政务服务中心联合市标准化研究院等提出并申报的《政务服务 网上办事智能自助服务大厅建设与运行规范》《政务服务网上运行规范》2 项“互联网＋政务服务”领域标准，列入 2018 年第一批省地方标准制定计划。根据《安徽省市场监督管理局关于下达 2018 年第三批安徽省地方标准制修订计划的函》（皖市监函〔2019〕10 号），市政务服务中心参与制定的《“互联网＋政务服务”服务质量评价方式及等级划分方法》《“互联网＋政务服务”服务质量评价指标体系》《“互联网＋政务服务”服务质量评价指南》《“互联网＋政务服务”协同工作规范》4 项“互联网＋政务服务”领域标准，被列入 2018 年第三批省地方标准制定计划。2018—2020 年，芜湖市计划每年申报制定 4～6 项省地方标准，并积极争取部分标准成为国家标准，保持智慧城市标准化建设领先水平。

8. 搭建标准服务平台

芜湖市研究开发了国内一流、全省首个地市级标准信息公共服务平台，平台目前涵盖各类标准文本 6.6 万本，标准题录 140 万项，为智慧城市建设提供全面的标准信息服务支撑。通过引进中国标准出版社标准资源远程投送系统，将中国标准出版社出版的 7 万多部国家标准、行业标准正版文本全部直接“搬到”了芜湖“家门口”，实现了芜湖市与国家正版标准文本同步发行打印，打通标准服务的“最后一千米”，为智慧城市建设提供及时、准确、权威的正版纸质标准服务。

9. 推动重要标准实施

芜湖市积极开展重要标准宣贯培训班，动员各相关单位扎实推进相关标准的实施运用，在意识上充分提高标准实施的主动性和自觉性，推动智慧城市建设、管理单位及人员认真学习并掌握智慧城市相应标准的基本内容，在日常工作中全面而持久地运用标准，真正让标准发挥实效，使标准的规范与工作实际紧密结合。市信息化办公室按照信息技术相关标准，不断加强信息化建设项目管理，对政府投资信息化项目实行全过程管理，年节约资金 2000 万元以上。按照《信息系统安全等级保护实施指南》（GB/T 25058—2010）等标准完成政务云计算中心资源扩容工作和等保测评工作，实现政务网络出口、关键设备、重要信息系统、部门网站安全监测全覆盖，实现政务云计算中心高效运维和安全管理，推进政务云资源整合利用。委托第三方测评机构安徽省标准技术中心开展满意度测评，根据《顾客满意测评模型和方法指南》（GB/T 19038—2009）和《顾客满意测评通则》（GB/T 19039—2009），以走访、问卷等多种形式，对试点建设法制化、规范化水平提升程度的满意度进行评测收集，试点建设标准相关方满意度得分为 91.89%。

10. 及时总结，持续推广

芜湖市以创建新型智慧城市全国标杆为目标，紧紧围绕便民、利民、惠民这一理念，以“基础设施一盘棋、数据生态一体系、智慧城市一标准、信息安全一张网”支撑打造形成“服务有温度、管理有秩序、城市有信用、产业有特色”的新型智慧城市，逐步形成了具有芜湖特色的智慧城市建设模式。结合新型城镇化（智慧城市）标准化试点的创建，摄制了《标准化“四个一”建设助推智慧芜湖更上新台阶》纪实片，高度概括了为加快推进智慧芜湖快速健康发展，芜湖市积极探索、推进智慧城市标准化工作的“四个一”建设，着力构建新型智慧城市标准体系，加快智慧城市建设“芜湖经验”的复制和推广。不断梳理总结芜湖市在推进新型城镇化工作期间所取得的经验、成果和做法，形成工作模式和机制，做到行之有效、切合实际。同时将成熟的经验和做法进一步深化，形成智慧城市建设的标准和示范，为其他地区打造新型城镇标准化提供形成可复制可推广的“芜湖标准”。在“2018 首届中国智慧社会发展大会暨第二届新型智慧城市发展高峰论坛”上，芜湖市荣获“2017 中国新型智慧城市惠民服务优秀示范城市”；2019 年 7 月 7 日，由中国科学技术大学智慧城市研究院（芜湖）、光明网、CIO 时代学院共同主办的第十三届中国电子政务高峰论坛在芜湖举行，向国内信息化、电子政务、数字经济领域顶尖的学者专家分享了智慧城市、数字经济最新研究与应用成果。

二、标准体系构建

根据《安徽省新型智慧城市部门协调工作组 2017—2018 年工作分工》、《安徽省智慧城市建设指南》、《芜湖市智慧城市发展规划（2014—2020）》、《芜湖市“十三五”信息化发展规划》（芜信组办〔2017〕2 号）、《芜湖市促进智慧城市建设 2018 年工作方案的通知》（芜政办秘〔2017〕367 号）、《芜湖市 2018 年度智慧城市建设工作要点的通知》（芜政办秘〔2018〕92 号）、《芜湖市智慧城市标准化白皮书》、《新型智慧城市评价指标》（GB/T 33356—2016）等文件的要求，按照科学、先进、系统、协调、兼容、可操作、可预见、可扩充、综合实用的原则，构建芜湖市智慧城市建设标准体系，体系结构如图 4 - 4 所示。

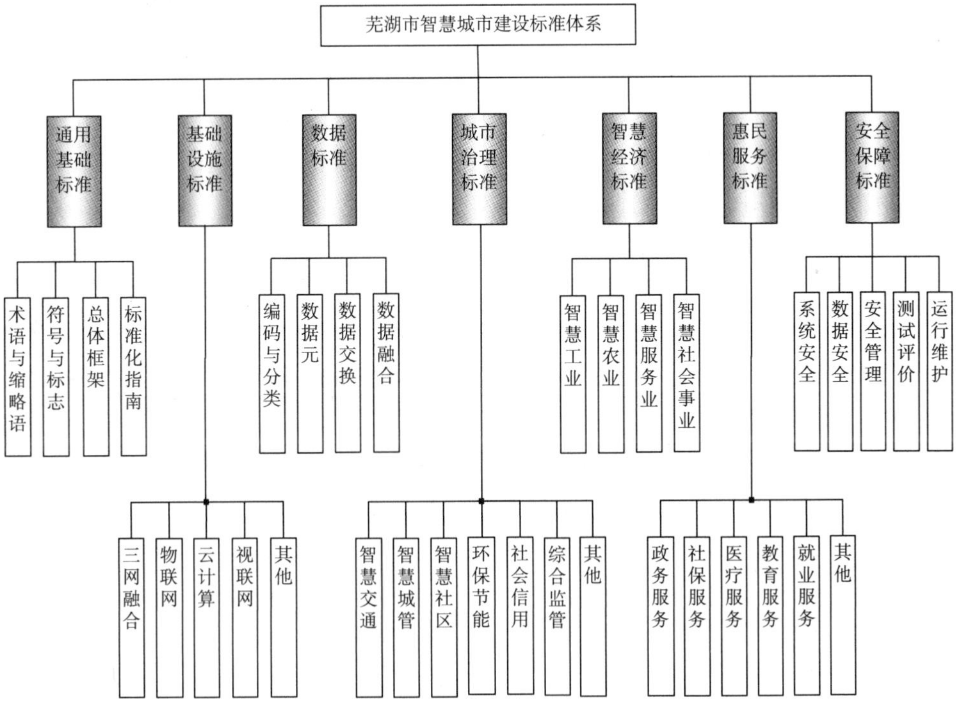

图 4 - 4　芜湖市智慧城市建设标准体系结构图

芜湖市智慧城市建设标准体系结构主要围绕智慧城市的建设内容为基础构建，框架主要由两个层次组成，分别为内容层和要素层，其中内容层由通用基础标准、基础设施标准、数据标准、城市治理标准、智慧经济标准、惠民服务标准、安全保障标准等 7 个子体系组成；要素层由各子体系下若干要素组成。其中要素层的具体内容如下：

（1）通用基础标准子体系

通用基础标准是在芜湖市智慧城市建设范围内，对智慧城市建设直接或间接普遍适用、具有广泛指导意义的标准。该子体系包括术语与缩略语、符号与标志、总体框架、标准化指南等 4 个要素。

（2）基础设施标准子体系

基础设施标准是在智慧城市建设中基础设施领域内对需要协调统一的技术事项、管理事项等制定的标准。该子体系包括三网融合、物联网、云计算、视联网、其他等 5 个要素。

（3）数据标准子体系

数据标准是在智慧城市建设中数据领域内对需要协调统一的技术事项、管理事项等制定的标准。该子体系包括编码与分类、数据元、数据交换、数据融合等4个要素。

（4）城市治理标准子体系

城市治理标准是在智慧城市建设中城市治理领域内对需要协调统一的技术事项、管理事项等制定的标准。该子体系包括智慧交通、智慧城管、智慧社区、环保节能、社会信用、综合监管、其他等7个要素。

（5）智慧经济标准子体系

智慧经济标准是在智慧城市建设中经济领域内对需要协调统一的技术事项、管理事项等制定的标准。该子体系包括智慧工业、智慧农业、智慧服务业、智慧社会事业等4个要素。

（6）惠民服务标准子体系

惠民服务标准是在智慧城市建设中惠民服务领域内对需要协调统一的技术事项、管理事项等制定的标准。该子体系包括政务服务、社保服务、医疗服务、教育服务、就业服务、其他等6个要素。

（7）安全保障标准子体系

安全保障标准是在智慧城市建设中安全保障领域内对需要协调统一的技术事项、管理事项等制定的标准。该子体系包括系统安全、数据安全、安全管理、测试评价、运行维护等5个要素。

根据标准体系结构图，以及芜湖市智慧城市建设的实际需要，系统成套地列出所需要的全部相关标准，包括现行的标准（包括但不限于国家标准、行业标准、地方标准）、需要修订不适用的标准以及制定缺少的标准，编制形成标准明细表。

三、标准化工作开展

为规范芜湖市智慧城市的健康发展，扎实推进芜湖市智慧城市建设试点工作，充分发挥标准化对智慧城市的支撑和促进作用，芜湖市积极开展智慧城市标准化工作。

截至2019年底，芜湖市先后制定《芜湖市“智慧家庭”标准》等10余项标准与规范，承担或参与制定《智慧城市 网格化综合管理巡查规范》（DB34/T 3432—2019）和《智慧城市 电子证照应用规范》（已报批）等省级地方标准11项，为芜湖市智慧城市建设提供了有效的技术支撑。相关标准目录见表4-7所列。

表 4－7　芜湖市智慧城市建设标准目录

序号	标准编号/计划号	标准名称	备注
1	DB34/T 3432—2019	智慧城市　网格化综合管理巡查规范	省级地方标准
2	2018－01－216	智慧城市　政务云机房迁入管理规范	省级地方标准
3	2018－01－217	智慧城市　政务信息资源安全管理规范	省级地方标准
4	2017－02－282	智慧城市　电子证照应用规范	省级地方标准
5	2018－01－186	政务服务　网上办事智能自助服务大厅建设与运行规范	省级地方标准
6	2018－01－185	政务服务网上运行规范	省级地方标准
7	2018－03－112	“互联网＋政务服务”服务质量评价方式及等级划分方法	省级地方标准
8	2018－03－113	“互联网＋政务服务”服务质量评价指标体系	省级地方标准
9	2018－03－114	“互联网＋政务服务”服务质量评价指南	省级地方标准
10	2018－03－115	“互联网＋政务服务”协同工作规范	省级地方标准
11	2017－02－276	农业信息基础数据元	省级地方标准

四、取得成效

（一）推进智慧基础设施建设，夯实信息要素资源基础

1. 夯实云计算设施

芜湖市建成全省首个高效运行的政务云计算中心，整合市直各部门数据资源，迁入集成 122 个单位、181 个应用系统，新建信息化项目需求全部由政务云平台提供支撑，提升了信息化系统运行效率，年节约资金 2000 万元以上，其中 2018 年的 108 个新建信息化项目审核后资金共计 62242.5 万元，节约资金 4415.1 万元。牵头制定省地方标准《智慧城市　政务云机房迁入管理规范》，制定并发布《政务云计算中心暂行管理办法》和《芜湖市政务云使用指南》等，规范政务云计算中心运维和安全管理。

2. 夯实政府大数据

芜湖市独创“信息系统生命树”，陆续整合汇集了省市 234 个单位、1425 个大类、825 亿条次数据，建成 45 大类电子证照约 1000 万张，提供数据共享服务 854 个，建成全国领先的政府大数据库，为全市智慧城市应用提供了重要支撑。

3. 夯实公共支撑平台

芜湖市持续建设完善政务信息资源共享交换平台，建立数据目录维护机制。

依托持续更新的城市勘测底图，不断完善全市统一地理信息（GIS）共享平台，为各类网格化管理应用提供支撑。推动实施“天网”和“雪亮”工程，整合构建视频资源共享平台。建成同城异地容灾备份中心，实现全市97个单位或部门、145项重要业务数据和系统的灾难备份。

（二）推进智慧惠民服务，提升“互联网+政务服务”水平

1. 提升政务服务水平

芜湖市围绕自然人和法人需求，建成符合国家标准、融入省系统、具有芜湖特色的“互联网+政务服务”平台，实现网上政务服务统一门户、统一认证、统一支付、统一监察、全程信用留痕。全市各级发布政务服务事项86785个，制定《窗口事项办理规程》系列标准1170项，事项网上可办率达100%，全程网办率（四级深度）达89.78%。通过数据校验支撑，办事所需材料精简50%以上，办理时间节约30%以上，电子证照可支撑办事服务率达48%。网上政务服务平台平均办理事项超过15万件/月，其中线上申请率在80%以上。近年来，市政务服务窗口满意率始终保持在99.97%以上。

2. 提升惠民服务水平

芜湖市牵头制定省地方标准《政务服网上运行规范》，依托网上政务服务“一网、一门、一次”改革，推行线下“城市卡”、线上“城市令”的“一证通办”惠民服务体系。网上服务注册用户109万，“城市令”App注册和实名认证用户分别为75万和60万，覆盖市区人口50%以上。依托“城市令”App，可以提供文体休闲、医疗健康、交通出行、教育等各类253项网上惠民服务。形成并综合推送电子证照柜、城市卡钱包、信用乐惠分、社保和公积金账户、车驾管和办事记录、缴费欠费等个人全生命周期的实时信息和变化情况，市民对网上政务服务的参与度和获得感越来越强。

（三）推进智慧城市治理，提高城市综合监管水平

1. 提高网格化管理水平

芜湖市围绕城市空间、自然人和法人主体行为这三类治理对象，在城市管理、社会管理、市场监管等领域，支撑“一张地图分网格、一个平台纳事项、一个体系促运行、一套机制保长效”的网格化综合管理模式，网格化综合管理实践应用成果成功转化牵头制定2项省地方标准。网格化综合管理平台已累计处置社会管理、市场主体和城市管理等事件超过190万件，处置率在96%以上。

2. 提高全民共治水平

芜湖市创新设计“全民社管”应用，居民通过“城市令”随手拍、随时报城市设施、公共安全、环境卫生、市场监管等群众关切的城市问题，由信息平台精准分派至所在网格进行问题确认，各行业监管部门负责处理。利用时空技术和大数据分析，将发现和处置完成的案卷发出“红包核查”任务，在“城市令”提示附近区域的居民可以参与抢单核查，核查无误随机奖励现金红包或移动流量。“全民社管”运行以来，居民参与的“红包核查”约10万次，上报的关切问题约1万起及时得到了解决。“全民社管”创新了“人人参与、人人尽力、人人享有”的共建共享社会治理新思路。

（四）推进智慧政务运行，构建开放共享的发展生态

1. 构建社会信用体系

芜湖市建成全市“一网一库一平台”，建立完善公共信用信息征集共享使用管理制度和工作机制。归集公共信用信息8.5亿条，生成信用报告710万份，公示信用信息235.4万条，“七天双公示”工作位居全国前列，城市信用状况监测跃居全国地级市第3名，荣获全国公共信用信息优秀平台。芜湖市面向企业，支撑打造“征信机构＋银行＋担保”的融资新模式，已发放“信用（易）贷”16亿元；面向个人，推行个人信用“乐惠分”，并拓展信用积分在政务、商务、公共服务等方面的应用场景；围绕司法公信，在全国率先创新推出全市域范围的“失信彩铃”，运行近一年，已督促“老赖”执行了2000多万元欠款。

2. 构建政府高效运行平台

芜湖市以打造任务驱动的智慧型政府为核心，基于项目管理、流程管理的思想，建设市政务办公平台——易政网，推行国密算法的移动应用，实现可线上直接分派政务工作，工作完成过程可控、状态可视，工作结果目标量化考核，工作成效多维评价，提升各部门政务管理水平。

3. 构建信息化管理机制

芜湖市围绕智慧城市应用目标、信息系统整合要求、数据共建共享原则，建立健全市政府投资信息化项目全过程管理机制。构建全市“摩天轮”式的数据建设管理体系，即围绕业务应用需求，全市各部门将数据交换至市大数据中心，再由市大数据中心共享给相关部门使用，避免部门之间无序共享，促进数据归集与数据应用协同发展。芜湖市严格贯彻《网络安全法》，落实信息系统等级保护制度，建立安全监测预警、态势感知体系，芜湖市政务云、政务网络实行全方位监测、全方位感知和预警，定期通报整改。芜湖市建立统一身份认证体系，推广CA证书，确保重要信息系统用户访问数据分级授权、可溯源，全市政务领域网络安全形势总体平稳。芜湖市牵头制定省地方标准《智慧城市 政务信息资源安全管理规范》，建立完善政务信息资源共享交换制度规范，探索数据开发利用。

（五）推进智慧产业经济，集聚智慧城市持续发展动能

1. 推进大数据研究机构形成集合

芜湖市市政府相继与安徽电信、清华大学、科大讯飞组建安徽大数据工程研究中心，与中国电信云公司共建大数据联合实验室，与中国科学技术大学共建智慧城市实验室、智慧城市研究院。

2. 吸引大数据企业开始集聚

中国电信安徽公司（芜湖）云计算中心（五星级）正式启用，并以此为载体作为全市大数据产业园，招引了旷视科技、360 企业安全、诚迈软件等一批行业龙头企业来芜扎根，推动三只松鼠、惠国征信、凡臣电子、共生物流、易久批等一批产业互联网企业快速发展。

3. 支撑实体经济转型集能

依托芜湖市电信运营商，引导企业使用“云化”信息基础设施，启动推进战略性新兴产业和规模以上工业企业“上云”，加快工业互联网改造，减少企业投资，避免重复建设，促进传统产业转型升级。

4. 推动行业大数据中心逐步集中

中国电信集团公司数据分中心、省农业大数据中心、省电子认证（CA）数据中心相继落户芜湖；北京旷视科技有限公司在芜建设运营全省规模最大的“超算中心”。

5. 创新智慧示范应用集结

芜湖市以大数据为支撑，按照“政府引导、社会参与、统一标准、分类指导”的原则，打造智慧园区、智慧社区、智慧医院等示范工程。为园区企业提供智能、高效、创新、绿色、兴业的园区服务，提升企业对智慧城市的认同感和满意度；为居民提供安全、便捷、健康、诚信、幸福的社区服务，提升社区治理精准化、社区服务智慧化水平。

6. 推动数字经济人才加快集成

芜湖 11 所院校均设立计算机、网络工程、大数据、信息管理等相关专业，科大讯飞股份有限公司主办的安徽信息工程学院每年培育专业人才数千人，北京奇虎科技有限公司与芜湖职业技术学院共建网络安全学院，北京旷视科技有限公司加快与芜湖本地高校共建大学，为芜湖培育“技术＋业务”的复合型人才奠定了坚实基础。

（六）争创国家试点示范，智慧城市建设成效显著

近年来，芜湖市先后获得全国首批智慧城市试点城市、首批国家信息消费试点示范城市、首批“宽带中国”示范城市、首批国家信息惠民试点城市、首批国家社会信用体系建设示范城市等创建荣誉。获评 2017 年中国新型智慧城市惠民服务优秀示范城市，全省唯一；2018 年中国新型智慧城市建设与发展综合影响力评估全国地级市第 12 位，全省第一；2018 年中国城市信用建设守信激励创新奖，全省唯一；“七天双公示”工作位居全国前列；城市信用状况监测跃居全国地级市第3名；公共信用信息平台被评为全国优秀平台；2018年底被国家发展和改革委员会致函向安徽省人民政府办公厅通报表扬。芜湖市是国家级智慧城市相关试点示范中唯一获得以上全部创建荣誉的城市。

案例五　池州市海绵城市建设标准化

一、基本概况

（一）总体情况

池州市地处安徽省西南部，皖江南岸，北濒长江，东临宁沪，南接徽杭，西傍匡庐，为皖江南岸的中心城市之一。池州市处于长江经济城镇带上，同时为安徽省“两山一湖”旅游区北部的服务中心，也是泛长三角腹地。随着城市的发展，池州市的“水问题”日益显现出来。城市内涝问题日益凸显，防洪压力突出；城市水资源供需平衡存在缺口，且多为工程性缺水；城市水体水环境污染严重，面源污染问题突出；优质水源亟须生态涵养，农业面源污染严重。池州市在开展海绵城市试点建设之前，实施过多年的污水管网改造、河道治理等工程，但这些传统水治理的方式主要以项目驱动，忽略了流域或排水分区内项目的关系，最终收效甚微。池州市亟须进行海绵城市改造，解决城市水问题。

2015年4月，池州市入选全国首批16个海绵城市建设试点城市，在全国率先开展海绵城市建设。在申报之初，池州市拟解决关键问题为：控制城市面源污染构建水环境功能提升和生态景观系统；缓解城市防洪排涝压力，保障城市排水安全，对优质水源的保护与调控；进行总体规划及各相关专项规划的修编；解决新老城区海绵城市标准化建设问题，实现新老城区均衡发展；建立适用于中小城市的海绵城市建设机制体制，探索中小城市系统建设海绵城市的模式和经验。

池州市坚持“渗滞为先、蓄排结合、净用相成”的建设理念，克服时间紧、任务重、难度大等不利因素，全力推进海绵城市试点建设。通过准确分析城市本底特征、科学规划、合理制定建设方案等，总结出以系统化治理的方式彻底解决城市水问题，取得积极成效。试点以来，池州市从最初的不断摸索到目前已基本形成套标准体系，从最初的单纯申请项目建设、解决排水防涝等城市病到将海绵城市理念变成政府的自觉行为，并融入城市建设的方方面面。海绵城市建设成效显著。截至目前，已全部开工117项海绵城市建设项目，其中建筑小区28项、市政道路30项、园林绿地5项、水生态水安全7项、能力建设9项、PPP项目

38项，项目完工率达100%。完成建设145.4公顷的绿色雨水设施改造和新建93.1千米排水管网，对超过7平方千米的湿地进行生态保护。在城市水环境、水安全、水生态、水资源等方面有了显著提升，区域内26个历史积水点全部消除、10个黑臭水体完成整治。通过监测和模型模拟手段，试点区域达到国家住房和城乡建设部等三部委批复的年径流总量控制率72%、年SS总量去除率40%的目标；试点区雨水资源回用率达到4%；城市防洪达到百年一遇目标，区域内涝防治达到30年一遇标准。

池州市立足城市自身发展，充分发挥城市本底优势，坚持“块、线、点”一体化推进，将池州建成水资源持续利用、水生态体系完整、水环境质量优良、水文化底蕴深厚的海绵城市，建成现代雨水控制利用系统，并形成长效管理机制。构建了全区域、多层次、立体化的城市海绵空间，实现从“自发”向“有序”的海绵城市建设模式转变，将城市打造成长江中下游新型中小城市海绵城市新样板，对滨江港口城市（生态本底优良，水环境问题突出）具有典型示范作用。

（二）主要做法

1. 突出一条主线，推进绿色发展

池州市始终坚持生态发展理念，统筹山水林田湖草建设。将主城区清溪河水质改善作为历届政府常抓不懈的一件大事。2002年开展清溪河水环境整治项目，拆除沿岸违章建筑，建设生态景观。2009年启动三大水系贯通工程，打通城区水系，让水流动起来。2015年结合海绵城市试点建设，将清溪河水质作为海绵城市建设主要目标之一，实施源头、中端、末端系统改造，建设主城区大海绵体。提高生态系统生态产品供给能力，不断满足人民日益增长的优美生态环境需要，逐步构建“山水林田湖草”生命共同体，推动城市绿色发展。

2. 贯彻两大理念，完善建设体系

（1）坚持系统治理

坚持问题和目标导向，认真梳理池州的自然条件和面临的问题，在水安全格局保障、水污染整治、水动力增强等方面加强顶层设计。编制海绵城市专项规划和系统方案，明确控制目标、技术路径和项目定位，并以此为PPP项目打包和梳理责任关系的核心依据之一。专项规划以200平方千米城市中心区为范围，梳理山水格局，明晰城市边界与水系保护范围，确定各个流域以及试点区域主要汇水分区、排水分区的控制指标。系统方案在专项规划的基础上进一步扩展和细化，将合流制系统雨水系统、尾水回用系统和黑臭水体整治相结合，建立全生命周期的评估方法，对纯灰色、纯绿色以及灰绿结合比例进行多方案比较，同时明确近期改造和建设地块的指标。

(2) 落实海绵理念

经过三年来的建设，实现海绵城市建设项目到落实海绵城市理念的转变，综合运用“渗、滞、蓄、净、用、排”六字方针，恢复维系水生态系统。将海绵城市建设理念融入城市建设管理当中，实行全程管控，作为转变城市发展方式，推进绿色发展的重要抓手。以生态系统治理体系和治理能力现代化为目标提升生态系统健康与永续发展水平。

3. 破解三大难题，提升建管水平

(1) 破解技术难题

作为中小城市，城市建设管理人员编制、专业力量等都不足以支撑海绵城市试点项目建设，必须要通过吸纳技术咨询以及商务咨询团队来补充政府的管理能力，创新中小城市推进综合类项目的管理经验。池州市通过公开招标选择了北京建筑大学、大岳咨询有限公司、中机国际工程监理设计总院等咨询机构，通过前期介入，对项目策划、边界条件、打包范围、建设模式、市场测试、合同核心条款、绩效考核要求等重要内容进行充分论证，保障政府与 PPP 项目公司双方的权责协调；通过全程监管，对项目目标方案、初设、建设信息收集、建设效果建立政府、咨询单位 PPP 项目公司的三方确认机制；通过后期考核，拟采用第三方绩效考核，经过日常监管和目标考核相结合的方式，补充政府专业能力并不断完善 PPP 项目的科学管理与绩效考核。对重要设施及时进行科学评估和回顾，实事求是把握设施运行状态与效果，进行持续优化与动态调整。

(2) 破解资金难题

通过与社会资本合作模式，吸引社会资金参与海绵城市建设，缓解政府建设资金压力。坚持专业人做专业事，实现由政府花钱买工程向花钱买效果的转变。结合实际搭建“政府重点办＋专业 PPP 项目公司＋商业开发商”的项目实施团队，通过政府购买服务方式，选择不同运作模式排水项目采用“厂网体、存量增量一体化＋特许经营”的运作模式，水环境项目采用“DBFO＋政府购买服务”的运作模式，天堂湖项目采用“BOT＋政府购买服务”的运作模式。

(3) 破解管理难题

统筹考虑海绵城市指标落实与人民群众实际需要，将海绵城市建设与老旧小区整治、基础配套设施完善等相结合，将“海绵＋”理念贯穿工程建设全过程。试点建设期间，池州市对全市 38 个老旧小区实施海绵城市改造，涉及改造面积约 380.9 公顷。海绵城市建设过程中不仅解决小区原有排水管网和内涝积水等问题，还根据小区民意，增加停车位、居民休闲活动场地、小区照明和安防设施等，新增小区停车位 4182 个，共惠及 28048 户居民，居民受惠率超过 60%，为人民群众创造环境良好的休憩空间。

4. 健全四项机制，推进项目建设

（1）建立一套顶层设计

坚持问题导向，摸清家底，将示范区划分为6个排水分区。以城市总体规划为依托，编制了海绵城市专项规划，提出具体技术路径。加强与各专项规划衔接，配套制定城市排水防涝、园林绿地系统、水系（蓝线）湿地保护、城市用地竖向、污水排水规划等相关规划，形成规划指引体系。

（2）搭建一套管控平台

通过在线监测、定期填报、系统集成等手段，借助对全过程信息的整理和记录，逐步起到支持全生命周期管理的作用。一是提供和更正城市雨洪资产的基本信息，及时收集了解雨洪资产，包括低影响开发设施、灰色CSO调蓄设施和地下管网等设施运行状态，为后期维护管理、考核提供重要依据；二是及时发布有效管控指标，让开发商、设计单位更容易地了解自己的项目目标与导则和手册的要求；三是评估和诊断片区问题，在降雨结束后和雨季结束后，都能对雨洪系统的潜在风险点进行判断，对存在问题不断深化认识，明晰今后工作重点。

（3）形成一套标准体系

池州市先后制定了《池州市海绵城市建设项目规划设计导则（试行）》等10余项技术规范，参与编制了《安徽省海绵城市规划技术导则——低影响开发雨水系统构建（试行）》（DB34/T 5031—2015）等省级地方标准，构建了包括通用基础标准、规划设计、施工建设、验收评估、运维管理、建设管理等6个子体系组成的海绵城市建设标准体系，用于指导规范海绵城市全过程的建设管理。

（4）健全一套管控机制

池州市的海绵城市机制体系由实施推进架构、法规政策制度、管控制度落实三个部分组成。四个层级的高效推进架构保证了海绵城市的建设效率；62项法规政策制度为海绵城市合法合规实施提供了依据；通过"一书两证"、海绵专项设计审查、海绵施工图审查等规划建设审批制度的完善，促使海绵城市这一工程体系融入现有城市建设管控体系。同时，启动了海绵城市立法工作，进一步推动海绵城市建设管理规范化、法制化发展。

二、标准体系构建

根据《国务院办公厅关于推进海绵城市建设的指导意见》（国办发〔2015〕75号）、《安徽省人民政府办公厅关于加快推进海绵城市建设的通知》（皖政办秘〔2015〕228号）、《安徽省住房和城乡建设厅印发关于开展海绵城市建设的指导意见的通知》（建城〔2015〕185号）等文件的要求，认真贯彻《海绵城市建设评价标准》（GB/T 51345）、《海绵城市建设技术指南——低影响开发雨水系统构建（试行）》等标准，结合池州市海绵城市建设的实践经验，按照全面系统、层次分明、重点突出、动态优化的原则，构建池州市海绵城市建设标准体系，体系结构如图 4－5 所示。

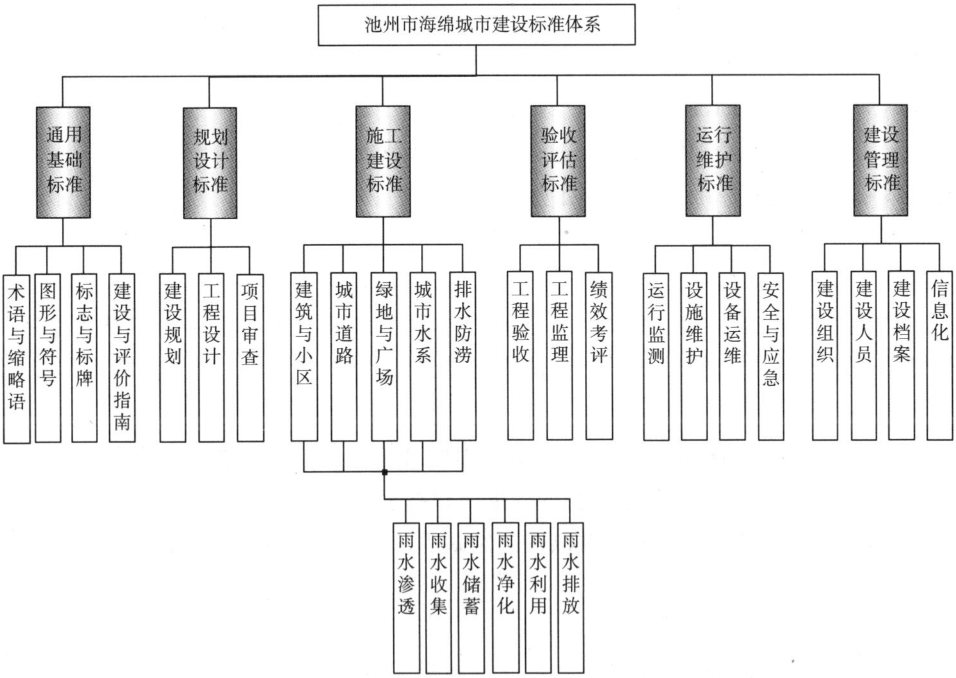

图 4－5　池州市海绵城市建设标准体系结构图

池州市海绵城市建设标准体系结构主要围绕海绵城市的建设内容为基础构建，框架主要由两个层次组成，分别为内容层和要素层，其中内容层由通用基础标准、规划设计标准、施工建设标准、验收评估标准、运行维护标准、建设管理标准等 6 个子体系组成；要素层由各子体系下若干要素组成。其中要素层的具体内容如下：

（1）通用基础标准子体系

通用基础标准是在池州市海绵城市建设范围内，对海绵城市建设直接或间接普遍适用、具有广泛指导意义的标准。该子体系包括术语与缩略语、图形与符号、标志与标牌、建设与评价指南等 4 个要素。

（2）规划设计标准子体系

规划设计标准是在海绵城市的规划设计领域内对需要协调统一的技术事项、管理事项等制定的标准。该子体系包括建设规划、工程设计、项目审查等 3 个要素。

（3）施工建设标准子体系

施工建设标准是在海绵城市的施工建设领域内对需要协调统一的技术事项、

管理事项等制定的标准。该子体系包括建筑与小区、城市道路、绿地与广场、城市水系、排水防涝等5个要素。

（4）验收评估标准子体系

验收评估标准是在海绵城市的验收评估领域内对需要协调统一的技术事项、管理事项等制定的标准。该子体系包括工程验收、工程监理、绩效考评等3个要素。

（5）运行维护标准子体系

运行维护标准是在海绵城市的运行维护领域内对需要协调统一的技术事项、管理事项等制定的标准。该子体系包括运行监测、设施维护、设备运维、安全与应急等4个要素。

（6）建设管理标准子体系

建设管理标准是在海绵城市的建设管理领域内对需要协调统一的技术事项、管理事项等制定的标准。该子体系包括建设组织、建设人员、建设档案、信息化等4个要素。

根据标准体系结构图，以及池州市海绵城市建设的实际需要，系统成套地列出所需要的全部相关标准，包括现行的标准（包括但不限于国家标准、行业标准、地方标准）、需要修订不适用的标准以及制定缺少的标准，编制形成标准明细表。

三、标准化工作开展

为引导、促进和规范池州市海绵城市建设的发展，有效保护和改善池州市城市水生态环境，探索海绵城市规划设计方法、建设方式和技术优化，控制径流污染，减轻防洪排涝压力，充分利用雨水资源，池州市坚持统一标准、分类实施，池州市先后制定了《池州市海绵城市建设项目规划设计导则（试行）》《池州市海绵城市建设运行维护导则》等10余项技术规范，参与制定了《安徽省海绵城市规划技术导则——低影响开发雨水系统构建（试行）》（DB34/T 5031—2015）和《安徽省海绵城市建设技术低影响开发雨水控制与利用工程设计标准图集》（DBJ/T 11－174）两项标准，为池州市海绵城市建设提供了标准的参照系。相关标准目录见表4－8所列。

表4－8　池州市海绵城市建设标准目录

序号	标准编号	标准名称	备注
1	DB34/T 5031—2015	安徽省海绵城市规划技术导则——低影响开发雨水系统构建（试行）	—
2	DBJ/T 11－174	安徽省海绵城市建设技术低影响开发雨水控制与利用工程设计标准图集	—

（续表）

序号	标准编号	标准名称	备注
3	—	池州市海绵城市规划设计导则（试行）	技术规范
4	—	池州市海绵城市建设——设计标准图集	技术规范
5	—	池州市排水设施维护管理技术规程	技术规范
6	—	池州市老旧小区综合整治设计导则	技术规范
7	—	池州市市政及附属设施规划设计导则	技术规范
8	—	天堂湖绿色生态示范城区指标体系及技术实施导则	技术规范
9	—	池州市海绵城市建设工程施工及验收导则	技术规范
10	—	池州市海绵城市建设运行维护导则	技术规范
11	—	池州市海绵城市建设植物配置指导手册	技术规范

四、取得成效

（一）水生态得到修复

池州市海绵城市建设的绿色设施在低于 24.2 毫米降雨总量条件下基本无溢流发生，通过全年模拟情况判断，大部分排水分区年径流总量控制率超过 75%，其中汇景片区达到 78%，老城区达到 70%，南湖片区达到 92%，观湖片区达到 80%，赵圩片区达到 75%，均比设计目标有所提升。即便老城区在无法达到 75%年径流总量控制率的条件下，根据池州市雨水径流监测结合与 EMC 计算综合分析，控制 10 毫米降雨可截流（以 COD 为例）屋面 30.18%、广场 38.54%、小区道路 77.29%、市政道路 79.82%的污染量，池州总体控制 10 毫米至 22.6 毫米降雨深度年径流总量控制率（年径流总量控制率 50%～70%），即可达到截流 50%～80%污染负荷的效果。修缮、修复和改造生态岸线 9575 米，占试点区内岸线总长度的 20.2%，将已改造岸线长度比例从 50%提升至 70.2%，试点区内河道生态岸线的总长度为 33.4 千米。

（二）水安全得到保障

1. 中小降雨下常规排水能力得到提升

池州市汛期一年分为两期，3—4 月，清溪河尚能重力流排水入长江，局部低洼处积水是这期间内涝的主要风险所在。自 2015 年以来池州市已完成 434 千米管线清理，累计清疏检查井 4535 座、雨水口 37693 座，基本完善并实现城区内每小时 53.7 毫米强度下（三年一遇）积水不超过 2 小时。2015 年以来，池州市完成26个积涝点整治。经过2016年和2017年汛期超过600毫米降雨检验，均未发生超过2小时的内涝现象。

2. 极端暴雨气候下城市防洪能力得到提升

6—8月，池州进入主汛期，长江水位高于清溪河水位，清溪河流域变更为强排区域。建设海绵城市后，扩容清溪泵站，新建平天湖二站、观湖站、杏村泵站、清溪三站，抽排能力提升至每秒66.02立方米，排涝能力增加63.8%，并通过二院水塘、观湖、赵圩、百荷公园、南湖等超过120公顷的城市水体综合调蓄，调蓄容积增大47.5万平方米，实现最大降雨强度每小时100毫米情况下，日降雨量272毫米以内不产生内涝积水点，达到内涝防治30年一遇的目标和50年一遇防洪标准。

（三）水环境明显改善

随着清溪河截污干管和2.2万立方米CSO调蓄池的建成，经过一系列绿色和灰色措施的共同作用，清溪污水处理厂进水COD浓度明显提高；合流制溢流调蓄池在5月18日、5月25日两场超过35毫米降雨中未发生溢流。基于30年的数可据模拟，合流制溢流调蓄池平均溢流次数从110次/年减少到平均12.7次/年，溢流总量减少83%。其中一号调蓄池所在排水分区溢流频次降低80%，溢流总量减少86%，二号调蓄池所在排水分区溢流频次降低84%，溢流总量减少87%，三号调蓄池所在排水分区溢流频次降低86%，溢流总量减少92%。从2018年3个月连续水质监测数据来看，清溪河旱天、雨天水质总体优于四类水标准，南湖、观湖赵圩、二院水塘等10处水体消除黑臭，整治初见成效，水环境容量逐步恢复。以观湖为例，建设循环湿地1.2万立方米，清理淤积17.23万立方米，通过源头改造减排污染物60%，水质监测6处断面，水质均达标。

（四）水资源有效利用

池州市年利用雨水总量约为11.2万立方米，雨水资源回用率达到4%，海绵城市建设过程中，根据各个项目改造空间、回用需求、后期管理等进行综合分析，确定雨水收集回用的项目14个，主要分为以下几类回用方式：

（1）公建与学校浇灌用水，总体利用量0.4万立方米，占总回用比例3.6%。

（2）九华山大道、1号调蓄池等市政设施，主要通过设置取水口用于园林绿化养护，总体利用量达到7.4万立方米，占比66.1%。

（3）小区水体用雨水作为景观用水，总体利用量达到0.7万立方米，占比6.3%。

（4）南湖雨水塘收集雨水经过湿地净化处理后用于南湖水体生态补水，总体利用量达到2.7万立方米，占比24%。污水处理厂尾水8万立方米/天经湿地净化后进入中心沟，5万立方米/天进入平天湖排涝沟，3万立方米/天进入秋浦东路沟。通过尾水湿地实现100%的污水资源的再利用，每年减少近3000吨污水处理厂尾水直排长江，有效保护了长江生态系统。

（五）人水城和谐共生

试点建设期间，池州市对全市38个老旧小区实施海绵城市改造，涉及改造面积380.9公顷。海绵城市建设过程中不仅解决小区原有排水管网和内涝积水等问题，还根据小区民意调查中的意见，增加停车位、居民休闲活动场地、小区照明、安防设施等，共惠及28018户居民，居民受惠率超过6%，新增小区停车位4182个。同时对城区内5个公园绿地和2个广场进行改造，共计192.6公顷，为人民群众创造了环境良好的休憩空间。池州市政府在海绵城市建设期间共收到人民表扬信上百件。

附　　录

附录一

关于印发国家新型城镇化综合试点方案的通知

发改规划〔2014〕2960号

各省、自治区、直辖市及计划单列市人民政府，新疆生产建设兵团：

为贯彻落实《国家新型城镇化规划（2014—2020年）》（中发〔2014〕4号）、《关于落实中央经济工作会议和中央城镇化工作会议主要任务的分工方案》（中办发〔2014〕7号），按照国家发展改革委等11部门《关于开展国家新型城镇化综合试点工作的通知》（发改规划〔2014〕1229号）的有关要求，经部门联审和专家评审，同意将江苏、安徽两省和宁波等62个城市（镇）列为国家新型城镇化综合试点地区。现将《国家新型城镇化综合试点方案》印发你们，请据此组织开展试点工作。

附件：国家新型城镇化综合试点方案

国家发展改革委　中央编办　公安部
民政部　财政部　人力资源社会保障部
住房城乡建设部　农业部　人民银行
银监会　国家标准委
2014年12月29日

附件

国家新型城镇化综合试点方案

国家新型城镇化综合试点总体实施方案

根据《国家新型城镇化规划（2014—2020年）》（中发〔2014〕4号）、《关于落实中央经济工作会议和中央城镇化工作会议主要任务的分工方案》（中办发〔2014〕7号）的要求，国家发展改革委、中央编办、公安部、民政部、财政部、人力资源社会保障部、国土资源部、住房城乡建设部、农业部、人民银行、银监会等11个部门联合印发了《关于开展国家新型城镇化综合试点工作的通知》（发改规划〔2014〕1229号），各省（区、市）、计划单列市人民政府组织开展了试点申报工作。发展改革委会同上述部门和有关专家对申报地区的试点工作方案进行了综合评审，将江苏、安徽两省和宁波等62个城市（镇）列为国家新型城镇化综合试点地区，原则同意各试点地区报送的试点工作方案。为扎实有效推进试点工作，制定本实施方案。

一、指导思想和基本原则

（一）指导思想

全面贯彻落实党的十八大，十八届三中、四中全会和中央城镇化工作会议精神，以人的城镇化为核心，以提升质量为关键，紧紧围绕需要深入研究解决的重点难点问题，充分发挥改革试点的先遣队作用，大胆探索、试点先行，寻找规律、凝聚共识，为全国提供可复制、可推广的经验和模式。

（二）基本原则

坚持制度创新、试点先行。着力破除现行体制机制的束缚阻碍，探索形成推进新型城镇化的新体制新机制，使市场在资源配置中起决定性作用和更好发挥政府作用。

坚持中央统筹、地方为主。中央政府统筹试点内容，赋予试点地区先行先试政策，试点地区按照试点要求，充分发挥主动性和创造性，探索出体制改革和机制创新的路径。

坚持综合推进、重点突破。试点地区既要统筹兼顾重点试点任务，又要从本地实际出发，选择本地区亟需突破的发展和改革瓶颈，通过综合和分类改革的结合，率先试验，强力推进，务求实效。

坚持定期评估、总结推广。实行改革试点进展情况年度评估报告制度，总结试点经验，完善试点内容，以点带面，梯次推进，逐步扩大试点范围，及时推广试点成功经验。

二、试点范围和时间

（一）试点地区。综合考虑申报地区的工作基础和试点工作方案，兼顾不同区域、不同类型和不同层级城市（镇），确定在江苏、安徽两省和宁波等62个城市（镇）开展试点。

（二）试点时间。2014年底前开始试点，并根据情况不断完善方案，到2017年各试点任务取得阶段性成果，形成可复制、可推广的经验；2018—2020年，逐步在全国范围内推广试点地区的成功经验。

三、试点主要任务

（一）建立农业转移人口市民化成本分担机制。按照户籍制度改革要求调整户口迁移政策，出台具体可操作的农业转移人口和其他常住人口落户标准，并向社会公布。建立居住证制度，以居住证为载体建立健全与居住年限等条件相挂钩的基本公共服务提供机制。建立健全由政府、企业、个人共同参与的农业转移人口市民化成本分担机制，根据农业转移人口市民化成本分类，明确成本承担主体和支出责任。按照事权与支出责任相适应的原则，合理确定各级政府在教育、基本医疗、社会保障等公共服务方面的事权，建立健全城镇基本公共服务支出分担机制。

（二）建立多元化可持续的城镇化投融资机制。把地方政府债务纳入全口径预算管理，编制公开透明的城市政府资产负债表，建立健全地方政府债券发行管理制度，允许地方政府通过发债等多种方式拓宽城市建设融资渠道。依据城市规划编制城市基础设施建设规划和融资规划，针对不同项目性质设计差别化融资模式与偿债机制。理顺市政公用产品和服务价格形成机制，放宽准入，完善监管，制定企业通过政府和社会资本合作（PPP）等模式进入特许经营领域的办法，鼓励社会资本参与城市公用设施投资运营。

（三）改革完善农村宅基地制度。具体试点工作按中央批准的农村宅基地制度改革试点方案实施。

（四）探索建立行政管理创新和行政成本降低的新型管理模式。按照城市设置与简化行政机构联动原则，在符合行政区划合理调整的前提下，选择部分有条件的地方进行撤镇设市设区试点，优化行政层级和行政区划设置，积极借鉴经济发达镇行政体制改革试点的经验，探索更加精干、高效的组织构架和行政体制。推进扩权强镇改革，促进这些镇更好地吸纳人口、增强经济实力，实现经济社会更好更快发展，充分发挥其在新型城镇化建设中的示范带动作用。

（五）综合推进体制机制改革创新。鼓励试点地区从推进新型城镇化实际出发，在城乡发展一体化体制机制、城乡规划编制和管理体制机制、农业现代化体制机制、城市“多规融合”制度、城市生态文明制度、城市社会治理体系，以及新型城镇化标准体系建设和创新城市、智慧城市、低碳城市、人文城市建设等方面开展形式多样、富有特色的改革探索。

四、配套政策

加强部门间政策协同配合，推动新型城镇化相关政策和改革举措率先在试点地区落地。

完善转移支付办法，建立财政转移支付同农业转移人口市民化挂钩机制，中央和省级财政安排转移支付时要考虑常住人口因素。

省级政府举债使用方向要向试点地区倾斜。国家开发银行发挥金融支持作用，运用信贷等多种手段积极支持城市基础设施、棚户区改造等工程建设。鼓励公共基金、保险资金等参与自身具有稳定收益的城市基础设施项目建设和运营。

农民工职业技能培训、城镇保障性住房建设、市政基础设施改造、产业发展和承接产业转移等相关政策，适度向试点地区倾斜。对具备条件的行政区划调整事项，按法定程序报国务院审批。

五、组织实施

（一）组织保障。国家发展改革委依托推进新型城镇化工作部际联席会议制度，会同中央编办、公安部、民政部、财政部、人力资源社会保障部、住房城乡建设部、农业部、人民银行、银监会、标准委等共同推进试点工作，统筹研究重大问题，协调重大政策，指导各地试点实践。

各试点地区党政主要领导要高度重视，依据批复的试点工作方案要点完善试点方案，健全试点工作机制，成立由主要领导任组长的试点工作领导小组，统一领导、统筹推进试点工作。

（二）监测评估。国家发展改革委要加强对试点工作的跟踪监督，开展年度评估考核，建立试点动态淘汰机制。各试点地区要及时总结试点经验，确保完成国家新型城镇化综合试点的任务和目标。

国家新型城镇化综合试点地区名单

省：江苏省、安徽省

计划单列市：宁波市、大连市、青岛市

省会城市：河北省石家庄市、吉林省长春市、黑龙江省哈尔滨市、湖北省武汉市、湖南省长沙市、广东省广州市、重庆市主城九区

地级市（区、县）：北京市通州区、天津市蓟县、吉林省吉林市、黑龙江省齐齐哈尔市、黑龙江省牡丹江市、上海市金山区、浙江省嘉兴市、福建省莆田市、江西省鹰潭市、山东省威海市、山东省德州市、河南省洛阳市、湖北省孝感市、湖南省株洲市、广东省东莞市、广东省惠州市、深圳市（光明新区）、广西壮族自治区柳州市、广西壮族自治区来宾市、四川省泸州市、贵州省安顺市、云南省曲靖市、甘肃省金昌市、青海省海东市、宁夏回族自治区固原市

县级市（区、县）：河北省定州市、河北省张北县、山西省介休市、内蒙古自治区扎兰屯市、辽宁省海城市、吉林省延吉市、浙江省义乌市、福建省晋江市、江西省樟树市、山东省郓城县、河南省禹州市、河南省新郑市、河南省兰考县、湖北省仙桃市、湖北省宜城市、湖南省资兴市、海南省儋州市、四川省阆中市、贵州省都匀市、云南省大理市、西藏自治区日喀则市桑珠孜区、陕西省高陵县、青海省格尔木市、新疆维吾尔自治区伊宁市、新疆维吾尔自治区阿拉尔市

建制镇：浙江省苍南县龙港镇、吉林省安图县二道白河镇

试点地区试点工作方案要点

一、省

1. 安徽省国家新型城镇化综合试点工作方案要点
2. 其他试点省试点工作方案要点（略）

二、计划单列市

1. 宁波市国家新型城镇化综合试点工作方案要点
2. 其他试点计划单列市试点工作方案要点（略）

三、省会城市

1. 石家庄市试点工作方案要点
2. 其他试点省会城市试点工作方案要点（略）

四、地级市（区、县）

1. 北京市通州区试点工作方案要点
2. 其他试点地级市（区、县）试点工作方案要点（略）

五、县级市（区、县）

1. 河北省定州市试点工作方案要点
2. 其他试点县级市（区、县）试点工作方案要点（略）

六、建制镇

1. 浙江省苍南县龙港镇试点工作方案要点
2. 其他试点建制镇试点工作方案要点（略）

安徽省国家新型城镇化综合试点工作方案要点

安徽省2013年常住人口6030万人，常住人口城镇化率47.9%，户籍人口城镇化率22.9%。异地城镇化和就地城镇化特色较为鲜明。

一、开展国家新型城镇化综合试点的总体目标

以人的城镇化为核心，以提升质量为关键，推进农业转移人口市民化，促进城乡统筹发展和产城融合发展，增强要素保障能力，探索形成有利于新型城镇化健康发展的制度体系。到2017年，常住人口城镇化率达到54%，户籍人口城镇化率达到30%左右；到2020年，常住人口城镇化率达到58%，户籍人口城镇化率力争达到35%。

——农业转移人口市民化促进机制初步建立。到2017年，农业转移人口落户城镇、基本公共服务等方面体制机制基本建立。到2020年，基本建成全覆盖、保基本、多层次、可持续的基本公共服务体系。

——加快投融资机制改革，拓宽融资渠道，创新市场化融资模式，基本建立

多元化可持续的城镇化资金保障机制。城镇基础设施水平显著提升。

——规划编制实施法制化进程加快，跨区域城市发展协调机制初步确立，到2020年，基本实现全省经济社会发展规划、土地利用规划、城乡规划“三规合一”全覆盖。

——城镇建设水平显著提高，绿色城市、智慧城市、人文城市建设进程加快，开发区产城一体化稳步发展，美丽乡村建设实现全覆盖，城乡关系更加和谐。

——行政层级和行政区划设置进一步优化，行政成本降低，社区管理新体制初步建立，同人口经济规模相适应的市镇设置标准得到初步规范。

二、开展国家新型城镇化综合试点的主要任务

（一）探索建立农业转移人口市民化推进机制

1. 推动户籍制度改革。制定差别化的户口迁移政策，引导人口从皖北向皖江等重点开发区域城市集聚；全面推进辖区城乡户籍一元化管理改革，制定城乡统一的配套政策；全面实行居住证制度，拓宽居住证的服务保障功能。

2. 加强劳动就业培训。采取政府购买服务方式，扩大培训覆盖面；扎实推进“春潮行动”、“阳光工程”等技能提升计划；加快企业培训法制化进程；农民工获得职业资格证书或专项职业能力证书的，政府按现有规定给予补贴。

3. 完善住房供应体系。认真落实廉租住房、公共租赁住房并轨运行政策，引导社会资本参与棚户区改造。

4. 增强教育保障。采取“定点学校接收、相对就近入学”的办法，确保进城务工人员随迁子女零障碍入学，对随迁子女拨付与城市学生同等标准的生均综合经费。

5. 提供医疗卫生保障。在现有统筹层次基础上，分步推进城镇居民医保与新农合整合；引入商业保险承办城乡居民大病保险事务；探索建立跨省医保费用及时结算机制。

6. 健全养老服务体系。实施统一的城乡居民基本养老保险制度，推动农村居民养老保险规范接入城镇居民养老保险体系；研究确定合理的省以下各级财政投入责任分担机制；鼓励将符合条件的被征地农民纳入城镇职工养老保险。

7. 建立农业转移人口市民化成本分担机制。政府承担教育等基本公共成本，并建立与常住人口规模挂钩机制；完善财政转移支付制度，建立省以下转移支付同农业转移人口市民化挂钩机制；企业依法承担部分成本；农民工承担参加城镇养老和医疗等社会保险、住房公积金以及就业培训成本中的个人支出部分。

（二）建立多元化可持续城镇化投融资机制

1. 发挥金融机构重要作用。加强与国家开发银行等金融机构合作，探索棚户区改造和开发区产城一体化融资新模式。

2. 健全地方债券发行管理制度。编制公开透明的城市政府资产负债表；建立政府债务风险预警管控机制和政府债务的风险偿债基金；争取省级政府发行地方政府专项债券的举债融资权限。

3. 创新市场化融资模式。建立政府引导、市场决定的市政公用产品和服务价格形成机制，制定企业通过 PPP 等模式进入特许经营领域的办法。

（三）创新城镇规划体制机制

1. 强化规划引导作用。推进经济社会发展规划、城乡规划、土地利用规划等“三规合一”；推进县城近期发展地区控制性详细规划全覆盖。

2. 建立和完善跨区域城市发展协调机制。积极参与长三角城市群规划建设；加快推进皖江城市带、合肥经济圈、皖北城市群建设；探索建立城市群和城市组团发展协调机制。

3. 建立健全新型城镇化标准体系。加快与新型城镇化发展相配套的规划、建设、管理与评价等标准的制修订，强化标准实施与监督，探索建立可复制可推广的标准化模式。

（四）提高城镇建设水平

1. 推进绿色城市建设。加强城市环境综合整治；开展“三线三边”治理；创建绿色低碳城市；建立生态环境损害责任终身追究制。

2. 推进智慧城市建设。推进“宽带安徽”建设，实现城市无线移动宽带和主要公共场所无线局域网服务全覆盖。

3. 推进人文城市建设。保护历史文化遗产，传承优秀传统文化，创造体现徽风皖韵的城市精品。

4. 推动开发区产城一体化试点。优化开发区各类规划，科学定位园区主导产业，提高项目容积率、工业用地投资强度和亩均税收额度，建立开发区与城镇一体化布局和联动发展机制。

5. 深入推进美丽乡村试点省建设。推进村庄建设、环境整治、兴业富民、土地整治、管理创新工程，培育中心村、整治自然村、提升特色村，加快农村新型社区建设。

（五）建立行政管理创新和行政成本降低的新型城市行政管理模式

1. 有序推进行政区划调整。适时适度调整行政区划，优化区域中心城市布局，推进县改市、改区，扩大市区和县城关镇及重点建制镇管辖范围。探索建立行政管理创新和行政成本降低的新型城市行政管理模式。推广经济发达镇行政体制改革试点经验，赋予吸纳人口多、经济实力强的镇同人口和经济规模相适应的管理权。

2. 探索社区管理新体制。探索区直接管理与服务社区体制；推进社会服务管理信息化，形成居民生活全方位服务、生命周期终身服务和社会治理全程服务一体化。

三、保障措施

（一）加强组织领导。成立推进国家新型城镇化试点省建设领导小组，下设日常办事机构，具体负责综合试点日常组织协调和推进工作。省直各部门制定本部门具体方案，加强对试点地区的指导和支持。

（二）分类有序推进。省政府对全省试点工作进行统筹安排，省直有关部门积极争取对口部门支持政策，并予以细化。按照典型性和可行性原则，选择若干市县开展综合试点和专项试点。

（三）积极宣传引导。广泛宣传新型城镇化试点的重大意义、目标任务和政策措施，及时推广工作中的好做法、好经验。

宁波市国家新型城镇化综合试点工作方案要点

宁波市是东部沿海城市和计划单列市，具有经济基础较为扎实、城乡区域差距较小、城镇化水平总体较高的特点，以及市外农业转移人口比重较高、城市可持续发展压力较大等典型特征。2013 年全市常住人口 766.3 万人，户籍人口 580.1 万人，常住人口城镇化率 69.8%，户籍人口城镇化率 36.9%。城乡居民收入比为 2.03∶1。

一、开展国家新型城镇化综合试点的总体目标

结合宁波实际，以人的城镇化为核心，以转方式提质量为主线，以改革创新精神积极探索新型城镇化发展新模式、新路径、新机制，为全国提供可复制、可推广的经验和模式。到 2017 年，常住人口城镇化率达到 72.2%，户籍人口城镇化率达到 40.5%；到 2020 年，常住人口城镇化率达到 73.9%，户籍人口城镇化率达到 43%。

——农业转移人口市民化机制基本成型，外来务工人员社保覆盖率达到 80%以上。

——多元化可持续投融资机制初步形成，城镇化建设总投入中的社会资本比

重明显提高，各项债务风险指标控制在预警线之内。

——城乡一体化发展机制更为健全，规划建设、公共服务、社会治理等二元体制基本破除，城乡居民人均收入比保持在2∶1以内，农业适度规模经营率提高到70%。

——“多规融合”规划管理机制基本建立，全市规划管理初步实现“一盘棋”，初步形成衔接顺畅、管控有力的规划协调管理机制。

二、开展国家新型城镇化综合试点的主要任务

（一）建立农业转移人口市民化成本分担机制

1. 制定农业转移人口落户标准。制定实施宁波户籍制度改革操作细则，对中心城区以外地区全面放开落户限制，对中心城区范围实施《宁波市外来务工人员积分落户暂行办法（修订）》，统一户籍管理制度。

2. 完善居住证积分制管理制度。建立共建共享的人口信息系统，制定实施《宁波市居住证制度改革和积分制公共服务指导意见》，健全居住证登记、管理和积分制度，建立积分评价体系和与之挂钩的公共服务供给制度。

3. 健全市民化总成本分担机制。编制年度农业转移人口市民化成本报告，测算市民化总成本，明确政府、企业和个人支出责任，合理划定省、市、县政府分担比例，建立一般和专项相结合的市对下财政转移支付方式。

4. 探索土地指标安排挂钩政策。测算公共服务设施人均用地，探索实行省域内跨区域的耕地占补平衡指标统筹机制。

（二）建立多元化可持续的城镇化投融资机制

1. 提高市级城镇投融资统筹能力。编制投融资中长期规划和三年行动计划，建立全市投融资统筹决策和要素平衡机制。

2. 争取省级发债资金向本市倾斜。编制完整的政府资产负债表和第三方机构信用评级报告。实施政府债务全口径预算管理，健全债务偿还机制。

3. 引导社会资本参与城镇化建设。编制《民间资本进入城镇化重点项目引导目录》，明确合作方式、回报预期和运营模式。制定实施《宁波城镇基础设施特许经营管理办法》，创新投融资模式。设立城市发展基金，引入金融机构和战略投资者。

4. 鼓励金融机构加大支持力度。争取国家开发银行加大金融支持力度，鼓励金融机构针对城镇基础设施、农业现代化、小微企业集聚区建设和现代服务业发展，创新金融产品。

5. 深化国资国企改革。推进国有企业“瘦身强体”，探索设立国有资本投资运营公司。

（三）建立城乡发展一体化的长效机制

1. 完善土地承包经营制度。根据国家有关政策和法律法规，结合实际制定实施引导土地有序流转的政策意见，制定土地承包经营权抵押、担保办法和配套资产处置机制，探索农民自愿退出承包地的利益补偿机制。

2. 深化集体产权制度改革。深化农村集体资产股份合作制改革，建立集体资产托管中心。

3. 建立产权流转交易市场。开展城乡统一的土地、房屋产权登记，建立县乡两级产权交易平台，制定交易规则和监管办法。

4. 深化卫星城和中心镇改革。深化简政放权，创新管理模式，探索“小政府、大服务、低成本、高效能”的设市模式。

（四）建立“多规融合”规划协调管理机制

1. 完善规划融合机制。制定“多规融合”方案，明确规划融合路径。健全城乡规划、土地利用规划管理体制。

2. 健全空间规划体系。强化主体功能区基础约束功能，搭建规划统筹衔接平台，依法依规修改修编城市总体规划和土地利用规划，推进乡镇“两规合一”试点。

3. 加强规划衔接协调。梳理规划“权力清单”，出台健全空间规划体系的指导意见，强化区域村庄布局规划和村庄建设规划管理。

4. 建立衔接共享平台。制定“多规融合”规划编制规程和技术规范，搭建规划共享信息平台，完善运行管理机制。

（五）建立健全新型城镇化标准体系

加快与新型城镇化发展相配套的规划、建设、管理与评价等标准的制修订，强化标准实施与监督，探索建立可复制可推广的标准化模式。

三、保障措施

（一）加强组织领导。组建以市委市政府主要领导为组长的试点推进工作领导小组，研究部署重大试点事项，下设办公室负责协调推进具体工作。

（二）制定专项方案。根据总体目标，针对四个方面重点任务，制定专项行动方案，明确各项改革任务的详细路线图、时间表和责任部门，强化工作落实。

（三）定期督查评估。把试点任务纳入政府年度考核内容，定期进行督促检查和绩效评估，及时总结推广好的经验和做法，重要问题及时沟通解决或对上请示报告。

（四）营造良好氛围。广泛宣传试点的重大意义、目标任务和政策措施，及时总结推广好做法、好经验，为新型城镇化试点工作营造良好氛围。

石家庄市国家新型城镇化综合试点工作方案要点

石家庄市是河北省省会和京津冀城市群南部中心城市，2013年常住人口1050万人，常住人口城镇化率54.96%，户籍人口城镇化率41.47%。

一、开展国家新型城镇化综合试点的总体目标

以“转型升级、跨越赶超、绿色崛起，建设幸福石家庄”为总体目标，在提高城镇化发展水平的同时，更加注重城镇化发展的质量，加强产城融合支撑力度，增强持续承载能力，不断改善城市环境，城乡生态协调发展。到2017年，常住人口城镇化率达到60%，户籍人口城镇化率达到48%；到2020年，常住人口城镇化率达到63%，户籍人口城镇化率达到52%。

——基本形成合理的农业转移人口市民化成本分担机制。逐步形成“政府为主、企业为辅、个人参与”的成本分担机制，强化转移成本承担能力，统筹推进户籍制度改革创新和基本公共服务均等化，公共服务水平大幅提升。到2017年末，随迁子女接受义务教育比例达99%，农业转移人口免费接受基本职业技能培训覆盖率达60%，城镇常住人口基本养老保险覆盖率达100%，城镇常住人口基本医疗保险覆盖率达100%。到2020年，累计解决约50万存量外来务工人员市民化。

——基本形成多元化可持续的城镇化投融资机制。严控地方债务风险；加强政策性资金的引导作用，吸引社会资本参与石家庄市新型城镇化建设，大力发掘PPP等模式，为新型城镇化进程的推进提供有力的资金保障，提高城镇化的承载能力，市政基础设施和资源环境逐步改善。到2017年末，百万以上人口城市公共交通占机动化出行比例达55%，城镇公共供水普及率达100%，城市污水处理率达96%，城市生活垃圾无害化处理率达90%，城市家庭宽带接入能力达20Mbps，城市社区综合服务设施覆盖率达100%，人均建设用地为95平方米，城市空气PM2.5指数较2012年下降33%。

——基本形成优化的行政区划和创新的行政管理。破解中心城区辐射带动能力弱的瓶颈；建立市域综合管理体系和县改市城市“一级政府、三级管理”体系，提高行政效能，降低行政成本。

——与其他试点和机制的有机结合。在开展以上重点领域改革探索基础上，石家庄市将把目前正在开展和创建的一批与新型城镇化建设相关的试点和示范与新型城镇化综合试点工作有机结合，以新型城镇化总揽全局，推动城市绿色发

展，提高智能化水平，全面提升城市内在品质，实现融合共建。

二、开展国家新型城镇化综合试点的主要任务

（一）建立农业转移人口市民化成本分担机制

健全户籍管理制度，适度控制落户规模，创新阶梯式公共服务与居住年限挂钩办法。完善基本公共服务，保障随迁子女接受义务教育权利，加大职业培训力度，扩大社会保障覆盖面，扩宽住房渠道，健全农业转移人口社会融入机制。建立农业转移人口市民化成本分担机制，合理确定政府、企业、个人三者成本分担比例。

（二）建立多元化可持续的投融资机制

建立多元化资金保障渠道，争取省级发债资金向本市倾斜；大力发掘 PPP 模式，理顺市政公共产品和服务价格的形成机制；积极争取、吸引社会资本参与城市公共设施建设运营，包括探索设立新型城镇化建设产业基金。扩大小微企业融资贷款，助力新型产业发展。

（三）优化行政区划和创新行政管理

优化市辖区规模和结构，从市级层面优化周边县域产业、人口和基础设施布局和职能分工，形成高度社会经济一体化、具备核心竞争力的全新都市区，加强主城区的辐射带动能力。在具备条件的地区探索推进撤县改市，试点推行“一级政府、三级管理”的创新行政管理机制。健全城市综合管理机制，设立城市综合管理小组，提高行政效能。

（四）综合推进体制机制改革创新

石家庄市将重点推进京津冀协同发展、城市“三规合一”、生态文明建设、节能减排示范城市、创新城市试点、信息惠民国家试点城市、智慧城市试点等方面与新型城镇化建设有机结合。将生态理念全面融入城市发展，加大节能减排力度，构建绿色生产、生活方式和消费模式，统筹城市发展的物质资源、信息资源和智力资源利用，推动新一代信息技术创新应用，实现与城市经济社会发展深度融合。

三、保障措施

（一）加强组织领导。成立石家庄市创建国家新型城镇化综合试点领导小组，由市委书记和市长任组长，进行统一领导、统一组织、统一协调和统一实施。

（二）加强目标考核。将目标工作和重点任务分解，形成分级负责的工作落实格局。制定考核相关的规章制度，建立协调落实推进机制和责任目标考核机制，将考核结果纳入领导干部绩效考核体系。

（三）加强配套政策支持。建立完善相关政策法规，研究出台户籍制度管理、随迁子女就学、投融资、农村宅基地管理等政策文件，形成完备的政策支撑体系。

北京市通州区国家新型城镇化综合试点工作方案要点

通州区是北京城市副中心，全域面积906平方公里。2013年常住人口132.6万人，户籍人口68万人，常住人口城镇化率63.7%，户籍人口城镇化率53.9%。

一、开展国家新型城镇化综合试点的总体目标

以人的城镇化为核心，以提升质量为关键，以改革创新的精神探索与新型城镇化发展相适应的新体制和新机制。到2017年，常住人口城镇化率达到66%，户籍人口城镇化率达到60.5%；到2020年，常住人口城镇化率达到68%，户籍人口城镇化率达到64.2%。

推进农业转移人口市民化，到2017年实现9万外来常住人口和本区农民市民化，享受与城镇居民同等的基本公共服务，转移人口市民化成本分担机制基本构建并运转良好。试点区70%以上的工业大院实现集中集约利用，初步建立适应新型城镇化的投融资体制和集体建设用地管理制度。到2020年，初步建成以基本公共服务均等化、集体建设用地统筹利用、跨区域生态合作共建和城镇化融合发展为特征的国家新型城镇化试点区。

二、开展国家新型城镇化综合试点的主要任务

从北京城市副中心建设和城镇化发展的需求出发，重点推进外来常住人口和本区农民市民化。以农业转移人口市民化为中心任务，以创新投融资体制、统筹利用集体建设用地、综合推进体制机制创新为支撑，全力推进试点工作。根据不同人群分别建立成本分担机制。

（一）建立农业转移人口市民化成本分担机制

1. 加快户籍制度改革。一是推进积分落户政策，制定通州区积分落户试行管理办法。面向通州副中心建设，统筹考虑城市运营管理保障及产业发展方向，以具有合法稳定就业和合法稳定住所（含租赁）、参加城镇社会保险年限、连续居住年限等为主要指标，合理设置积分分值，达到一定分值的可以申请落户，为北京及国内其他特大城市户籍制度改革提供经验。二是强化居住证积分与公共服务待遇挂钩。

2. 建立农业转移人口市民化成本分担机制。一是外来常住人口市民化成本。主要针对未参加基本养老保险、未享受教育等基本公共服务的外来常住人口提供与城镇居民同等化的基本公共服务。按照统筹推进、分步实施的原则，试点期内拟推进6万外来人口市民化。政府承担由于外来人口市民化带来的教育、医疗、保障性住房等公共服务资源的扩容以及基础设施新建和改扩建等方面的支出。企业负担社会保险、职业培训等成本。个人承担社会保险、保障性住房租金等成本。经初步测算，外来常住人口市民化成本约为10万元/人。二是本区农业转移人口市民化成本，在全区范围内，选择典型乡镇，试点期内解决3万农村剩余劳动力的农转居问题。通州区政府主要承担交通、市政设施、义务教育、医疗等设施建设费用以及就业培训支出等。企业或村集体承担农转居人口的社会保险、就业补助费用等成本。个人承担医疗保险、养老保险、子女教育、就业技能培训等资金。经初步测算，本区农业人口市民化成本约为25万元/人。

（二）建立多元化可持续的城镇化投融资体制

1. 设立城镇化政府引导基金。设立规模为200亿元的通州新型城镇化政府引导基金，政府出资20%，其余资金通过市场机制解决。

2. 探索利用PPP等模式支持城镇化建设。鼓励社会资本以PPP等方式参与基础设施及社会公共服务设施建设，放宽准入，完善监管。

3. 探索金融机构支持城镇化建设的新模式。鼓励金融机构为通州基础设施建设提供合理贷款支持。

（三）综合推进体制机制改革创新

创新城乡一体化发展，推动工业大院与城镇土地同地同权，统筹利用工业大院等农村集体建设用地，发展集体经济，产业收益可用于市民化成本支出、新农村社区建设和维护、股权分红等，探索统筹利用集体建设用地和提供外来人口住房保障、本地农民市民化成本分担的联动发展机制。建立健全新型城镇化标准体系，加快与新型城镇化发展相配套的规划、建设、管理与评价等标准的制修订，强化标准实施与监督，探索建立可复制可推广的标准化模式。

三、保障措施

（一）加强组织领导。成立由通州区党政主要领导任组长的国家新型城镇化综合试点工作领导小组，下设户籍管理改革组、金融创新组、集体土地管理改革组、产业发展组、基础设施组、公共服务组等，负责具体落实工作。

（二）落实责任部门。根据试点目标，制定年度实施计划，明确年度工作任务，落实到具体单位。

（三）强化监督考核。加强对试点工作的督促检查，将试点工作推行成效纳入主管领导绩效考核体系，完善奖惩机制。

（四）加强宣传报道。强化宣传意识，加大宣传力度，为新型城镇化的改革发展提供强大的舆论支持、思想保证和精神动力。

河北省定州市国家新型城镇化综合试点工作方案要点

定州市是京津冀重要的交通枢纽城市，面积1283平方公里。2013年全市总人口130万人，常住人口34.5万人，常住人口城镇化率41.6%，户籍人口城镇化率31.2%。

一、开展国家新型城镇化综合试点的总体目标

统筹规划、整体推进城镇化试点工作，在重点领域取得突破。完善农业转移人口成本分担机制。建成管理职能完善、发展方式科学、生态环境优化、城镇功能完善、社会保障有力、城乡一体化的新型城镇化体系。到2017年，常住人口城镇化率达到47.6%，户籍人口城镇化率达到38.8%；到2020年，常住人口城镇化率达到56.1%，户籍人口城镇化率达到48.9%。

二、开展国家新型城镇化综合试点的主要任务

（一）建立农业转移人口成本分担机制

坚持同城同待遇，放宽城镇落户限制；改革居住证制度，享有与本地户籍人口同等的就业、社保、教育、卫生等权利；完善医保体系，2017年实现城乡居民医保政策统一，2020年实现城乡居民医保政策、信息系统、基金管理、经办流程统一；推行社会保障“一卡通”全覆盖，探索完善进城落户农民养老保险政策；实施城乡统筹创业就业政策；推动城乡教育服务均等化，进城务工子女与城镇学生同等待遇。

（二）建立多元化投融资机制

2014年底前完成城建、土地收储、开发区三大平台建设与完善，2015年底前基本建立起适应新型城镇化建设发展需要的投融资体制机制；鼓励民间资本跨地区、跨行业参与市政公用设施投资、建设和运营；制定实施金融支持政策，支持投资基金参与城镇开发建设；鼓励城市建设主体利用企业债券、公司债券、短期融资券、中期票据、信托产品、中小企业集合债（票据）和私募债等形式，扩大直接融资；积极扩大资产证券化等新型融资方式，引导并规范利用PPP等多种方式融资。

（三）创新城市管理体制机制

全面落实省直管市的各项政策，并在一些领域有所突破。按照城市设置与简化行政机构联动原则，优化行政层级和行政区划设置，整合机构设置和人员编制，探索建立行政管理创新和行政成本降低的新型城市行政管理模式。培育清风店镇、开元镇两个全国重点镇；进一步精简审批事项，深化“一章制”“一费制”“一站式”服务；推广经济发达镇行政体制改革试点经验，赋予吸纳人口多、经济实力强的镇同人口和经济规模相适应的管理权。

（四）建设新兴区域中心城市

把定州置于京津冀协同发展的战略节点，打造“一城、两翼、三星、多节点”城镇发展格局，强化产业支撑，实施“4个4工程”——打造四大园区（国家级3个）、做强四大生产基地、培育四大新兴产业、提升四大传统产业；强化交通枢纽作用，形成“三高三铁”大交通格局。

（五）加强城市规划建设

统筹城镇规划，开展“多规合一”试点工作，完善城市、镇和村庄规划，强化对规划实施的监管。统筹“三城”共建，恢复古城、建设新城、改造旧城同步推进，完善功能，改善环境。统筹城乡发展，发挥定州作为国家现代农业示范区、全国粮食生产先进市、全国蔬菜生产核心区、全国生猪和油料生产大市、河北省花木之乡等优势，积极争创国家级农业科技园区，重点发展绿色农业和农产品加工区。建设人文城市、智慧城市、绿色城市，构筑古城特色鲜明、现代气息深厚的城市格局。

三、保障措施

（一）加强领导。成立市长任组长，各分管副市长任副组长，各乡镇办、市政府相关部门为成员单位的新型城镇化试点工作领导小组，办公室设在市住建局，统筹推进新型城镇化试点工作。

（二）完善机制。健全专家论证、实时监控、资金保障和纠偏机制，领导小组定期召开推进工作例会，研析工作进展情况，掌握动态，解决问题，确保各项工作健康运行。

（三）加强督查。市督查局将新型城镇化试点工作立项分解并跟踪督办，按照试点工作要求，量化目标，明确责任单位，落实到人头，力保每一个环节都做实做好。

（四）宣传引导。建立专题报道版块，电视台、报社、政府网站多管齐下，大力宣传推进新型城镇化建设的战略意义，褒先策后，鼓劲加压，引导广大民众自觉投入新型城镇化建设。

浙江省苍南县龙港镇国家新型城镇化综合试点工作方案要点

龙港镇位于浙江省八大水系之一的鳌江入海口南岸，是中国第一座农民城，面积172平方公里，辖区建成区19平方公里。2013年常住人口43.7万人，户籍人口36.2万人，其中建成区常住人口24.9万人，镇区人口密度达每平方公里1.3万人；地区生产总值185.6亿元，财政总收入18.8亿元。

一、开展国家新型城镇化综合试点的总体目标

——指导思想：紧紧围绕国家新型城镇化试点工作要求，积极探索职能分工合理、行政层级优化、管理机构精简、行政成本降低、行政效能提高、公共服务改善、治理能力提升的新型设市模式，为浙江省乃至全国推进新型城镇化提供可复制、可推广的经验和模式。

——基本原则：坚持以人为本，转变方式；坚持改革创新，求真务实；坚持简政放权，精简高效；坚持综合配套，循序渐进；坚持政府引导，社会参与。

——试点目标：通过3年左右的努力，实现责权利相统一，机构设置进一步优化，行政成本得到严控，公共服务显著改善，城市治理明显提升，体制机制创新取得成效，探索出一套精简高效创新的设市模式，统筹带动鳌江流域协调发展，促进海西城市群加快发展，打造在全国具有示范意义的新型设市模式的典范。

二、开展国家新型城镇化综合试点的主要任务

（一）厘清政府、市场和社会职能分工

明确政府职权边界，提高行政效率。充分发挥市场机制作用，通过向社会购买公共服务，改善和提高公共服务质量。充分调动社会力量，有效发挥在决策、监督和公共服务方面的积极作用，进一步改善城市治理。

（二）明确“县级单列管理”基本定位

使龙港可独立制定本地经济社会发展中长期战略规划和年度发展计划，在项目申报、工业企业和招商引资准入评审等方面等同于县级单位，单独向省上报年度用地指标，新增建设用地指标按照县级单位实行单列。

（三）按照城市发展要求合理下放权力

财权方面，把龙港升格为县级财政管理单位，把原镇级金库恢复为县级独立

金库，财政直接对省结算。行政执法和审批权方面，把县级行政机关管理事项和行政执法权限下放给龙港，把经济、社会、文化、环保等方面的审批权限依法依规下放，实现县、镇之间权责关系由不稳定向稳定的转变。人事权方面，按照属地管理原则，强化镇级人事管理权。

（四）加快推行“大部门”制

优化横向分工，按照层级减少、机构精简、成本节约、职能相近部门合并和打破条条对口的部门设置原则，把县派驻龙港部门与镇内设机构及事业单位进行合并，建立若干个“大部门”，实行以块为主的管理模式，条上进行业务指导。

（五）切实完善社区服务与治理

理顺纵向分工，实现“市管社区”的扁平化管理体制，赋予社区相应的社会管理和公共服务职能，提高社区自我服务和治理能力。理顺行政流程和推进电子政务，把政府行政审批和公共服务通过电子网络平台延伸至社区。

（六）调整优化人员结构和编制

严格控制机构编制规模，在不增加机构编制的前提下，结合龙港人口比例和经济规模从严核定行政事业人员编制。在总量控制的前提下，适当减少一般性岗位的行政事业人员，合理增加专业技术岗位人员，严格控制计划外用工。加大高素质人才引进力度，大力实施城市管理人才素质提升工程。

（七）有效压缩行政成本

实施全面规范、公开透明的预算制度，加强行政成本预算源头监控，抓好预算执行的审核和监督，全面推行绩效预算，从制度上强化行政成本的控制，提高行政效能。充分发挥公共资源交易中心功能，有效降低政府对相关产品和服务的采购成本。

（八）积极探索多元化公共服务供给模式

在政府改善公共服务供给的同时，积极创新公共服务提供方式，大力培育社会化服务组织，更多地探索采取向社会购买公共服务，提高公共产品使用效率，降低行政运行的成本。

（九）建立完善城市治理体系

建立权力清单和负面清单，理清政府权力边界，规范权力运行。强化考核监督机制，健全干部绩效考核评价体系。

（十）配套推进城镇化相关制度改革

进一步健全农业转移人口市民化推进机制，完善农业转移人口社会参与机制，建设包容性城市。深化农村产权制度改革，加快建设农村要素市场交易体系。创新城镇化资金保障机制，理顺市政公用产品和服务价格形成机制，深化多元化投融资体制改革。

三、保障措施

（一）加强组织领导。组建由浙江省、温州市、苍南县、龙港镇有关领导和部门参与的试点工作领导小组，加强对试点工作的统筹协调。

（二）出台配套政策。政策保障方面，由浙江省下发龙港试点实施方案及其他相关配套政策文件。财政支持方面，建立农业转移人口市民化成本分担机制，省级财政通过转移支付手段解决龙港财政单列后带来的问题。金融支持方面，支持龙港加快建立完善相匹配的金融组织机构和信贷政策等。

（三）抓好组织实施。制定实施细则和阶段性行动计划，建立试点进展报告、成效考核、工作问责制度，落实责任分工，及时梳理和总结经验，加强对试点实施的阶段性评估。

（四）分步有序推进。在时间安排上，获批试点后一年内，制定和完善试点实施方案，各项改革任务得到系统部署，责任分解落实到单位和个人；两年内，各项措施得到全面落实，改革经验得到总结，并取得阶段性成效；三年内，试点取得明显成效，形成一套可实行、可复制、可推广的新型设市模式。

附录二

国家标准委办公室 国家发展改革委办公厅关于扎实推进国家新型城镇化标准化试点工作的通知

标委办农联〔2015〕83号

北京、江苏、浙江、安徽、山东、广东、四川省（直辖市）质量技术监督局、发展改革委：

为贯彻落实《国家新型城镇化规划（2014—2020年）》（中发〔2014〕4号），国家发展改革委会同国家标准委等11个部门联合下发了《关于印发国家新型城镇化综合试点方案的通知》（发改规划〔2014〕2960号），明确由江苏省、安徽省、浙江省宁波市、山东省青岛市、广东省广州市、北京市通州区、浙江省嘉兴市、山东省威海市、深圳市光明新区、四川省阆中市等10个地区人民政府在国家新型城镇化综合试点工作中开展标准化试点。

为扎实有效地推进国家新型城镇化标准化试点工作，充分发挥标准化对新型城镇化的支撑和促进作用，各试点省（市）标准化主管部门要积极配合，主动作为，加强试点工作指导，提高试点工作质量和水平，支撑规划和政策的落实。现就有关事宜通知如下：

一、试点工作目标

通过新型城镇化标准化试点，推动标准化在新型城镇化发展过程中的应用和实施，提升新型城镇化发展过程中的标准化水平，总结试点经验，形成新型城镇化标准化可复制、可推广的发展模式，支撑和促进新型城镇化规范、有序发展。主要目标包括：

（一）探索建立新型城镇化标准化工作机制，形成不同规模的新型城镇化标准化工作模式。

（二）适应新型城镇化发展需求，逐步建立较为完善的新型城镇化标准体系，加强新型城镇化涉及的资源配置、建设规划，以及资源节约、绿色智慧等方面标准的制修订。

（三）提高标准实施的有效性，推动相关标准的贯彻应用。

二、试点工作任务

（一）构建体系。根据各地自然环境、人文习俗、经济水平等因素，以及新型城镇化综合试点工作需求，因地制宜，选择试点区域和领域，建立与本地城镇化相适应的新型城镇化标准体系。

（二）制定标准。加强适应本地区城镇化建设需求的地方标准的制修订，提高城镇化建设法治化、规范化水平。对经实践检验行之有效的地方标准，进行提炼，及时转化为行业、国家标准。对已制定和正在制定的国家、行业标准进行对比验证，及时提出修订意见和建议，提高国家、行业标准的适用性、科学性和有效性。

（三）宣贯培训。积极开展标准化培训，增强相关人员的标准化意识和标准化水平，提高标准实施的主动性和自觉性。加强重点标准的宣贯和实施，提高标准实施的有效性。

（四）总结推广。对试点工作过程中行之有效的作法和标准及时进行总结，形成新型城镇化标准化可复制、可推广的发展模式，树立典型，加强宣传和推广。

三、试点进度安排

试点工作期限为三年（2015—2017年），主要分为三个阶段：

第一阶段（2015年1月至9月），制定实施方案。试点地区根据《国家新型城镇化综合试点工作方案》及本地区实施方案的总体要求，选择具体试点的标准化领域和内容，明确标准化试点的工作目标和任务，制定具体实施方案（提纲见附件）。试点方案经省级标准化行政主管部门审查后，于9月30日前报国家标准委备案。

第二阶段（2015年10月至12月），构建标准体系框架。试点地区结合实际，因地制宜，提出本地区新型城镇化标准体系框架，以及计划制定和实施的重点标准目录清单。

第三阶段（2016年1月至2017年12月），加强标准制修订，强化标准实施。试点地区要加强政策与标准的有效衔接，加快农业现代化、基础设施、资源环境、基本公共服务和社会治理等重点领域标准制修订，并采取切实可行的措施，确保纳入新型城镇化标准体系的标准全面得到有效实施。及时收集研究标准实施反馈情况，健全标准实施监督机制，开展实施效果评价，逐步完善标准体系。

四、试点工作总结评估

试点工作到期后，省级标准化行政主管部门和试点单位应及时总结新型城镇化标准化阶段性成果，形成可复制、可推广的经验和模式，采用多种形式加大对试点成果的宣传和推广，促进新型城镇化标准化工作的深入开展。国家标准委将组织开展考核评估，并逐步在全国范围内推广试点地区的成功经验，强化示范带动效应，确保完成国家新型城镇化标准化试点预期目标。

请各试点地区结合本地实际，认真抓好国家新型城镇化标准化试点工作，严格按照实施方案全力推进，健全工作机制，完善工作制度，切实组织好试点工作的实施。省级标准化行政主管部门要加强与各相关部门的沟通和协调，加快构建沟通有效、协调有力、运转有序的工作机制，切实加强对试点工作的指导和支持，制定和完善配套政策措施，促进试点工作有序开展，确保试点工作取得实效。

附件：新型城镇化标准化试点工作实施方案提纲

国家标准委办公室　国家发展改革委办公厅

2015 年 6 月 12 日

附件

新型城镇化标准化试点工作实施方案提纲

一、目的意义

说明开展本项目的目的意义。

二、现状与工作基础

试点单位国家新型城镇化综合试点工作简介；说明本地标准化工作已取得的成绩，对本地技术和科技的促进；对标准化工作的重视情况，是否已有相关标准化示范；技术标准的机构、服务体系、支撑体系的现状等。

三、指导思想与总体目标

结合当地实际和特点，说明开展本项目的指导思想和总体目标。

四、试点内容与进度安排

根据《国家新型城镇化综合试点工作方案》中的试点任务，具体说明标准化试点内容和进度安排。

五、考核评估指标

根据试点内容，设定总体考核评估指标和年度评估指标。

六、组织管理、运行机制与保障措施

说明实施本项目的组织管理形式、运行机制与保障措施。

七、效益分析

说明本项目完成后预期可取得的社会经济效益以及对本地区新型城镇化的支撑意义。

附录三

国务院关于深入推进新型城镇化建设的若干意见

国发〔2016〕8号

各省、自治区、直辖市人民政府，国务院各部委、各直属机构：

新型城镇化是现代化的必由之路，是最大的内需潜力所在，是经济发展的重要动力，也是一项重要的民生工程。《国家新型城镇化规划（2014—2020年）》发布实施以来，各地区、各部门抓紧行动、改革探索，新型城镇化各项工作取得了积极进展，但仍然存在农业转移人口市民化进展缓慢、城镇化质量不高、对扩大内需的主动力作用没有得到充分发挥等问题。为总结推广各地区行之有效的经验，深入推进新型城镇化建设，现提出如下意见。

一、总体要求

全面贯彻党的十八大和十八届二中、三中、四中、五中全会以及中央经济工作会议、中央城镇化工作会议、中央城市工作会议、中央扶贫开发工作会议、中央农村工作会议精神，按照"五位一体"总体布局和"四个全面"战略布局，牢固树立创新、协调、绿色、开放、共享的发展理念，坚持走以人为本、四化同步、优化布局、生态文明、文化传承的中国特色新型城镇化道路，以人的城镇化为核心，以提高质量为关键，以体制机制改革为动力，紧紧围绕新型城镇化目标任务，加快推进户籍制度改革，提升城市综合承载能力，制定完善土地、财政、投融资等配套政策，充分释放新型城镇化蕴藏的巨大内需潜力，为经济持续健康发展提供持久强劲动力。

坚持点面结合、统筹推进。统筹规划、总体布局，促进大中小城市和小城镇协调发展，着力解决好"三个1亿人"城镇化问题，全面提高城镇化质量。充分发挥国家新型城镇化综合试点作用，及时总结提炼可复制经验，带动全国新型城镇化体制机制创新。

坚持纵横联动、协同推进。加强部门间政策制定和实施的协调配合，推动户籍、土地、财政、住房等相关政策和改革举措形成合力。加强部门与地方政策联动，推动地方加快出台一批配套政策，确保改革举措和政策落地生根。

坚持补齐短板、重点突破。加快实施"一融双新"工程，以促进农民工融入城镇为核心，以加快新生中小城市培育发展和新型城市建设为重点，瞄准短板，加快突破，优化政策组合，弥补供需缺口，促进新型城镇化健康有序发展。

二、积极推进农业转移人口市民化

（一）加快落实户籍制度改革政策。围绕加快提高户籍人口城镇化率，深化户籍制度改革，促进有能力在城镇稳定就业和生活的农业转移人口举家进城落户，并与城镇居民享有同等权利、履行同等义务。鼓励各地区进一步放宽落户条件，除极少数超大城市外，允许农业转移人口在就业地落户，优先解决农村学生升学和参军进入城镇的人口、在城镇就业居住5年以上和举家迁徙的农业转移人口以及新生代农民工落户问题，全面放开对高校毕业生、技术工人、职业院校毕业生、留学归国人员的落户限制，加快制定公开透明的落户标准和切实可行的落户目标。除超大城市和特大城市外，其他城市不得采取要求购买房屋、投资纳税、积分制等方式设置落户限制。加快调整完善超大城市和特大城市落户政策，根据城市综合承载能力和功能定位，区分主城区、郊区、新区等区域，分类制定落户政策；以具有合法稳定就业和合法稳定住所（含租赁）、参加城镇社会保险年限、连续居住年限等为主要指标，建立完善积分落户制度，重点解决符合条件的普通劳动者的落户问题。加快制定实施推动1亿非户籍人口在城市落户方案，强化地方政府主体责任，确保如期完成。

（二）全面实行居住证制度。推进居住证制度覆盖全部未落户城镇常住人口，保障居住证持有人在居住地享有义务教育、基本公共就业服务、基本公共卫生服务和计划生育服务、公共文化体育服务、法律援助和法律服务以及国家规定的其他基本公共服务；同时，在居住地享有按照国家有关规定办理出入境证件、换领补领居民身份证、机动车登记、申领机动车驾驶证、报名参加职业资格考试和申请授予职业资格以及其他便利。鼓励地方各级人民政府根据本地承载能力不断扩大对居住证持有人的公共服务范围并提高服务标准，缩小与户籍人口基本公共服务的差距。推动居住证持有人享有与当地户籍人口同等的住房保障权利，将符合条件的农业转移人口纳入当地住房保障范围。各城市要根据《居住证暂行条例》，加快制定实施具体管理办法，防止居住证与基本公共服务脱钩。

（三）推进城镇基本公共服务常住人口全覆盖。保障农民工随迁子女以流入地公办学校为主接受义务教育，以公办幼儿园和普惠性民办幼儿园为主接受学前教育。实施义务教育“两免一补”和生均公用经费基准定额资金随学生流动可携带政策，统筹人口流入地与流出地教师编制。组织实施农民工职业技能提升计划，每年培训2000万人次以上。允许在农村参加的养老保险和医疗保险规范接入城镇社保体系，加快建立基本医疗保险异地就医医疗费用结算制度。

（四）加快建立农业转移人口市民化激励机制。切实维护进城落户农民在农村的合法权益。实施财政转移支付同农业转移人口市民化挂钩政策，实施城镇建设用地增加规模与吸纳农业转移人口落户数量挂钩政策，中央预算内投资安排向吸纳农业转移人口落户数量较多的城镇倾斜。各省级人民政府要出台相应配套政策，加快推进农业转移人口市民化进程。

三、全面提升城市功能

（五）加快城镇棚户区、城中村和危房改造。围绕实现约1亿人居住的城镇棚户区、城中村和危房改造目标，实施棚户区改造行动计划和城镇旧房改造工程，推动棚户区改造与名城保护、城市更新相结合，加快推进城市棚户区和城中村改造，有序推进旧住宅小区综合整治、危旧住房和非成套住房（包括无上下水、北方地区无供热设施等的住房）改造，将棚户区改造政策支持范围扩大到全国重点镇。加强棚户区改造工程质量监督，严格实施质量责任终身追究制度。

（六）加快城市综合交通网络建设。优化街区路网结构，建设快速路、主次干路和支路级配合理的路网系统，提升城市道路网络密度，优先发展公共交通。大城市要统筹公共汽车、轻轨、地铁等协同发展，推进城市轨道交通系统和自行车等慢行交通系统建设，在有条件的地区规划建设市郊铁路，提高道路的通达性。畅通进出城市通道，加快换乘枢纽、停车场等设施建设，推进充电站、充电桩等新能源汽车充电设施建设，将其纳入城市旧城改造和新城建设规划同步实施。

（七）实施城市地下管网改造工程。统筹城市地上地下设施规划建设，加强城市地下基础设施建设和改造，合理布局电力、通信、广电、给排水、热力、燃气等地下管网，加快实施既有路面城市电网、通信网络架空线入地工程。推动城市新区、各类园区、成片开发区的新建道路同步建设地下综合管廊，老城区要结合地铁建设、河道治理、道路整治、旧城更新、棚户区改造等逐步推进地下综合管廊建设，鼓励社会资本投资运营地下综合管廊。加快城市易涝点改造，推进雨污分流管网改造与排水和防洪排涝设施建设。加强供水管网改造，降低供水管网漏损率。

（八）推进海绵城市建设。在城市新区、各类园区、成片开发区全面推进海绵城市建设。在老城区结合棚户区、危房改造和老旧小区有机更新，妥善解决城市防洪安全、雨水收集利用、黑臭水体治理等问题。加强海绵型建筑与小区、海绵型道路与广场、海绵型公园与绿地、绿色蓄排与净化利用设施等建设。加强自然水系保护与生态修复，切实保护良好水体和饮用水源。

（九）推动新型城市建设。坚持适用、经济、绿色、美观方针，提升规划水平，增强城市规划的科学性和权威性，促进“多规合一”，全面开展城市设计，加快建设绿色城市、智慧城市、人文城市等新型城市，全面提升城市内在品质。实施“宽带中国”战略和“互联网+”城市计划，加速光纤入户，促进宽带网络提速降费，发展智能交通、智能电网、智能水务、智能管网、智能园区。推动分布式太阳能、风能、生物质能、地热能多元化规模化应用和工业余热供暖，推进既有建筑供热计量和节能改造，对大型公共建筑和政府投资的各类建筑全面执行绿色建筑标准和认证，积极推广应用绿色新型建材、装配式建筑和钢结构建筑。加强垃圾处理设施建设，基本建立建筑垃圾、餐厨废弃物、园林废弃物等回收和再生利用体系，建设循环型城市。划定永久基本农田、生态保护红线和城市开发边界，实施城市生态廊道建设和生态系统修复工程。制定实施城市空气质量达标时间表，努力提高优良天数比例，大幅减少重污染天数。落实最严格水资源管理制度，推广节水新技术和新工艺，积极推进中水回用，全面建设节水型城市。促进国家级新区健康发展，推动符合条件的开发区向城市功能区转型，引导工业集聚区规范发展。

（十）提升城市公共服务水平。根据城镇常住人口增长趋势，加大财政对接收农民工随迁子女较多的城镇中小学校、幼儿园建设的投入力度，吸引企业和社会力量投资建学办学，增加中小学校和幼儿园学位供给。统筹新老城区公共服务资源均衡配置。加强医疗卫生机构、文化设施、体育健身场所设施、公园绿地等公共服务设施以及社区服务综合信息平台规划建设。优化社区生活设施布局，打造包括物流配送、便民超市、银行网点、零售药店、家庭服务中心等在内的便捷生活服务圈。建设以居家为基础、社区为依托、机构为补充的多层次养老服务体系，推动生活照料、康复护理、精神慰藉、紧急援助等服务全覆盖。加快推进住宅、公共建筑等的适老化改造。加强城镇公用设施使用安全管理，健全城市抗震、防洪、排涝、消防、应对地质灾害应急指挥体系，完善城市生命通道系统，加强城市防灾避难场所建设，增强抵御自然灾害、处置突发事件和危机管理能力。

四、加快培育中小城市和特色小城镇

（十一）提升县城和重点镇基础设施水平。加强县城和重点镇公共供水、道路交通、燃气供热、信息网络、分布式能源等市政设施和教育、医疗、文化等公共服务设施建设。推进城镇生活污水垃圾处理设施全覆盖和稳定运行，提高县城垃圾资源化、无害化处理能力，加快重点镇垃圾收集和转运设施建设，利用水泥窑协同处理生活垃圾及污泥。推进北方县城和重点镇集中供热全覆盖。加大对中西部地区发展潜力大、吸纳人口多的县城和重点镇的支持力度。

（十二）加快拓展特大镇功能。开展特大镇功能设置试点，以下放事权、扩大财权、改革人事权及强化用地指标保障等为重点，赋予镇区人口10万以上的特大镇部分县级管理权限，允许其按照相同人口规模城市市政设施标准进行建设发展。同步推进特大镇行政管理体制改革和设市模式创新改革试点，减少行政管理层级、推行大部门制，降低行政成本、提高行政效率。

（十三）加快特色镇发展。因地制宜、突出特色、创新机制，充分发挥市场主体作用，推动小城镇发展与疏解大城市中心城区功能相结合、与特色产业发展相结合、与服务“三农”相结合。发展具有特色优势的休闲旅游、商贸物流、信息产业、先进制造、民俗文化传承、科技教育等魅力小镇，带动农业现代化和农民就近城镇化。提升边境口岸城镇功能，在人员往来、加工物流、旅游等方面实行差别化政策，提高投资贸易便利化水平和人流物流便利化程度。

（十四）培育发展一批中小城市。完善设市标准和市辖区设置标准，规范审核审批程序，加快启动相关工作，将具备条件的县和特大镇有序设置为市。适当放宽中西部地区中小城市设置标准，加强产业和公共资源布局引导，适度增加中西部地区中小城市数量。

（十五）加快城市群建设。编制实施一批城市群发展规划，优化提升京津冀、长三角、珠三角三大城市群，推动形成东北地区、中原地区、长江中游、成渝地区、关中平原等城市群。推进城市群基础设施一体化建设，构建核心城市1小时通勤圈，完善城市群之间快速高效互联互通交通网络，建设以高速铁路、城际铁路、高速公路为骨干的城市群内部交通网络，统筹规划建设高速联通、服务便捷的信息网络，统筹推进重大能源基础设施和能源市场一体化建设，共同建设安全可靠的水利和供水系统。做好城镇发展规划与安全生产规划的统筹衔接。

五、辐射带动新农村建设

（十六）推动基础设施和公共服务向农村延伸。推动水电路等基础设施城乡联网。推进城乡配电网建设改造，加快信息进村入户，尽快实现行政村通硬化路、通班车、通邮、通快递，推动有条件地区燃气向农村覆盖。开展农村人居环境整治行动，加强农村垃圾和污水收集处理设施以及防洪排涝设施建设，强化河湖水系整治，加大对传统村落民居和历史文化名村名镇的保护力度，建设美丽宜居乡村。加快农村教育、医疗卫生、文化等事业发展，推进城乡基本公共服务均等化。深化农村社区建设试点。

（十七）带动农村一二三产业融合发展。以县级行政区为基础，以建制镇为支点，搭建多层次、宽领域、广覆盖的农村一二三产业融合发展服务平台，完善利益联结机制，促进农业产业链延伸，推进农业与旅游、教育、文化、健康养老等产业深度融合，大力发展农业新型业态。强化农民合作社和家庭农场基础作用，支持龙头企业引领示范，鼓励社会资本投入，培育多元化农业产业融合主体。推动返乡创业集聚发展。

（十八）带动农村电子商务发展。加快农村宽带网络和快递网络建设，加快农村电子商务发展和“快递下乡”。支持适应乡村特点的电子商务服务平台、商品集散平台和物流中心建设，鼓励电子商务第三方交易平台渠道下沉，带动农村特色产业发展，推进农产品进城、农业生产资料下乡。完善有利于中小网商发展的政策措施，在风险可控、商业可持续的前提下支持发展面向中小网商的融资贷款业务。

（十九）推进易地扶贫搬迁与新型城镇化结合。坚持尊重群众意愿，注重因地制宜，搞好科学规划，在县城、小城镇或工业园区附近建设移民集中安置区，推进转移就业贫困人口在城镇落户。坚持加大中央财政支持和多渠道筹集资金相结合，坚持搬迁和发展两手抓，妥善解决搬迁群众的居住、看病、上学等问题，统筹谋划安置区产业发展与群众就业创业，确保搬迁群众生活有改善、发展有前景。

六、完善土地利用机制

（二十）规范推进城乡建设用地增减挂钩。总结完善并推广有关经验模式，全面实行城镇建设用地增加与农村建设用地减少相挂钩的政策。高标准、高质量推进村庄整治，在规范管理、规范操作、规范运行的基础上，扩大城乡建设用地增减挂钩规模和范围。运用现代信息技术手段加强土地利用变更情况监测监管。

（二十一）建立城镇低效用地再开发激励机制。允许存量土地使用权人在不违反法律法规、符合相关规划的前提下，按照有关规定经批准后对土地进行再开发。完善城镇存量土地再开发过程中的供应方式，鼓励原土地使用权人自行改造，涉及原划拨土地使用权转让需补办出让手续的，经依法批准，可采取规定方式办理并按市场价缴纳土地出让价款。在国家、改造者、土地权利人之间合理分配“三旧”（旧城镇、旧厂房、旧村庄）改造的土地收益。

（二十二）因地制宜推进低丘缓坡地开发。在坚持最严格的耕地保护制度、确保生态安全、切实做好地质灾害防治的前提下，在资源环境承载力适宜地区开展低丘缓坡地开发试点。通过创新规划计划方式、开展整体整治、土地分批供应等政策措施，合理确定低丘缓坡地开发用途、规模、布局和项目用地准入门槛。

（二十三）完善土地经营权和宅基地使用权流转机制。加快推进农村土地确权登记颁证工作，鼓励地方建立健全农村产权流转市场体系，探索农户对土地承包权、宅基地使用权、集体收益分配权的自愿有偿退出机制，支持引导其依法自愿有偿转让上述权益，提高资源利用效率，防止闲置和浪费。深入推进农村土地征收、集体经营性建设用地入市、宅基地制度改革试点，稳步开展农村承包土地的经营权和农民住房财产权抵押贷款试点。

七、创新投融资机制

（二十四）深化政府和社会资本合作。进一步放宽准入条件，健全价格调整机制和政府补贴、监管机制，广泛吸引社会资本参与城市基础设施和市政公用设施建设和运营。根据经营性、准经营性和非经营性项目不同特点，采取更具针对性的政府和社会资本合作模式，加快城市基础设施和公共服务设施建设。

（二十五）加大政府投入力度。优化政府投资结构，安排专项资金重点支持农业转移人口市民化相关配套设施建设。编制公开透明的政府资产负债表，允许有条件的地区通过发行地方政府债券等多种方式拓宽城市建设融资渠道。省级政府举债使用方向要向新型城镇化倾斜。

（二十六）强化金融支持。专项建设基金要扩大支持新型城镇化建设的覆盖面，安排专门资金定向支持城市基础设施和公共服务设施建设、特色小城镇功能提升等。鼓励开发银行、农业发展银行创新信贷模式和产品，针对新型城镇化项目设计差别化融资模式与偿债机制。鼓励商业银行开发面向新型城镇化的金融服务和产品。鼓励公共基金、保险资金等参与具有稳定收益的城市基础设施项目建设和运营。鼓励地方利用财政资金和社会资金设立城镇化发展基金，鼓励地方整合政府投资平台设立城镇化投资平台。支持城市政府推行基础设施和租赁房资产证券化，提高城市基础设施项目直接融资比重。

八、完善城镇住房制度

（二十七）建立购租并举的城镇住房制度。以满足新市民的住房需求为主要出发点，建立购房与租房并举、市场配置与政府保障相结合的住房制度，健全以市场为主满足多层次需求、以政府为主提供基本保障的住房供应体系。对具备购房能力的常住人口，支持其购买商品住房。对不具备购房能力或没有购房意愿的常住人口，支持其通过住房租赁市场租房居住。对符合条件的低收入住房困难家庭，通过提供公共租赁住房或发放租赁补贴保障其基本住房需求。

（二十八）完善城镇住房保障体系。住房保障采取实物与租赁补贴相结合并逐步转向租赁补贴为主。加快推广租赁补贴制度，采取市场提供房源、政府发放补贴的方式，支持符合条件的农业转移人口通过住房租赁市场租房居住。归并实物住房保障种类。完善住房保障申请、审核、公示、轮候、复核制度，严格保障性住房分配和使用管理，健全退出机制，确保住房保障体系公平、公正和健康运行。

（二十九）加快发展专业化住房租赁市场。通过实施土地、规划、金融、税收等相关支持政策，培育专业化市场主体，引导企业投资购房用于租赁经营，支持房地产企业调整资产配置持有住房用于租赁经营，引导住房租赁企业和房地产开发企业经营新建租赁住房。支持专业企业、物业服务企业等通过租赁或购买社会闲置住房开展租赁经营，落实鼓励居民出租住房的税收优惠政策，激活存量住房租赁市场。鼓励商业银行开发适合住房租赁业务发展需要的信贷产品，在风险可控、商业可持续的原则下，对购买商品住房开展租赁业务的企业提供购房信贷支持。

（三十）健全房地产市场调控机制。调整完善差别化住房信贷政策，发展个人住房贷款保险业务，提高对农民工等中低收入群体的住房金融服务水平。完善住房用地供应制度，优化住房供应结构。加强商品房预售管理，推行商品房买卖合同在线签订和备案制度，完善商品房交易资金监管机制。进一步提高城镇棚户区改造以及其他房屋征收项目货币化安置比例。鼓励引导农民在中小城市就近购房。

九、加快推进新型城镇化综合试点

（三十一）深化试点内容。在建立农业转移人口市民化成本分担机制、建立多元化可持续城镇化投融资机制、改革完善农村宅基地制度、建立创新行政管理和降低行政成本的设市设区模式等方面加大探索力度，实现重点突破。鼓励试点地区有序建立进城落户农民农村土地承包权、宅基地使用权、集体收益分配权依法自愿有偿退出机制。有可能突破现行法规和政策的改革探索，在履行必要程序后，赋予试点地区相应权限。

（三十二）扩大试点范围。按照向中西部和东北地区倾斜、向中小城市和小城镇倾斜的原则，组织开展第二批国家新型城镇化综合试点。有关部门在组织开展城镇化相关领域的试点时，要向国家新型城镇化综合试点地区倾斜，以形成改革合力。

（三十三）加大支持力度。地方各级人民政府要营造宽松包容环境，支持试点地区发挥首创精神，推动顶层设计与基层探索良性互动、有机结合。国务院有关部门和省级人民政府要强化对试点地区的指导和支持，推动相关改革举措在试点地区先行先试，及时总结推广试点经验。各试点地区要制定实施年度推进计划，明确年度任务，建立健全试点绩效考核评价机制。

十、健全新型城镇化工作推进机制

（三十四）强化政策协调。国家发展改革委要依托推进新型城镇化工作部际联席会议制度，加强政策统筹协调，推动相关政策尽快出台实施，强化对地方新型城镇化工作的指导。各地区要进一步完善城镇化工作机制，各级发展改革部门要统筹推进本地区新型城镇化工作，其他部门要积极主动配合，共同推动新型城镇化取得更大成效。

（三十五）加强监督检查。有关部门要对各地区新型城镇化建设进展情况进行跟踪监测和监督检查，对相关配套政策实施效果进行跟踪分析和总结评估，确保政策举措落地生根。

（三十六）强化宣传引导。各地区、各部门要广泛宣传推进新型城镇化的新理念、新政策、新举措，及时报道典型经验和做法，强化示范效应，凝聚社会共识，为推进新型城镇化营造良好的社会环境和舆论氛围。

国务院

2016 年 2 月 2 日

（此件公开发布）

附录四

安徽省人民政府关于印发国家新型城镇化试点省安徽总体方案的通知

（皖政〔2015〕15号）

各市、县人民政府，省政府各部门、各直属机构：

2014年12月29日，国家发展改革委等11个部委联合印发了《国家新型城镇化综合试点方案》，并将我省列为国家新型城镇化综合试点省。为扎实推进新型城镇化试点省建设，现将《国家新型城镇化试点省安徽总体方案》印发给你们，请结合实际，认真贯彻落实。

安徽省人民政府

2015年2月8日

国家新型城镇化试点省安徽总体方案

根据《国家新型城镇化规划（2014—2020年）》（中发〔2014〕4号）和中央城镇化工作会议精神，以及国家发展改革委等11部委《关于开展国家新型城镇化综合试点工作的通知》（发改规划〔2014〕1229号）要求，结合安徽实际，制定本方案。

一、总体要求和试点目标

（一）总体要求。全面贯彻落实党的十八大，十八届三中、四中全会，中央城镇化工作会议和国家新型城镇化规划精神，以人的城镇化为核心，以提升质量为关键，坚持尊重规律、因地制宜、分类指导、统筹推进原则，围绕“人、地、钱、规划、建设、管理”，推进农业转移人口市民化，促进城乡统筹发展和产城融合发展，增强要素保障能力，形成有利于新型城镇化健康发展的制度体系，走出一条高质量、可持续、广包容的城镇化道路。

（二）具体目标。到2017年，常住人口城镇化率达到54%，户籍人口城镇化率达到30%左右；到2020年，常住人口城镇化率达到58%，力争户籍人口城镇化率达到35%，初步建立比较完善的新型城镇化体制机制，全省城镇化水平和质量有较大幅度提高。

——农业转移人口市民化促进机制初步建立。在农业转移人口城镇落户、就业能力提升、住房供应保障体系、基本公共服务均等化等方面进行探索，土地承包经营权、宅基地使用权、集体资产收益分配权进一步落实，就业、住房、义务教育、医疗保险、养老保险基本实现并轨。到2020年，全覆盖、保基本、多层次、可持续的基本公共服务体系基本建成。

——城乡统筹发展水平明显提高。规划引领作用明显增强，规划编制实施法制化进程加快，跨区域城市发展协调机制初步确立，到2020年，基本实现“多规合一”全覆盖。中心城市能级进一步增强，县城规划建设管理水平显著提升，美好乡村建设取得明显成效，城乡建设、基础设施、产业发展、公共服务、生态建设、管理体制等一体化进程进一步加快，城乡关系更加和谐。行政层级和行政区划设置进一步优化，行政成本降低，社区管理新体制初步建立，同人口经济规模相适应的市镇设置标准得到初步规范。

——产城融合发展进一步加快。开发区产城一体化试点全面推进，具有核心竞争力的现代产业体系基本形成。智慧城市、人文城市、绿色城市建设步伐加快，城镇产业发展、吸纳就业、聚集人口、公共服务能力大幅增强，城镇基础设施水平显著提升，城镇人居环境明显改善。

——多元可持续的城镇化投融资机制基本建立。投融资机制改革进一步深化，融资渠道进一步拓宽，市场化融资模式逐步确立，城镇化资金保障能力显著提高。

——与城镇化发展相适应的农村土地管理制度进一步完善。

二、试点任务

（一）坚持以人为本，探索建立农业转移人口市民化推进机制。

1. 深化户籍制度改革。按照“总体放宽、区别对待、积极作为”原则，制定差异化的户口迁移政策，全面放开建制镇和小城市落户限制，合理确定合肥市落户条件，有序放开其他设区市落户限制。继续落实人才落户政策。引导更多农业转移人口有序向城镇转移。（省公安厅负责）重点开发区域城市制定积极的人口迁入政策，加强人口集聚和吸纳能力建设，中心城市放开省域内落户限制，其他城市全部放开居民落户限制。推广铜陵经验，分层次逐步完善辖区内城乡户籍一元化管理改革，取消农业、非农二元户口性质区别，统一登记为居民户口。研究制定城乡统一的就业失业登记管理、义务教育、社会保险、社会救助、卫生计生等配套政策，逐步实现城乡居民社会福利一体化。（省公安厅、省人力资源社会保障厅、省教育厅、省民政厅、省卫生计生委等负责）全面落实居住证制度，按照权利义务对等、依次梯度赋权的原则，拓宽居住证的服务保障功能，使持有居住证的农业转移人口在公共服务方面与城镇居民逐步享受同等待遇。（省公安厅、省教育厅、省民政厅、省卫生计生委等负责）健全人口信息管理制度和城镇化人口统计相关调查制度。（省公安厅、省统计局、省卫生计生委等负责）

2. 促进创业就业。完善公共创业服务体系，优化创业环境，促进城乡劳动者平等就业，降低创业成本，激发创业活力。加强农民工创业政策扶持，强化创业培训，落实小额担保贷款及贴息，完善为小微企业服务的政策性担保体系，提供创业孵化服务，壮大创业指导师资队伍。（省人力资源社会保障厅、省经济和信息化委、省政府金融办等负责）积极构建劳动者终身职业培训体系，大力实施“春潮行动”、新型职业农民培育计划、“雨露计划”等职业技能创业能力提升计划。（省人力资源社会保障厅、省农委、省扶贫办等负责）保障农业转移劳动者培训财政投入，逐步提高培训补贴标准，采取政府购买服务方式，扩大培训覆盖面。（省财政厅负责）推进企业培训法制化，提高企业职工培训经费比例，在成本中列支。建设和改造一批公共职业训练基地，加快建立覆盖全省的就业信息服务网络。对农业转移人口通过初次职业技能鉴定并取得职业资格证书或专项职业能力证书的，给予一次性职业技能鉴定补贴，提高就业素质和能力。深入开展落实鼓励就业创业政策集中推进行动。（省人力资源社会保障厅负责）

3. 完善住房供应体系。认真落实廉租住房、公共租赁住房并轨运行政策，构建以公共租赁住房为主体的保障性住房供应体系，提高保障能力和房源使用效率。通过提供公共租赁住房或发放住房租赁补贴方式，保障在城镇稳定就业且符合条件的农业转移人口基本住房需求。在开发区和工业园区配套建设一定比例的公租房，改善农民工居住条件。按照国家改造约1亿人居住的城镇棚户区和城中村的要求，加快推进棚户区改造，将城乡结合部、城中村和建制镇纳入棚户区改造范围。在具备条件的市、县，加大棚户区改造货币化安置力度。通过“限房价、竞地价”“定设计、竞房价”和“捆绑改造”等市场化运作方式，引导社会资本参与棚户区改造。全面推进住房公积金扩面，在非公有制企业落实住房公积金制度，逐步实现住房公积金政策全覆盖。推进利用住房公积金贷款支持保障性住房试点。到2020年，城镇常住人口保障性住房覆盖率达到23%左右。（省住房城乡建设厅负责）

4. 增强教育保障。坚持以流入地政府为主，以公办学校为主，消除进城务工人员随迁子女就学障碍，实行“一样就读、一样升学、一样免费”，保障就近、平等接受义务教育。鼓励采取一校多区、集团化学校等办学模式，促进义务教育均衡发展。在学前教育阶段，将随迁子女逐步纳入公办幼儿园、普惠性民办幼儿园。在职业教育阶段，将随迁子女纳入免费中等职业教育招生范围。完善随迁子女异地中高考制度和招生制度，为随迁子女在流入地参加升学考试提供便利。将随迁子女教育纳入财政保障，对义务教育阶段随迁子女按照城镇学生同等标准拨付生均公用经费。（省教育厅、省发展改革委、省财政厅等负责）

5. 提供医疗卫生保障。实行“三医”联动，全面深化医药卫生体制综合改革，建立全覆盖、保基本、多层次、可持续的基本医疗卫生制度。整合城乡居民基本医保制度，在现有统筹层次基础上，分步推进城镇居民医保与新农合整合，建立统一的城乡居民基本医疗保险制度。在城乡居民基本医保已并轨的市、县开展试点，探索引入商业保险承办城乡居民大病保险事务，并适时全面推开。探索建立跨省医保费用即时结算机制。（省人力资源社会保障厅、省卫生计生委等负责）完善属地化管理的基本公共卫生计生服务政策，根据常住人口规模和社区分布状况，均衡合理配置服务资源，把农业转移人口纳入城镇基本公共卫生计生服务体系，逐步提高人均基本公共卫生服务经费标准，免费提供健康管理、计划生育等公共卫生计生服务，推进卫生计生服务均等化。建立人口健康信息平台。在新建城区、郊区等薄弱区域，同步规划建设公立医院等相关医疗卫生机构。（省

卫生计生委、省发展改革委、省财政厅等负责）

6. 健全养老服务体系。实施统一的城乡居民基本养老保险制度，完善社会保险关系转移接续政策，落实城乡养老保险制度衔接暂行办法，做好参保人员跨制度衔接。确定合理的财政投入责任分担机制，建立基础养老金正常调整机制，完善长缴多得、多缴多得的激励政策，提高城乡居民养老保险待遇水平。对于在城镇从事个体经营或灵活就业的农业转移人口，不受户籍限制，允许其以个体身份在户籍所在地参加城镇职工养老保险。（省人力资源社会保障厅、省财政厅等负责）建立健全养老服务财政补贴制度，引导社会力量为低收入农业转移家庭中的失能、高龄老人提供基本养老服务。加快城乡养老服务设施建设，统筹规划建设城市养老服务设施。推动公办养老机构改革。（省民政厅等负责）探索以市场化、商业化方式支持养老服务产业发展的体制机制和有效模式。（省商务厅等负责）

7. 建立农业转移人口市民化成本分担机制。各级政府承担农业转移人口市民化在义务教育、就业服务、基本养老、基本医疗卫生、保障性住房以及市政设施等方面的基本公共服务成本投入。完善财政转移支付制度，建立省以下转移支付同农业转移人口市民化挂钩机制。企业承担部分成本，严格落实农民工与城镇职工同工同酬制度，积极开展农民工技能培训并增加培训投入，依法为农民工缴纳职工养老、医疗、工伤、失业、生育等社会保险费用和住房公积金，提供多种形式的住房保障。农民工承担个人成本，承担参加城镇养老、医疗、失业等社会保险、住房公积金以及就业培训成本中的个人支出部分。（省财政厅、省发展改革委、省教育厅、省人力资源社会保障厅、省卫生计生委等负责）

（二）统筹城乡发展，提高城镇化质量和水平。

8. 强化规划引导作用。全面参与长三角城市群规划建设，加速与沪苏浙基础设施建设、产业布局分工、对外开放、生态建设与环境保护、体制机制等一体化。（省发展改革委等负责）提升中心城市能级，加快合肥长三角城市群副中心城市建设，积极构建“合（肥）芜（湖）宁（南京）成长三角”，进一步增强合肥都市区国际化水平，将芜马、安池铜培育成为长江经济带的重要城市组群，支持蚌淮（南）、宿淮（北）一体化建设，支持安庆、蚌埠、阜阳区域性中心城市建设，将黄山、池州打造成世界一流旅游目的地。探索建立城市群和城市组团发展协调机制。大力推进小城镇特别是全国重点镇差异化、特色化、品质化发展，充分发挥人口聚集型、交通枢纽型、历史文化型和特色产业型中心镇功能，开展建制镇示范试点。打造一批生态宜居村庄美、兴业富民生活美、文明和谐乡风美的美好乡村。（省住房城乡建设厅、省财政厅等负责）加强经济社会发展规划、城乡规划、土地利用总体规划、生态环境保护规划等相互衔接，在寿县开展国家级“多规合一”试点，选择若干市县开展省级“多规合一”试点。（省住房城乡建设厅、省发展改革委、省国土资源厅、省环保厅等负责）加强规划建设管理岗位制度设计，探索适应新型城镇化要求的城市总规划师制度，吸引高水平规划人才全过程参与城市规划建设管理。推动规划编制、修编和实施法制化，建立健全规划实施监督机制，杜绝不按照规划建设、随意变更规划等行为。加快与新型城镇化发展相配套的规划、建设、管理与评价等标准的制修订，强化标准实施与监督，探索建立可复制、可推广的标准化模式。（省住房城乡建设厅负责）

9. 推动县城提质扩容。县城是我省就近城镇化的重要载体。按照城市的标准规划建设管理县城，以“三治”（治脏、治乱、治违）、“三增”（增强功能、增加绿量、增进文明）为突破口，推动“三提升”（提升规划水平、提升建设水平、提升管理水平），努力将县城建设成为经济繁荣、环境优美、功能完善、特色彰显、社会和谐的美好城市。（省住房城乡建设厅、省林业厅等负责）

10. 扎实推进城乡一体化发展。推进城乡建设、基础设施、产业发展、公共服务、生态建设、管理体制等一体化，逐步延伸，实现全覆盖。加强城乡规划在产业布局、基础设施网络、公共服务设施、生态环境保护等方面的衔接，科学编制县域镇村体系规划，推进城乡建设一体化。强化城乡基础设施对接，推进城市公共设施向农村延伸，实现公共基础设施城乡共建、联网、共享。统筹城乡产业分工和协作，构筑产业联系紧密、空间布局合理、资源深度整合、区域特色明显的城乡产业联动发展新格局。推进基本公共服务向农村延伸，形成政府主导、覆盖城乡、可持续的基本公共服务体系。建立城乡一体化的生态环境保护体系、污染治理体系、生态补偿机制和生态经济示范区，推进城乡生态可持续发展。培育城乡一体的多样化社会服务组织，推进城乡社区交流与合作，构建城乡社区组织互帮互助机制，形成以城带乡、以乡促城、共同提高的城乡社区和谐发展新格局。（省发展改革委、省财政厅、省民政厅、省交通运输厅、省环保厅、省住房城乡建设厅等负责）

11. 优化行政区划设置。进一步优化设区市行政区划，适时适度跨市调整行政区划，优化区域中心城市布局。对于“一市一区”的设区市，根据发展需要，争取适当增设行政区。选择中心城市周边城镇化水平较高的县实施县改区，有序推进县改市。扩大市区和县城关镇及重点建制镇管辖范围。通过“撤乡并镇”等方式，适当减少乡镇数量。探索建立行政管理创新和行政成本降低的新型城市行政管理模式。推广经济发达镇行政体制改革试点经验，赋予吸纳人口多、经济实力强的镇同人口和经济规模相适应的管理权。选择若干镇区人口10万左右的建制镇，争取开展设市模式试点。做大做强中心镇，促进农业人口就地城镇化。（省民政厅、省发展改革委、省编办等负责）

12. 创新社会治理。坚持依法治理、综合治理、源头治理。健全常住人口社区管理服务体制，切实增强社区自治和服务功能。推进政社分开，建立政府向社会组织购买服务机制，大力培育社会组织，引进和培养社会工作专业人才，提高社会工作专业服务水平。推广社区改革“铜陵模式”，探索区直接管理与服务社区体制，创新社区自治模式，实施社区网格化管理。推广社会服务管理信息化“芜湖模式”，按照服务一站式、治理网格化目标，将政府各职能部门所有与居民相关的审批和办理事项整合到信息化平台，形成居民生活全方位服务、生命周期终身服务和社会治理全程服务三大体系。（省民政厅负责）

（三）推进产城融合，增强城镇综合承载力。

13. 强化产业支撑。提升产业竞争力与促进就业并举，优化城市产业布局和结构，推进城市经济转型升级，促进农业转移人口充分就业，构建结构优化、技术先进、特色鲜明、就业容量大的城市产业体系。充分利用现有各类功能区，发挥好现有产业的配套作用，开展链条式、集群式承接。以推进开发区产城一体化试点为突破口，完善开发区城市功能，建立开发区与城镇一体化布局和联动发展机制，努力建成现代产业基地和宜居宜业新城。调整优化开发区规划，鼓励相邻开发区有机整合，拓展发展空间。科学定位园区主导产业，发展配套产业。试点园区根据覆盖半径和服务人口比例，统筹规划建设公共服务设施。健全节约集约发展机制，加大对闲置、低效用地的处置力度，探索存量建设用地二次开发机制，提高项目土地容积率、工业用地投资强度和亩均税收额度，国家级开发区、市管省级开发区新建工业项目容积率不低于1.2，国家级开发区、市管省级开发区、县管省级开发区新建项目，土地投资强度一般分别不低于300万元/亩、200万元/亩、150万元/亩，或预期亩均税收（不含土地使用税）不少于30万元/年、20万元/年、10万元/年。严控重污染行业项目，推进园区循环化改造试点，创建生态工业示范园区等绿色园区。改革开发区管理体制，探索政区合一、派出机构等管理模式。支持有条件的国家级经济技术开发区探索同社会资本共办“园中园”。（省发展改革委、省经济和信息化委、省住房城乡建设厅、省商务厅等负责）

14. 增强城镇功能。坚持先地下后地上、软件与硬件并重，优先发展城镇公共交通，积极推行步行、自行车交通系统建设，科学有序推动城市轨道交通建设。构建安全高效便利的市政公用设施网络体系，统筹电力、通信、给排水、供热、燃气等地下管网建设，推行城市地下综合管廊试点。科学编制地下空间综合利用、城市排水（雨水）防涝、绿地系统、水系等规划，建设“海绵城市”。（省住房城乡建设厅、省交通运输厅等负责）科学布局学校、幼儿园、医院、文化、体育等公共服务设施，创新公共服务供给方式。（省教育厅、省卫生计生委、省文化厅、省体育局等负责）推进智慧城市建设，统筹政府信息资源，促进资源共享，加快推进“宽带安徽”建设，到2020年，城市家庭宽带接入能力达到50Mbps以上。积极推进互联网、电信网、广电网“三网融合”。构建城市网格化巡防管理机制，建设城市运营调度中心等。推进智慧社区、智能交通、智慧医疗、智慧教育等广覆盖。（省发展改革委、省经济和信息化委、省住房城乡建设厅、省卫生计生委、省教育厅、省新闻出版广电局、省通信管理局等负责）推进人文城市建设，加快现代公共文化服务体系建设，注重体现徽州文化、皖江文化、淮河文化等地域文化，加强物质文化遗产、非物质文化遗产、历史文化名城名镇名村名街保护，推动地域文化传承创新，大力发展现代城市文化，加强城市特色风貌塑造，以城市街道、公园、雕塑和特色建筑为重点，打造体现时代特征的城市文化亮点。拓展城乡居民休闲空间，提升旅游服务功能。（省文化厅、省住房城乡建设厅、省旅游局等负责）深入推进卫生城镇创建，加快卫生基础设施建设，健全卫生管理长效机制。探索开展健康城市建设，不断优化健康服务，促进城市建设与人的健康协调发展。（省卫生计生委等负责）开展城市社区便捷生活服务圈建设，完善商贸服务功能。到2020年，城市社区综合服务设施覆盖率达到100%。以棚户区、城中村、旧住宅小区和旧商业中心（街区）为重点，改造提升老城区，科学、严格规划建设新城区，防止建设标准过度超前。（省住房城乡建设厅、省商务厅等负责）全面开展城区老工业区和独立工矿区搬迁改造，重点加强公共基础设施、公共服务设施改造和产业集聚区、接续替代产业平台建设。（省发展改革委等负责）

15. 优化城镇生态环境。将生态文明理念全面融入城市发展，推进绿色城市建设。实施绿色建筑行动，加快既有建筑节能改造，大力发展绿色建材。到2020年，全省50%的城镇新建建筑按绿色建筑标准设计制造。加强城市环境综合整治，合理布局和建设城市污水、垃圾处理及危险废物处置设施，加强大气污染区域联防联控联治，实现城市PM2.5监测与控制全覆盖。到2020年，城市污水处理率达到95%，城市生活垃圾无害化处理率达到99%，设区市空气质量全部达到国家二级标准。（省住房城乡建设厅、省环保厅、省发展改革委等负责）以“三线三边”为突破口，大力开展垃圾污水治理、建筑治理、广告标牌治理、矿山治理和绿化提升行动。建立和完善以风景林、防护林为主体的城镇生态保护屏障，加强城镇规划区范围内的山体、林地、水系、湿地等自然资源保护，开展城镇园林绿化提升行动，创建园林城市（县城、城镇）、森林城镇，合理划定生态保护红线，扩大城镇绿色空间。到2017年，城市建成区绿地率达到33%，设区城市园林绿化主要指标全部达到国家园林城市标准，其他城市全部达到省级园林城市标准，60%以上县城达到省级园林县城标准。到2020年，其他城市全部达到国家园林城市标准，80%以上县城达到国家园林县城标准。创建国家森林城市10个、省级森林城市50个、省级森林城镇600个。（省林业厅、省环保厅、省国土资源厅、省住房城乡建设厅、省水利厅等负责）创建低碳城市，推进城镇新能源利用。到2020年，城镇可再生能源消费比重达到10%。（省发展改革委负责）积极推进国家重点生态功能区试点示范，加快国家生态文明先行示范区建设。在黄山市探索建立国家公园体制、生态文化培育发展体制机制，健全国有林场经营管理体制，到2020年，境内水质达到Ⅱ类或Ⅰ类标准，出境断面水质稳定保持Ⅱ类标准。完善巢湖流域综合治理体制机制体系，实施最严格的水资源管理制度，创新区域联动机制，巢湖水质和入湖主要河流达标率大幅提升，部分水域及支系河流氨氮、总磷等主要指标基本达到Ⅳ类或Ⅲ类水平，沿湖岸线生态化率达到70%以上，建设水生态文明城市。（省发展改革委、省环保厅、省水利厅等负责）继续开展新安江流域上下游区域间水环境补偿试点，建立大别山地区水环境生态补偿机制。推行水环境保护河长制、库长制。（省环保厅、省水利厅、省财政厅等负责）探索和推行节能量、碳排放权、排污权、水权交易制度，建立吸引社会资本投入城镇生态环境保护的市场化机制。编制城镇自然资源资产负债表，建立生态环境损害责任终身追究制。（省环保厅、省发展改革委、省水利厅等负责）

（四）强化要素保障，提高城镇化可持续发展能力。

16. 创新农村土地承包经营权管理机制。2016年全面完成农村土地承包经营权确权登记颁证工作，保障农民对承包地的占有、使用、收益、流转及承包经营权抵押担保权能。完善农村土地经营权流转机制，支持农户依法采取转包、出租、互换、转让、股份合作等形式流转土地。探索开展农村土地股份合作社试点，积极发展多种形式的土地股份合作。建立健全土地流转风险防范机制，依法保护农民土地承包权益。（省农委负责）争取开展农村土地承包经营权抵押贷款试点，加大对土地流转和适度规模经营的金融支持力度。（人行合肥中心支行等负责）

17. 改革完善农村宅基地管理制度。具体试点工作按中央批准的农村宅基地制度改革试点方案实施。（省国土资源厅负责）

18. 创新建设用地供给机制。具体改革工作按中央有关部署实施。（省国土资源厅负责）

19. 创新农村集体“三资”管理运营体制。全面开展农村集体“三资”清理核实和确权登记，摸清“三资”存量、结构、分布和使用效益等情况，做到账实相符、账账相符、账款相符。构建村级集体“三资”新型经营实体，以经确权评估的集体资产资源、集体经营收益、各级政府美好乡村建设资金、整村推进的土地收益等作为资本金主要来源，成立经济实体（有限责任公司），按照“集体所有、统一经营、民主管理、利益共享”原则，经营农村集体资产。建立完善农村集体“三资”经营收益分配办法。加强农村集体“三资”管理监督。加快建立农村产权流转交易市场，推动农村产权和资源的资本化、市场化和股份化。（省农委、省财政厅负责）

20. 发挥开发性和政策性金融作用。加强与国家开发银行等政策性金融机构合作，深入探索棚户区改造和开发区产城一体化融资新模式。依托省级政府投资公司成立融资平台，按照“统一评级、统一授信、统借统还”原则，筹措低成本的棚户区改造及配套设施建设资金。（省财政厅、省住房城乡建设厅、省发展改革委、国家开发银行安徽省分行等负责）深入推进开发区产城一体化融资试点，通过设立新型城镇化专项贷款、信托贷款、保险资金、委托贷款等金融工具，支持试点园区保障房、土地收储和道路等项目建设。（省发展改革委、省财政厅、国家开发银行安徽省分行等负责）

21. 健全地方债券发行管理制度。将地方政府债务分类纳入全口径预算管理，探索建立权责发生制政府综合财务报告制度。建立政府债务风险预警机制和政府性债务预算管理制度，积极争取省级政府发行专项债券的额度，市县政府举债由省级代发。（省财政厅负责）争取扩大专项用于城镇化建设的企业债券发行规模。（省发展改革委负责）探索发行项目收益债券。（人行合肥中心支行负责）

22. 创新市场化融资模式。建立政府引导、市场决定的市政公用产品和服务价格形成机制。（省物价局负责）放宽准入，完善监管，通过 PPP、BOT 等方式，鼓励社会资本参与城市公用设施投资运营。深化公用事业单位改革，放开市政管护、园林绿化养护、道路清扫保洁、垃圾收集转运等作业市场，政府通过公开、竞争、择优等方式购买公共服务。（省发展改革委、省财政厅、省住房城乡建设厅等负责）选择若干城市，开展城镇供水、管道燃气、污水垃圾处理、轨道交通、综合管廊等公用设施及部分保障房建设 PPP 模式试点。（省住房城乡建设厅、省财政厅等负责）

23. 探索设立住宅政策性金融机构。在有条件的地区推广芜湖住房金融（小额贷款）公司运作经验，逐步扩大试点范围，按照管运分离原则，在住房公积金决策机制不变、归集政策及渠道不变、使用政策不变、管理运作机制不变的前提下，由住房公积金管理委员会决策、住房公积金管理中心管理、政府授权相关机构运作，实行统一平台、分账核算、专款专用。建立健全有效的风险评估、市场监测和分析预警机制。完善内部控制体系，规范业务流程，建立有效的风险防范和处置机制。（省政府金融办、省住房城乡建设厅等负责）

三、保障措施

（一）加强组织领导。成立推进新型城镇化试点省工作领导小组，统筹研究解决综合试点中的重大问题。领导小组办公室设在省发展改革委，具体负责试点日常组织、协调和推进工作。（省编办、省发展改革委等负责）各市县建立相应领导协调机构，制定本地区试点方案，切实抓好试点各项工作。（各市、县人民政府负责）

（二）精心组织实施。坚持因地制宜、分类指导、循序渐进、量力而行，科学有序推进试点。新型城镇化试点省工作领导小组定期对改革试点总体进展、政策落实和实施效果开展督查指导、考核通报，及时协调解决试点推进中出现的问题，不断完善政策措施。省有关部门要认真履行职责，制定本部门具体方案，密切与国家部委的沟通衔接，加强对试点地区的指导服务。（省有关部门负责）

（三）积极宣传引导。广泛宣传新型城镇化试点工作的重大意义、目标任务和政策措施，及时推广各地好做法、好经验，建立意见征集和反馈平台，引导全社会力量共同参与试点工作。（省委宣传部等负责）

附录五

关于转发国家标准委等三部门《关于开展新型城镇化标准体系建设工作的指导意见》的通知

皖质函〔2015〕92号

各市质量技术监督局、工商行政和市场监督管理局，各市发展改革委、建委，广德、宿松县质监、发展改革、建设等有关部门：

现将国家标准委等三部门《关于开展新型城镇化标准体系建设工作的指导意见》（国标委农联〔2015〕21号）转发给你们，并提出以下要求，请一并遵照执行：

一、充分认识开展新型城镇化标准体系建设工作的重要意义。开展新型城镇化标准体系建设工作，是在国家新型城镇化建设发展规划中，将综合标准化原理和方法的具体运用，建立健全新型城镇化标准体系，有利于引导资源优化配置，推进建设管理的规范化、精细化，推动新型城镇化持续健康发展。

二、各地要结合本地区城镇化发展实际，积极开展新型城镇化标准化试点工作，细化新型城镇化标准化试点方案并组织实施，因地制宜制定和实施相关标准，建立适应本地新型城镇化发展需要的标准体系。

三、加强领导，加大投入，加强人才队伍建设，注重标准化技能培训，提升新型城镇化标准化工作水平，探索标准推广实施的方式方法，加大标准的宣传贯彻和推广应用工作力度，推动新型城镇化健康有序发展。

附件：国家标准化管理委员会　国家发展和改革委员会住房和城乡建设部关于开展新型城镇化标准体系建设工作的指导意见

省质监局　省发改委　省建设厅

2015年4月7日

附件

国家标准化管理委员会 国家发展和改革委员会 住房和城乡建设部关于开展新型城镇化标准体系建设工作的指导意见

国标委农联〔2015〕21号

各省、自治区、直辖市质量技术监督局，发展改革委，住房和城乡建设厅（建委等有关部门），国务院各有关部门，各有关行业协会，集团公司：

为贯彻落实《国家新型城镇化规划（2014—2020年）》（以下简称《规划》），加快新型城镇化标准体系建设，明确建设原则、目标和任务，增强标准制修订工作的针对性和有效性，充分发挥标准化对提升城镇化质量的引导支撑作用，现提出以下意见。

一、充分认识标准化对新型城镇化发展的支撑作用

标准是引导经济社会有序发展的技术支撑。实现《规划》提出的有序推进农业转移人口市民化、优化城镇化布局和形态、提高城市可持续发展能力、推动城乡发展一体化等重大战略任务，都需要标准的支撑和规范。建立健全新型城镇化标准体系，制定实施基本公共服务提供、基础设施建设、资源环境保护等方面的标准，有利于引导资源优化配置，推进建设管理的规范化、精细化，保障政策和改革措施的落地，推动新型城镇化持续健康发展。

二、基本原则和总体目标

（一）基本原则

坚持目标导向原则。围绕《规划》提出的城镇化水平和质量稳步提升、城镇化格局更加优化、城市发展模式科学合理、城市生活和谐宜人、体制机制不断完善的发展目标，进行系统设计和科学构建，直接服务于新型城镇化发展的重点任务。

坚持系统性原则。围绕新型城镇化的发展目标和重大任务，统筹考虑标准体系中基本公共服务、基础设施、资源环境等各要素的功能，各要素之间的关系以

及各要素与系统的关系，统筹协调新型城镇化标准体系与其他领域标准体系的关系，相互支持、互相配合。

坚持开放性原则。新型城镇化标准体系框架根据发展需要及时调整补充，结合新的城市规模划分标准，因地制宜制定与发展水平相适应的标准，对相关标准进行相应修订，不断完善标准体系。

（二）总体目标

到2020年初步建成体现以人为本，注重绿色、智慧和人文的新型城镇化发展理念，以资源配置、规划要求为重点，层次分明，科学合理，适用有效，基本覆盖新型城镇化建设核心关键环节，满足新型城镇化发展需求的标准体系。具体目标包括：

1. 新型城镇化涉及的规划设计、资源配置、管理评价标准基本健全，完成200项左右国家标准的制修订工作。

2. 体系建设支撑能力显著增强，完成10项左右新型城镇化标准化重大问题前期研究，形成对标准制修订工作的有效支撑。

3. 体系运行效果逐步显现，开展10个新型城镇化标准化试点，形成一套可复制、可推广的标准化经验和模式。

三、标准体系框架

新型城镇化标准体系框架根据《规划》所确定的发展目标和重大任务，由指标层、要素层、推进层三层架构组成，体系框架详见附图。

指标层：是直接反映新型城镇化核心指标和辅助指标的具有引导全局性质的标准组合层次，制定支撑《规划》主要指标和目标实现的基础通用类标准。包括基本公共服务和社会治理、基础设施、资源环境等三个领域。农业现代化领域的标准在体系框架中单独设置。

要素层：是为实现核心指标所需要的基本要素的标准组合层次，由指标层展开，制定指导和评价城镇化进程中特定领域的领域通用类标准。包括9个基本公共服务和社会治理要素、7个基础设施要素、5个资源环境要素，以及5个农业现代化要素。

推进层：是为实现要素功能而选择的重要路径及各节点的标准组合层次，由要素层展开，制定特定领域的专用标准。具体包括学校布局与建设、道路设施、土地配置等137个方面。

涉及工程建设领域的标准要与《住房城乡建设部关于落实国家新型城镇化规划完善工程建设标准体系的意见》协调衔接，确保国家标准的一致性。

四、重点领域和主要任务

（一）基本公共服务和社会治理

加强以促进教育、就业、社会保险、医疗卫生、公共文化、公共体育、住房保障、养老服务、公共交通、商业服务、法律、邮政等公共服务水平提升的关键技术和能力建设标准，影响服务功能布局的配置标准为重点的城市基本公共服务标准的制修订，提高基本公共服务能力和服务的有效性。

加强以农村转移人口落户，供电、供水、供气、排水、消防、信息、交通、污水和垃圾处理、园林绿化等服务与管理，社会治安，防灾减灾，安全生产等为重点的城镇管理标准制修订，提升城市社会治理能力和运行效率。

加强以农村基本公共教育、医疗卫生、养老、文化体育、就业、邮政等为重点的农村基本公共服务标准制修订，推进城乡资源均衡配置和基本公共服务均等化。

（二）基础设施建设

加强以城乡总体规划、城市地下空间规划、城市公共设施规划、综合交通体系规划、中小学校的布局等为重点的规划标准制修订，提升城乡布局的科学性。

加强以城市、镇乡和农村房屋建筑，供水、供气、供热、污水处理及再生利用、污泥处理处置、供电、交通等基础设施，教育、卫生、流通、文化、体育、养老、就业、旅游和休闲、邮政、司法行政等公共服务设施，人防、消防、防洪、防雷、排水防涝、垃圾处理、应急避难防灾设施等为重点的设施建设标准制修订，提高建筑工程质量安全和保障能力。

加强以城市地下管线信息系统建设与管理标准，智能电网、智能交通网、智能物流、智能热网、智能水网和智能燃气网建设与运行维护标准等为重点的智慧城市标准制修订，提高城镇运行的信息化水平。

（三）资源环境

加强以空间资源配置、土地利用、水资源利用与保护、能源综合利用、生活垃圾处理、污水污泥等污染物排放控制与处理、城市绿地建设与管理、自然保护区管理、风景名胜区管理等为重点的资源环境承载能力和配置管理标准的制修订，完善相关产品标准、工程标准、服务标准中的资源环境保护技术要求，提升资源利用效率，改善环境质量，促进资源和环境可持续发展。

加强以土地节约集约利用、工矿废弃地复垦利用、新能源和可再生能源应用、低能耗建筑、建筑节能、绿色建筑、绿色建材、建筑产业现代化、城市节水、城市水体涵养保护、海绵城市建设、低影响开发雨水系统、绿色生态城区建设、城市绿道建设、建筑碳排放、再生资源综合利用、城市市政基础设施节能等为重点的绿色城市建设标准制修订，将生态文明全面融入城市发展和人民生活。

加强以历史文化名城名镇名村、历史文化街区、传统村落和传统民居特色景观旅游名镇名村保护利用、风景名胜区等为重点的文化资源保护标准制修订，提高城市文化承载能力，保护文化传承。

加强以美丽乡村建设，农村垃圾和污水处理，农业源污染治理、农村生态环境保护、河道治理等为重点的农村人居环境标准制修订，改善农村人居环境状况。

（四）农业现代化

加强以粮食安全和重要农产品有效供给，农产品流通网络布局与批发零售市场建设、小型农产品集贸市场和集配中心、农产品电子商务等农产品流通，农产品质量安全，以及农业社会化服务等为重点的现代农业标准制修订，提高农业产业效益和发展能力，促进农业可持续发展。

五、主要措施

（一）分工负责，合力推进

按照统一管理、分工负责的原则，建立新型城镇化标准化工作协调机制，加强部门间的统筹协调，用改革的方法、法治的理念，研究解决新型城镇化标准化的重大问题。国家标准委会同国家发展改革委、住房城乡建设部等有关部门做好新型城镇化标准体系的顶层设计、标准规划，指导各项工作顺利开展。国务院各有关部门负责各自领域标准项目的管理和拟定，并负责标准的实施和监督。各地结合本地区特点，制定具体方案和措施，组织制定相关标准，通过政府采信、第三方认证等多种手段，加大标准的宣传贯彻和推广应用工作力度。

（二）加强标准前期研究

围绕标准体系建设重点领域和急需项目，加强新型城镇化进程中具有引导性、系统性和全局性的基础通用类标准的研究。开展具体细化指标、测算依据、数据采集和评价方法，以及公共服务资源和基础设施网络布局、土地利用规划、生态环境规划等方面标准的前期研究，为标准制定提供支撑。

（三）开展标准化试点

积极推进新型城镇化标准化试点工作，指导试点单位结合本地区城镇化发展实际，细化新型城镇化标准化试点方案并组织实施，建立适应各自新型城镇化发展需要的标准体系，因地制宜制定和实施规划类和资源配置类相关标准，为新型城镇化标准制定提供实践和验证。

（四）加强工作保障和实施推广

各部门各地区要加大对新型城镇化标准化的投入力度，研究建立多元化的投入机制，为推进新型城镇化标准化提供保障。加强人才队伍建设，注重标准化技能培训，提升新型城镇化标准化工作水平。加大标准宣传贯彻力度，探索标准推广实施的方式方法，推动新型城镇化健康有序发展。

附件：新型城镇化标准体系框架

国家标准化管理委员会
国家发展和改革委员会
住房和城乡建设部
2015 年 2 月 28 日

附件

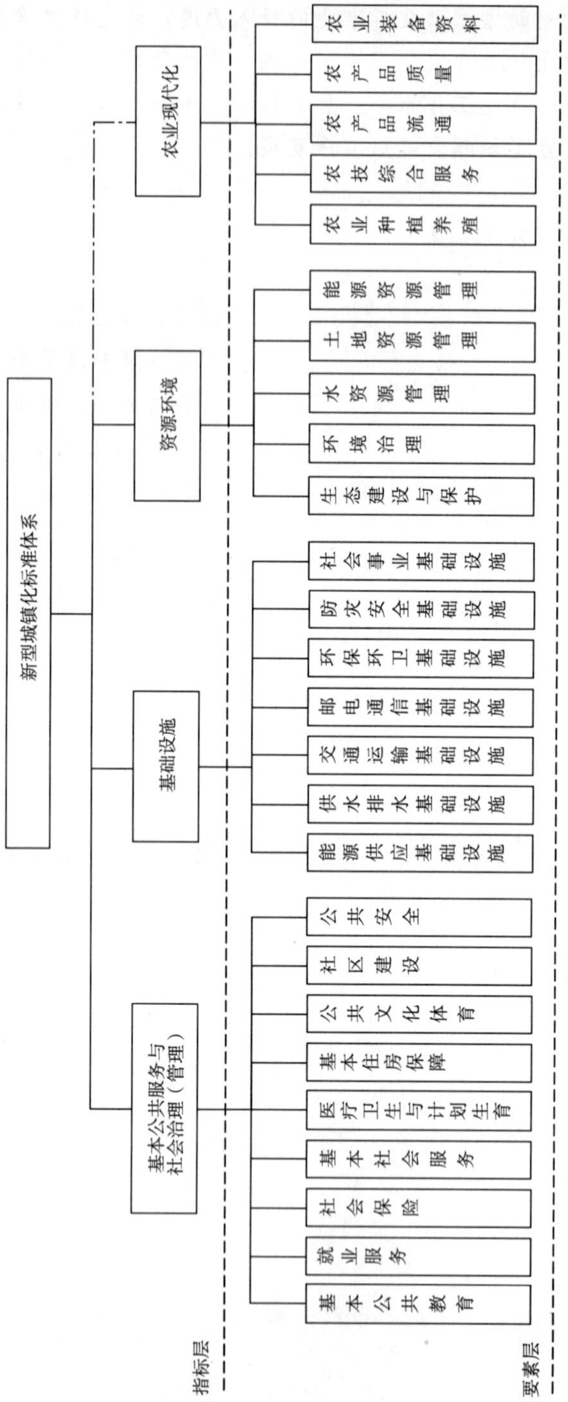

图1 新型城镇化标准体系框架

注：标准体系结构图中所列条目代表了新型城镇化进程中可通过标准化活动予以规范和指导的方面或要素，它不代表未来可能建立的标准或标准体系的具体名称。每一项列出的要素都有相对应的标准（如基础通用类标准、领域通用类标准等）。下面的图2、图3、图4和图5与此情况相同。

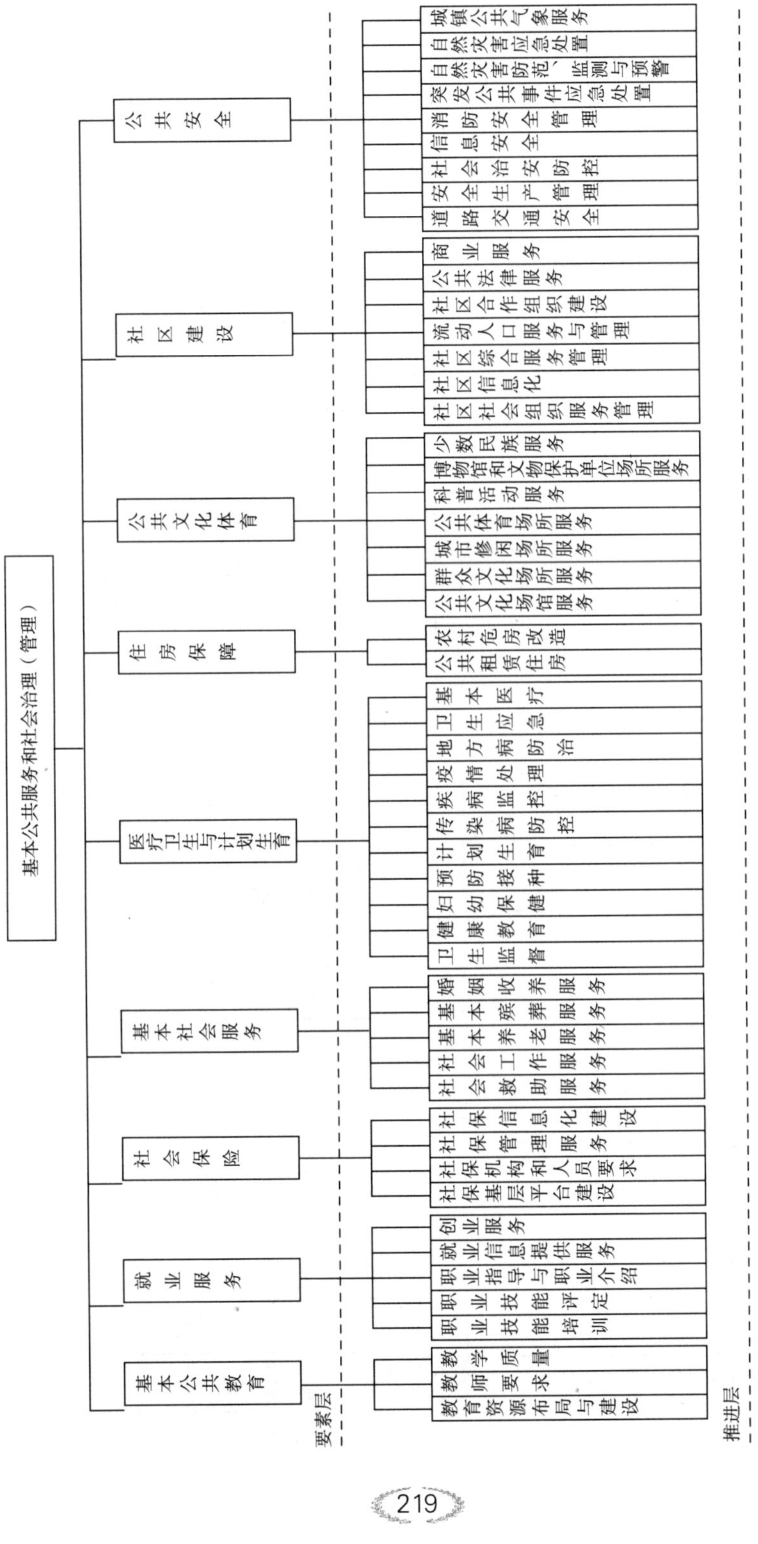

图2　基本公共服务子体系框架

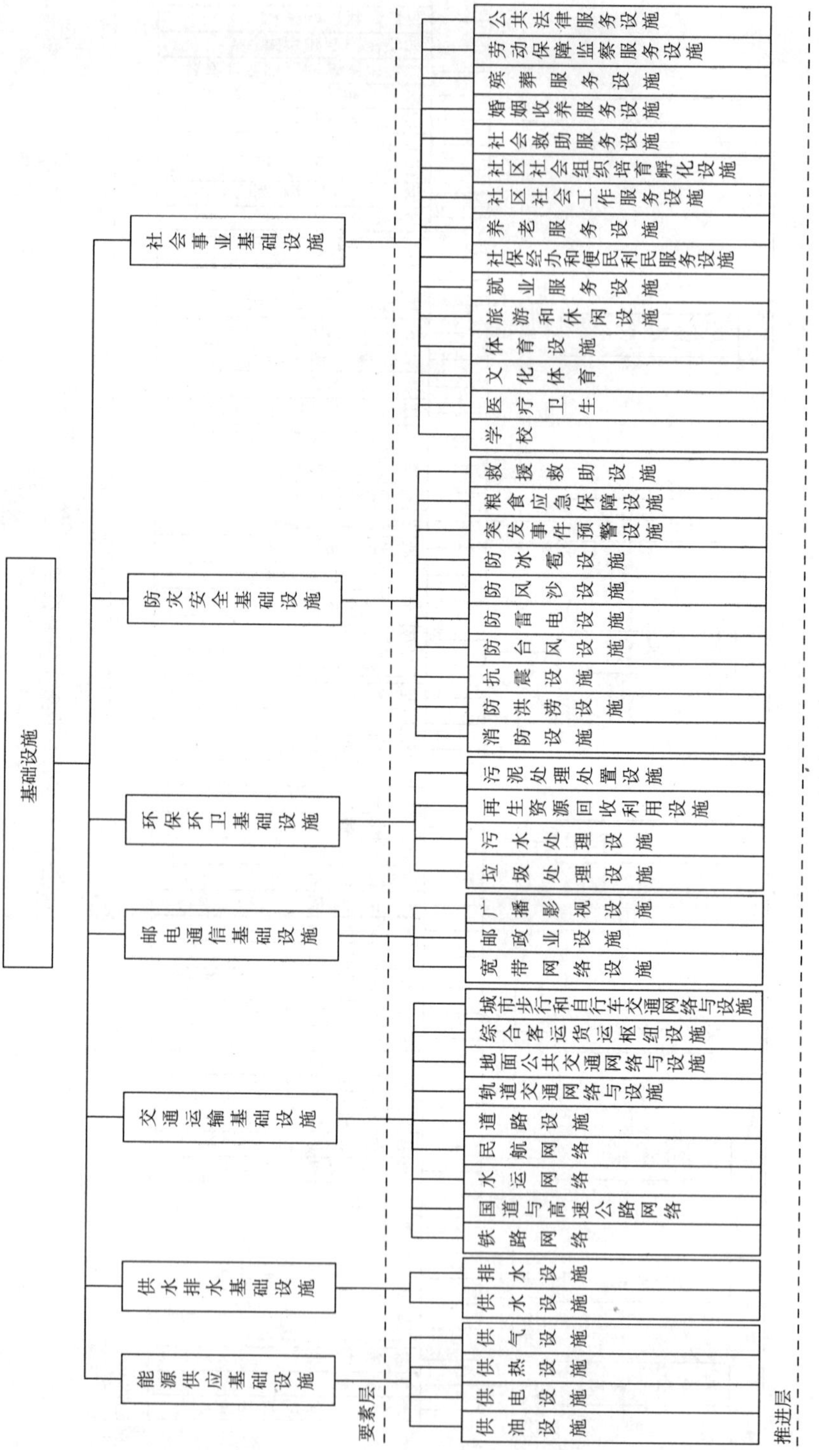

图3 基础设施子体系框架

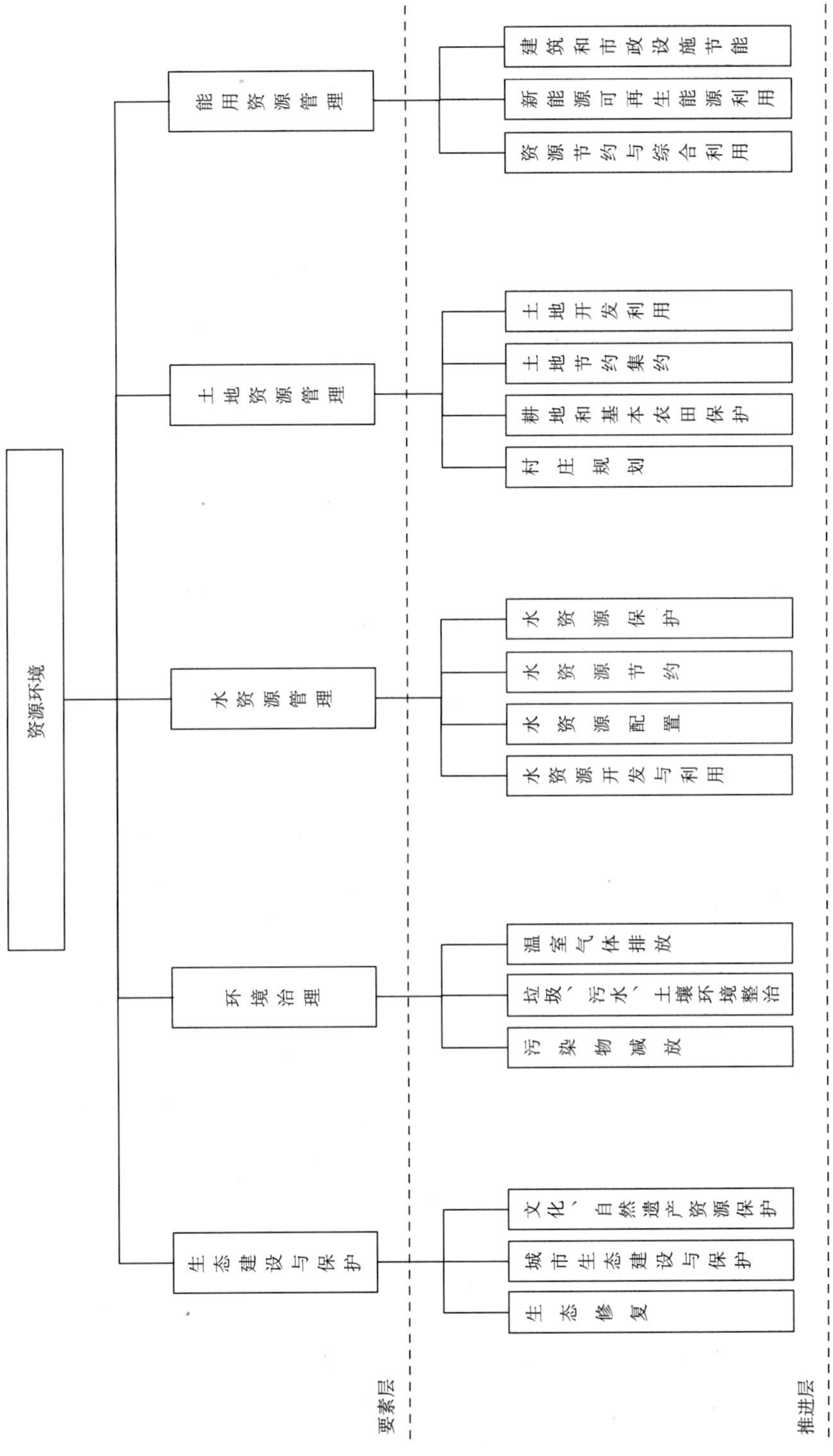

图4 资源环境子体系框架

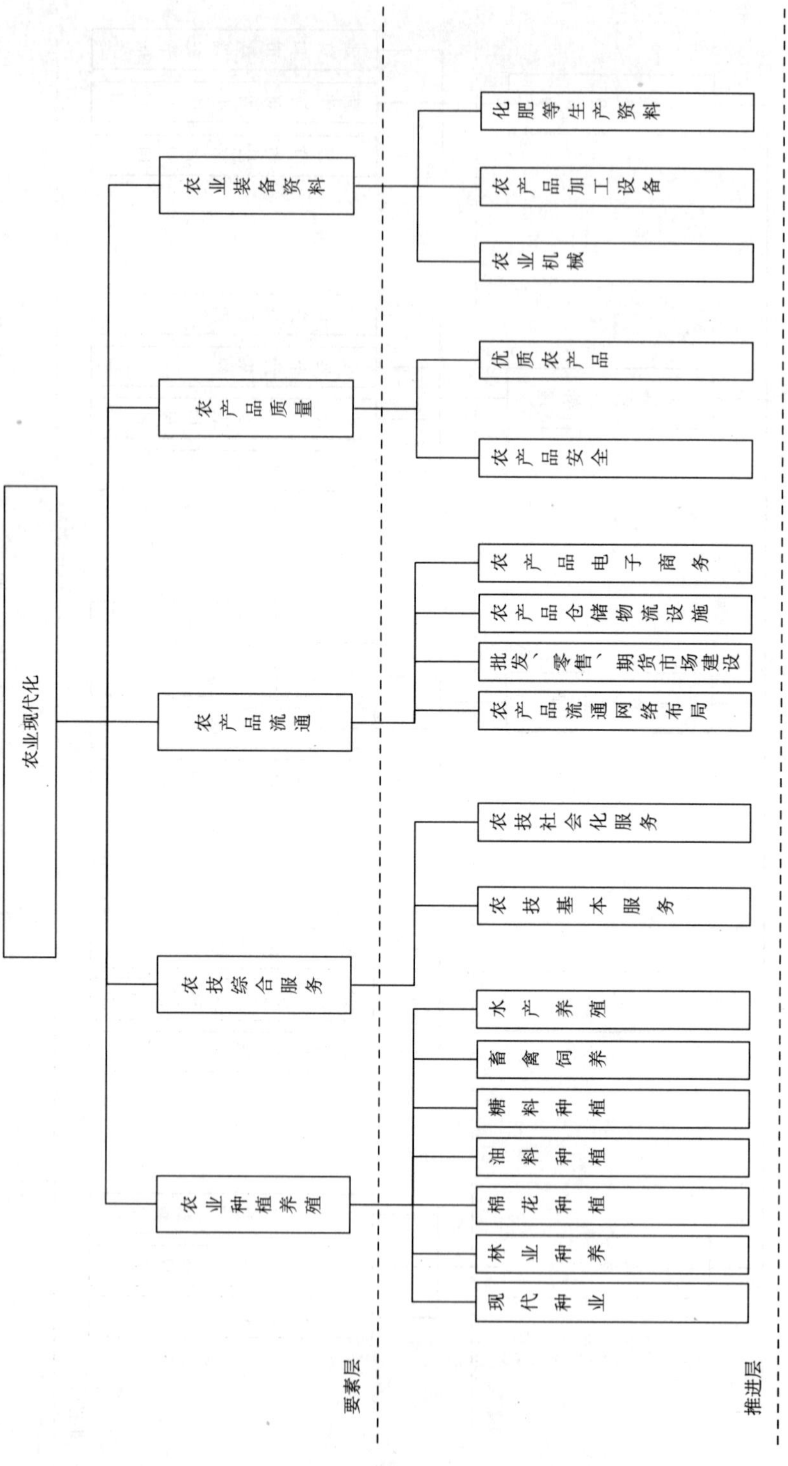

图5 农业现代化子体系框架

附录六

关于《安徽省新型城镇化标准化试点工作实施方案》的报告

皖质函〔2015〕304号

国家标准委：

根据国家标准委办公室、国家发展和改革委员会办公厅《关于扎实推进国家新型城镇化标准化试点工作的通知》（标委办农联〔2015〕83号），现将《安徽省新型城镇化标准化试点工作实施方案》上报如下：

一、目的意义

城镇化是伴随工业化发展，非农产业在城镇集聚、农村人口向城镇集中的自然历史过程，是人类社会发展的客观趋势，是国家现代化的重要标志。标准是经济社会有序发展的技术支撑，是国家治理体系和治理能力现代化的基础性制度。新型城镇化要有序推进农业转移人口市民化、优化城镇化布局和形态、提高城市可持续发展能力、推动城乡发展一体化，这些都需要标准的支撑和规范。

2014年12月国家发展改革委等11部门联合印发《关于印发新型城镇化综合试点方案的通知》（发改规划〔2014〕2960号），确认“安徽省”为国家新型城镇化综合试点地区。2015年2月，安徽省人民政府出台《国家新型城镇化试点省安徽总体方案》（以下简称《安徽试点方案》）。

经过深入学习，分析研究，我省新型城镇化标准化试点工作紧紧围绕《安徽试点方案》确立的“总体要求和试点目标”，针对支撑城乡要素统筹和平等交换，优化资源均衡配置，实现城乡规范化、精细化管理等当前新型城镇化工作中的具体问题，通过制定和实施新型城镇化发展中的基本公共服务和社会治理、基础设施、资源环境等方面的标准，完善新型城镇化标准体系，促进各项政策和改革措施的落实，推动新型城镇化持续健康发展。

二、现状与工作基础

（一）成立组织，制定方案，出台政策

（1）成立了组织机构。成立推进新型城镇化试点省工作领导小组。领导小组办公室设在省发展改革委，具体负责试点日常组织、协调和推进工作。各市县建立相应领导协调机构，制定了本地区试点方案，切实抓好试点各项工作。

(2) 制定了工作方案、明确了任务。2015 年 2 月，安徽省人民政府出台《国家新型城镇化试点省安徽总体方案》，并明确提出："加快与新型城镇化发展相配套的规划、建设、管理与评价等标准的制修订，强化标准实施与监督，探索建立可复制、可推广的标准化模式。"全面推进安徽省新型城镇化试点工作。此后又出台《安徽国家新型城镇化试点省三年行动计划（2015—2017 年）》，确定了未来三年的任务分工和重点工作内容。

(3) 及时转发文件。2015 年 4 月，我局会同安徽省发展改革委、安徽省建设厅联合转发了国家标准委等三部门《关于开展新型城镇化标准体系建设工作的指导意见》（通知见皖政〔2015〕92 号），并要求各市（及直管县）质量技术监督局、工商行政、市场监督管理局、发展改革委、建委等有关部门提高认识、积极开展新型城镇化标准化试点工作、加强领导和投入。

(4) 出台相关政策。省政府及相关部门先后出台了《安徽省人民政府关于进一步推进户籍制度改革的意见》《安徽省人民政府关于进一步做好为农民工服务工作的实施意见》《安徽省人民政府关于进一步完善城乡居民基本养老保险制度的实施意见》《安徽省人民政府办公厅关于开展农村土地承包经营权抵押贷款试点的指导意见》《省委办公厅省政府办公厅关于引导农村土地经营权有序流转发展农业适度规模经营的实施意见》等 10 项政策文件，确保试点工作有序开展。

（二）制定相关标准，开展项目试点

(1) 制定地方标准，立项地标计划。2014 年以来，我局联合安徽省建设厅、安徽省发展改革委、安徽省农委、安徽省交通厅等单位，围绕新型城镇化过程中的基本公共服务与社会治理、基础设施、资源环境、农业现代化等方面，先后发布实施了 DB34/T 5017—2015《安徽省城镇燃气服务规范》、DB34/T 5025—2015《城镇供水服务标准》、DB34/T 5011—2015《安徽省村庄规划编制标准》、DB34/T 1524—2015《安徽省保障性住房建设标准》、DB34/T 2297—2015《村镇污水处理一体化装置》等地方标准 110 项；已立项《安徽省城镇污水处理厂运行管理标准》《安徽省城镇污水处理厂运行、维护及安全技术规程》《农村公路水泥混凝土路面早期病害处治规程》《美丽乡村建设规范》《美丽乡村建设评价规范》《美丽乡村生活垃圾集中处理规范》《美丽乡村文化广场管理与维护规范》《徽州传统建筑整治与利用技术导则》等制修订标准 67 项。

(2) 开展多种项目试点。积极开展国家级"多规合一"试点，启动省级"多规合一"试点；国家大中城市地下管网综合管廊建设试点，启动地下管网综合管廊建设省级试点；农村土地承包经营权抵押贷款试点；开展了县城和重点镇基础设施提升工程建设；推动新能源和可再生能源示范城市（镇）建设，实施生物质能源清洁供热示范项目；城市社区便捷生活服务圈建设等项目。

此外，依托安徽省美丽乡村建设标准化试点工作（铜陵县、潜山县、烈山区），开展了安徽省美丽乡村标准化研究，分析安徽省美丽乡村建设的标准化现状，确定了农业生产基础设施、农村生活基础设施、农村公共基础设施、农业资源综合利用、产业支撑等标准化要素，构建了安徽省美丽乡村标准体系框架并编制了标准体系表。

（三）做好技术支持，抓好专题课目研究

（1）抓好相关技术机构建设。为更好地发挥标准对安徽省经济、社会事业的支撑保障作用，我省先后成立了安徽省农业标准化技术委员会、安徽省工程建设标准化技术委员会、安徽省建筑节能标准化技术委员会、安徽省服务标准化技术委员会、安徽省节能减排及循环经济标准化技术委员会、安徽省信息技术标准化技术委员会和安徽省工程勘察与地基基础标准化技术委员会等标准化技术机构，这些机构可以为安徽省新型城镇化标准化试点工作提供技术服务和技术支撑，保障标准及标准设计（以下统称标准）的编制质量和水平，强化标准的实施指导和监督。

（2）积极依托标准研究机构。作为安徽省唯一专业从事质量和标准化研究与服务的省级社会公益类科研单位，明确安徽省质量和标准化研究院为安徽省新型城镇化标准化试点的技术支撑机构，为试点工作提供标准信息与技术服务、标准化技术研究、标准体系建设研究等工作。

（3）抓好相关专题课目研究。依托“城乡一体化标准体系前期研究”项目，开展了安徽省城乡一体化标准体系实证研究，从空间、经济、社会、生态等4个维度研究分析安徽省城乡一体化过程中可实现标准化的范围和对象，构建了安徽省城乡一体化标准体系框架并编制了标准体系表，形成了《安徽省城乡一体化标准化实证研究》研究报告。

三、指导思想与总体目标

（一）指导思想

全面贯彻落实党的十八大，十八届三中、四中全会和中央城镇化工作会议精神，以人的城镇化为核心，以提升质量为关键，紧紧围绕需要深入研究解决的重点难点问题，充分发挥改革试点的先遣队作用，大胆探索、试点先行，寻找规律、凝聚共识，为全国提供可复制、可推广的经验和模式。

（二）总体目标

通过新型城镇化标准化试点，推动标准化在新型城镇化发展过程中的应用和实施，提升新型城镇化发展过程中的标准化水平，总结试点经验，形成新型城镇化标准化可复制、可推广的发展模式，支撑和促进新型城镇化规范、有序发展。

主要目标包括：

1. 适应新型城镇化发展需求，逐步建立较为完善的新型城镇化标准体系，加强与新型城镇化发展相配套的规划、建设、管理和评价等方面标准的制修订。

2. 提高标准实施的有效性，推动相关标准的贯彻应用，探索建立可复制、可推广的标准化模式。

3. 探索建立新型城镇化标准化工作机制，形成不同规模的新型城镇化标准化工作模式。

四、试点内容与进度安排

（一）试点内容

1. 试点标准化研究

围绕安徽省新型城镇化综合试点的农业转移人口市民化、城镇规划、城镇建设、新型城市行政管理、城镇化投融资等主要任务，开展标准化研究，梳理现有标准和重要标准，提炼典型试点地区的成熟经验和做法，总结新型城镇化建设工作模式。

2. 标准体系构建

根据国家标准委、发展改革委、住房和城乡建设部《关于开展新型城镇化标准体系建设工作的指导意见》的要求及其中新型城镇化标准体系的总体框架，结合我省新型城镇化建设的实际，构建覆盖安徽省国家新型城镇化综合试点的农业转移人口市民化、城镇规划、城镇建设、新型城市行政管理、城镇化投融资等主要任务，包括户籍管理、住房供应、公共教育保障、医疗卫生保障、养老服务；融资服务、城乡规划、土地规划、绿色城市建设、智慧城市建设、人文城市建设、城乡一体化、美丽乡村建设、环境整治、土地整治、政务服务等要素的新型城镇化标准体系框架。

3. 重要标准研制

围绕安徽省新型城镇化建设中城镇建设、新城镇规划、城镇化投融资、农业转移人口市民化、新型城市行政管理等重要领域，开展与之相配套的规划、建设、管理和评价等方面标准的研制，特别是适应我省城镇化建设需要的地方标准的制修订，拟制定30～50项重要标准。对经实践检验行之有效的地方标准，进行提炼，及时转化为行业标准或国家标准。

4. 标准的实施和监督

采取通过行政推动、政策引导、专家解读等手段，结合邀请标准主要起草人、专家授课讲解，进行标准的宣贯培训，并按照“制标、贯标、执标、评标、修标”等标准化全生命周期活动，持续改进标准，提高标准实施的有效性和适用性。此外，开展标准化培训，内容包括：标准基础知识培训、标准编写、农业标准化、新型城镇化发展历程及标准化的作用、重要标准宣贯培训等。拟开展10期标准化培训。

5. 开展标准化试点

按照“开放、创新、融合”的理念，选择基础较好、积极性高、具有较强标准化意识的地区，开展标准化试点工作。通过“制标、贯标、执标、评标、修标”等标准化全生命周期活动，实现边试点、边验证、边完善，总结经验并形成理论研究成果，为新型城镇化标准体系的持续改进提供实践和验证，逐步完善新型城镇化相关标准及标准体系。

（二）进度安排

第一阶段（2015年1月至9月）：确定具体试点领域和内容。根据《国家新型城镇化综合试点工作方案》《国家新型城镇化试点省安徽总体方案》和《安徽国家新型城镇化试点省三年行动计划（2015—2017年）》的要求，选择确定具体试点的标准化领域和内容。

第二阶段（2015年10月至12月）：开展标准化研究，构建标准体系框架。根据《关于开展新型城镇化标准体系建设工作的指导意见》（标委办农联［2015］21号）的要求，开展标准化分析研究，梳理现有标准；结合我省新型城镇化试点的实际，因地制宜，构建本地区新型城镇化标准体系框架，提出计划制定和实施的重点标准目录清单。

第三阶段（2016年1月至12月）：开展重要标准制修订。根据安徽省新型城镇化建设的需要，重点围绕安徽省国家新型城镇化综合试点的农业转移人口市民化、城镇规划、城镇建设、新型城市行政管理、城镇化投融资等重点领域相配套的规划、建设、管理和评价等方面标准的制修订。

第四阶段（2017年1月至6月）：开展标准化试点工作。选择基础较好、积极性高、具有较强标准化意识的地区，开展标准化试点工作，通过“制标、贯标、执标、评标、修标”等标准化活动，实现边试点、边验证、边完善，逐步完善新型城镇化相关标准及标准体系。

第五阶段（2017年7月至12月）：标准的实施，经验总结。采取切实可行的措施，确保纳入新型城镇化标准体系的标准全面得到有效实施。全面提炼总结试点经验，形成可推广标准化模式。

五、考核评估指标

1. 构建完成层次分明、科学合理、适用有效，基本覆盖我省新型城镇化建设核心关键环节，满足新型城镇化发展需求的标准体系框架。

2. 完成30～50项地方标准的制修订，10项地方标准立项，形成对新型城镇化建设工作的有效支撑。

3. 完成3个新型城镇化标准化试点，形成一套可推广的标准化经验和模式。

六、组织管理、运行机制与保障措施

（一）分工负责，合力推进。按照统一管理、分工负责的原则，建立新型城镇化标准化工作协调机制，实现部门间的统筹协调，用改革的方法、法治的理念，研究解决新型城镇化标准化的重大问题。省质监局会同省发展改革委、省建设厅等有关部门做好新型城镇化标准体系的顶层设计、标准规划，指导各项工作顺利开展。各市、县相关部门进一步细化本方案，组织相关工作，结合本地实际制定相关标准，加大标准的宣贯实施和推广应用。

（二）精心组织，全面实施。坚持因地制宜、分类指导、循序渐进的原则，科学有序推进试点。新型城镇化标准化试点领导小组定期对试点总体进展、政策落实和实施效果开展督查指导、考核通报，及时协调解决试点推进中出现的问题，不断完善政策措施。技术支撑部门加强对试点地区的指导服务。

（三）主动宣传，营造氛围。充分发挥广播、电视、期刊、网络、简报等主流媒体的作用，搭建宣传平台，创新形式和载体，广泛宣传新型城镇化标准化试点的重大意义、政策措施、各地好的经验和做法，以及实践中涌现出来的模范人物和典型事迹，形成全社会共同关心、支持、监督新型城镇化标准化建设的良好氛围。

（四）加强监督，综合评价。着力构建全方位、多层次、宽领域的监督评价体系，广泛听取各方意见，总结试点工作中的经验做法，并大力推广应用。采取日常改进、持续改进、评价后改进、改进后跟踪评价等方式方法，不断提高试点标准化工作的质量和水平。

（五）资金扶持，政策保障。各级财政要按照“资金性质不变、管理渠道不变，统筹使用、各司其职、形成合力”的原则，加大对新型城镇化标准化试点建设资金的扶持。积极研究、制定相关政策，引导和鼓励财政资金、社会资金投入新型城镇化标准化试点工作。

七、效益分析

标准化是规范人类社会生产、生活秩序和产品、服务质量的基石，是优化管理效能、提升服务质量的重要技术手段。站在全省的层面，构建安徽省新型城镇化标准体系，研制包括基本公共服务、基础设施、资料环境、农业现代化等领域重要标准，通过“制标、贯标、执标、评标、修标”等标准化活动，实现边试点、边验证、边完善，全面提炼总结试点经验，形成可推广、可复制的标准化模式。通过新型城镇化标准的实施和标准化模式的推广应用，将有利于引导资源优化配置、推进建设管理的规范化、精细化，保障政策和改革措施的落实，推动新型城镇化持续健康发展。

开展新型城镇化标准化建设是提升农民生活水平、加快城乡一体化进程的需要。运用标准化方法，在城镇化建设中不断探索和实践，将标准原理应用于农村基础设施建设当中。统筹城乡发展理念，走新型城镇化道路，把城镇与乡村作为一个整体来布局，形成以县域中心城市为龙头，以中心镇、中心村为纽带的城乡规划建设体系。建立以工促农、以城带乡的长效机制，统筹各种生产要素在城乡之间的有效配置和合理流动，引导农业向规模化经营发展，推动城镇基础设施、公共服务与社会保障进一步向农村延伸覆盖，使乡土文明融入现代文明，优化人居环境，提升农民生活的幸福指数。

安徽省质量技术监督局

2015 年 10 月 10 日

附录七

安徽省人民政府关于深入推进新型城镇化试点省建设的实施意见

皖政〔2016〕85号

各市、县人民政府，省政府各部门、各直属机构：

为贯彻落实《国务院关于深入推进新型城镇化建设的若干意见》（国发〔2016〕8号）和《安徽省人民政府关于印发国家新型城镇化试点省安徽总体方案的通知》（皖政〔2015〕15号）精神，全面提升我省新型城镇化质量和水平，现提出如下实施意见：

一、总体要求

全面贯彻党的十八大和十八届三中、四中、五中全会以及习近平总书记系列重要讲话和视察安徽重要讲话精神，按照"五位一体"总体布局和"四个全面"战略布局，贯彻落实创新、协调、绿色、开放、共享的发展理念，以人的城镇化为核心，以提高质量为关键，以体制机制改革为动力，推动"五有并轨"和"三权落实"，进一步增强农业转移人口进城落户意愿和能力，进一步提升城镇综合吸引力和承载力，进一步完善新型城镇化保障机制，加快提高户籍人口城镇化率，力争新型城镇化试点工作取得预期成效，形成可复制、可推广的试点经验。到2020年，全省常住人口城镇化率达到56%，户籍人口城镇化率达到35%。

坚持点面结合、统筹推进。统筹规划，总体布局，促进大中小城市和小城镇协调发展，着力解决好农业转移人口市民化问题，全面提高城镇化质量。充分利用国家新型城镇化综合试点和各专项试点政策，力争在重要环节改革方面取得新突破。

坚持政府引导、群众自愿。充分尊重农业转移人口意愿，依法保障农业转移人口的合法权益。加大改革宣传力度，完善政策措施，建立激励机制，合理引导农业转移人口自愿进城落户。

坚持纵横联动、协同推进。加强部门间政策制定和实施的协调配合，推动户籍、土地、住房等相关政策和改革举措形成合力。加强部门与市、县政府联动，充分调动市、县政府工作积极性，确保改革举措落地生根。

坚持补齐短板、重点突破。以促进农民工融入城镇为核心，以加快新生中小城市培育发展和新型城市建设为重点，补齐短板，加快突破，弥补供需缺口，促进新型城镇化健康有序发展。

二、增强农业转移人口进城落户意愿和能力

（一）深化户籍制度改革。积极落实《安徽省人民政府关于进一步推进户籍制度改革的意见》（皖政〔2015〕53 号）精神，鼓励各市县进一步放宽落户条件，加快制定公开透明的落户标准和切实可行的落户目标，确保有意愿有能力落户城镇的农业转移人口应落尽落。积极引导农村学生升学和部队退伍进入城镇的人口、举家迁徙的农业转移人口以及新生代农民工落户城镇。最大限度精简申领城镇户口手续，缩短办理时限，方便户口迁移。（省公安厅负责）

（二）全面实行居住证制度。修订《安徽省流动人口居住登记办法》，建立健全居住证与基本公共服务供给衔接机制，推进居住证制度覆盖全部未落户城镇常住人口，保障居住证持有人在居住地享有义务教育、基本公共就业服务、基本公共卫生服务和计划生育服务、公共文化体育服务、法律援助和法律服务以及国家规定的其他基本公共服务。各级人民政府要根据本地承载能力，不断扩大对居住证持有人的公共服务范围并提高服务标准，缩小与户籍人口基本公共服务的差距。支持各市出台政策促进居住证持有人在当地落户。（省公安厅、省教育厅、省人力资源社会保障厅、省卫生计生委、省文化厅、省体育局、各市人民政府负责）

（三）积极为农业转移人口提供就业创业机会。加快推动有利于发挥劳动力比较优势的产业升级，大力发展劳动密集型产业，积极培育吸纳就业能力较强的生产性和生活性服务业，增加就业岗位，吸纳更多的农村劳动力转移就业。鼓励省内企业提升薪酬待遇、培育企业文化、丰富员工业余生活，增强新生代农民工的归属感。完善和落实促进农业转移人口就业政策，构建政策咨询、就业服务、职业培训、劳动维权、心理辅导等内容的市民化综合服务平台。加大农业转移人口培训力度，根据产业发展需求设置培训内容，每年培训农业转移人口不低于 100 万人次，推动我省由民工大省向技工大省转变。积极实施“凤还巢”工程，大力推进农业转移人口返乡创业，充分利用农民工创业园等载体，鼓励和引导积累一定资金、技术和管理经验的农业转移人口返乡创业。（省发展改革委、省人力资源社会保障厅、省住房城乡建设厅负责）

（四）建立满足新市民需求的住房制度。把推进新市民进城与商品房去库存结合起来，建立购租并举的城镇住房制度，支持农业转移人口扩大住房消费。对具备购房能力的农业转移人口，支持其购买商品住房。鼓励市县政府出台差异化

的购房补贴政策，对进城购房落户的农民给予更多补贴。健全房地产市场调控机制，调整完善差别化住房信贷政策，积极发展住房金融公司和个人住房贷款保险业务，支持将稳定就业的农业转移人口纳入住房公积金缴存范围，提高对农业转移人口的住房金融服务水平。对不具备购房能力或没有购房意愿的农业转移人口，支持其通过住房租赁市场租房居住。加快发展专业化住房租赁市场，培育专业化市场主体，引导企业投资购房用于租赁经营，支持房地产企业调整资产配置持有住房用于租赁经营。落实鼓励居民出租住房的税收优惠政策，激活存量住房租赁市场。鼓励商业银行对购买商品住房开展租赁业务的企业提供购房信贷支持。对符合保障条件的农业转移人口，通过提供公共租赁住房或发放租赁补贴保障其基本住房需求。归并实物住房保障种类。住房保障采取实物与租赁补贴相结合并逐步转向租赁补贴为主。健全租赁补贴制度，采取市场提供房源、政府发放补贴方式，进一步加大对农业转移人口的住房保障力度。（省住房城乡建设厅负责）

（五）加大农业转移人口随迁子女教育保障力度。畅通入学渠道，简化就读手续，实行“一样就读、一样升学、一样免费”，保障农业转移人口随迁子女享有与流入地儿童少年平等的受教育权利。开展多种形式的帮扶关爱活动，加强心理健康教育，帮助农业转移人口随迁子女融入城市。调整完善中小学和幼儿园布局规划，向农业转移人口流入地配置更多的基础教育资源，保障随迁子女全部纳入公办学校或普惠性幼儿园就读。积极吸引社会力量投资建校办学，鼓励集团化办学，着力消除农业转移人口数量较多城市超大班额、挤占功能教室等现象。（省教育厅、省财政厅负责）

（六）提升农业转移人口社会保障水平。提升农村社会保险统筹层次，做好农业转移人口社会保险关系转移接续工作，允许在农村参加的养老保险和医疗保险规范接入城镇社保体系。完善养老保险省级统筹办法，推进工伤保险、失业保险省级统筹，完善基本医疗保险市级统筹。建立健全基本医疗保险异地就医医疗费用结算制度。巩固完善城镇居民大病保险制度，稳步提高大病保险保障水平。（省人力资源社会保障厅、省财政厅、省卫生计生委负责）

（七）健全农业转移人口医疗卫生服务体系。完善属地化管理的基本公共卫生服务政策，根据常住人口规模和分布状况，均衡合理配置服务资源，逐步提高人均基本公共卫生服务经费标准，推进基本公共卫生服务均等化。加快城市社区卫生服务体系建设，重点做好流动人口社区卫生服务，针对流动人口特点，加强健康教育、传染病防控、预防接种、孕产妇保健等公共卫生服务。（省卫生计生委负责）

（八）探索农村“三权”自愿有偿退出机制。进城落户农民依法取得的农村土地承包经营权、宅基地使用权、集体收益分配权继续保持不变。根据国家统一部署，积极推进农村土地制度改革试点，提高土地资源利用效率，使农民获得更多的财产权。坚持依法、自愿、有偿原则，在确权登记颁证的基础上，积极开展农村土地承包经营权流转，实施农村土地承包经营权抵押贷款试点。鼓励依托增减挂钩、土地整治等项目建立宅基地退出补偿激励机制，推广金寨县对退出宅基地农民给予奖励的做法，研究建立常规化的宅基地尤其是单宗零散宅基地退出机制。推进农民住房财产权抵押、担保、转让试点。分类推进农村集体资产股份合作制改革，建立农民对集体资产股份的有偿退出机制。积极探索切实可行的农村产权交易模式，以市县为重点，建立符合实际需求的农村产权流转交易市场，发挥产权交易平台的信息传递、价格发现和交易中介功能。（省农委、省国土资源厅、人行合肥中心支行负责）

三、增强城镇综合吸引力和承载力

（一）提升中心城市吸纳人口能力。充分发挥中心城市在吸纳、集聚农业转移人口上的作用，强化中心城区的辐射带动能力。支持合肥打造长三角世界级城市群副中心和“一带一路”倡议节点城市，创建国家级合肥滨湖新区，到2020年，合肥城区常住人口达到500万人，成为长江经济带具有较强影响力的区域性特大城市。推动芜（湖）马（鞍山）同城化，提高人口吸引集聚能力，力争将芜马城市组群打造成为Ⅰ型大城市。着力培育区域性中心城市，引导资源型城市转型发展，促进资源开发与城市发展良性互动，将具备条件的蚌埠、阜阳、淮南、淮北市和基本具备条件的安庆、六安、滁州、亳州、宿州市有序打造成为Ⅱ型大城市。抓住国家推进长三角城市群建设的重大机遇，推动合肥都市圈扩容，实现与省外大型城市都市圈的协调联动发展，进一步增强合肥都市圈内城市的人口吸纳能力。（省住房城乡建设厅、省发展改革委负责）

（二）培育发展一批新生中小城镇。有序启动设市工作，争取若干个具备条件的县改为市或区。选择若干建制镇开展设市模式试点。增强中心集镇的人口集聚功能，积极培育镇区人口达10万以上的特大镇，选择80个左右产业基础较好、生态环境优良、文化积淀深厚的小城镇进行重点扶持，分别打造成各具特色富有活力的休闲旅游、商贸物流、现代制造、教育科技、传统文化、美丽宜居等小城镇，形成一批具有徽风皖韵、凸显专精美活的生态宜居型特色小镇，引导农业转移人口就近就地城镇化。（省住房城乡建设厅、省民政厅负责）

（三）完善城镇基础设施。实施棚户区改造行动计划和城镇旧房改造工程，推动棚户区改造与名城保护、城市更新相结合，加快推进城市棚户区和城中村改造，有序推进旧住宅小区综合整治、危旧住房改造。提升城市道路网络密度。加快公共交通枢纽、公交首末站、出租汽车综合服务区等交通设施建设，推进充电站、充电桩等新能源汽车充电设施建设。支持有条件的城市推进市郊铁路、过江通道建设，合理布局建设城市停车场和立体车库。加强基础医疗卫生设施建设，在新建城区、郊区等薄弱区域，同步规划建设公立医院等相关医疗卫生机构。加强城市市政管网建设改造，到 2020 年，基本完成城市现有燃气老旧管道、老旧供水管网和雨污分流改造。合理确定地下综合管廊建设布局，推进城市综合管廊建设。积极推进海绵城市试点建设，有效控制雨水径流，实现雨水自然积存、自然渗透、自然净化。加快城市供水设施改造与建设，保障供水水质。加强城市防灾避难设施场所建设，增强抵御自然灾害能力。推动生活污水、垃圾处理设施建设提质达标，到 2020 年，城市和县城建成区生活污水集中处理率达到 95%以上，城市生活垃圾基本实现无害化处理。（省住房城乡建设厅负责）

（四）推动新型城市建设。强化城市规划的科学性和权威性，积极推动“多规合一”试点，全面启动市、县空间规划编制。加快建设绿色城市、智慧城市、人文城市等新型城市，提升城市内在品质。开展绿色规划引领、绿色城市建设、绿色建筑推广等重点行动，推进森林城市、园林城市（县城、城镇）创建，督促未达到国家大气环境质量标准的城市及时编制大气环境质量限期达标规划。推进“互联网+智慧城市”行动，促进云计算和大数据、智能终端和信息设备等新一代信息技术与城市管理服务相融合，推进城市综合管理智慧化。加快现代公共文化服务体系建设，扎实做好历史文化名城名镇、历史街区的保护利用，启动一批省级人文城市试点。按照产城融合发展理念，加快产业园区从单一的生产型园区经济向综合型城市经济转型，支持合肥、滁州、马鞍山、宿州等市创建国家级产城融合示范区。（省住房城乡建设厅、省发展改革委、省经济和信息化委、省环保厅、省文化厅负责）

（五）辐射带动美丽乡村建设。促进城镇基础设施和公共服务向农村延伸，推动水电路等基础设施城乡联网，加快农村教育、医疗卫生、文化等事业发展，推进城乡基本公共服务均等化。以县级行政区为基础，以建制镇为支点，搭建多层次、宽领域、广覆盖的农村一二三产业融合发展服务平台，促进农业产业链延伸，大力发展农业新型业态。推进易地扶贫搬迁与新型城镇化结合，在县城、小城镇或工业园区附近建设移民集中安置区。（省农委、省扶贫办、省美丽乡村办负责）

四、强化新型城镇化保障机制

（一）促进土地要素优化配置。强化城乡建设用地空间管制，充分考虑农业转移人口需求，合理安排新型城镇化用地需求。加大农村土地整治复垦力度。建立城镇低效用地再开发激励机制，完善城镇存量土地再开发过程中的供应方式，鼓励原土地使用权人自行改造，涉及原划拨土地使用权转让需补办出让手续的，经依法批准，可采取规定方式办理并按市场价缴纳土地出让价款。按有关规定在国家、改造者、土地权利人之间合理分配“三旧”（旧城镇、旧厂房、旧村庄）改造的土地收益。（省国土资源厅负责）

（二）拓展城镇化融资渠道。加大财政投入力度，积极支持新型城镇化建设。鼓励各地利用财政资金和社会资金设立城镇化发展基金，做大做强投融资平台，增强平台城镇化融资能力。拓宽城镇化项目直接融资渠道，指导符合条件的企业扩大永续债发行规模，鼓励支持发行城市停车场、地下综合管廊、双创孵化等专项债券和绿色债券。通过PPP、特许经营、政府购买服务等方式，支持城镇基础设施和公共服务设施建设。鼓励开展资产支持证券业务，争取基础设施资产证券化试点。支持国家开发银行、农业发展银行等政策性金融机构以及商业性金融机构创新新型城镇化金融产品，及时总结推广徽商银行新型城镇化基金、农业银行“农民安家贷”等经验。研究制定政策性金融支持城市基础设施建设、保障性安居工程等政策。（省政府金融办、省财政厅、省发展改革委、国开行安徽省分行、农发行安徽省分行负责）

（三）落实“两挂钩一倾斜”政策。实施财政转移支付同农业转移人口市民化挂钩政策，支持市县制定符合当地实际的基本公共服务需求标准。实施城镇建设用地增加规模与吸纳农业转移人口落户数量挂钩政策，依据吸纳农业转移人口数量，统筹安排城乡建设用地规模、布局和时序，统筹安排新增建设用地指标，积极争取国家支持我省适当扩大城乡建设用地增减挂钩规模。推动省级预算内投资向吸纳农业转移人口落户数量较多的地区倾斜，通过专项建设基金支持吸纳农业转移人口落户数量较多城市的基础设施和公共服务设施建设。（省财政厅、省国土资源厅、省发展改革委负责）

五、健全新型城镇化工作推进机制

（一）加强组织领导。各级政府要高度重视，健全新型城镇化推进工作机制，确保工作部署到位、保障措施到位。新型城镇化试点省工作领导小组成员单位要加强督促调度，强化问题导向，建立台账制度，对重点任务实行“销号式”管理。各地、各部门要广泛宣传推进新型城镇化的新理念、新政策、新举措、新成效、新经验，营造良好的社会环境和舆论氛围。（省发展改革委、省委宣传部等新型城镇化试点省工作领导小组成员单位负责）

（二）压实主体责任。各市、县人民政府要担负起主体责任，根据农业转移人口落户城镇年度目标，制定推进计划，强化有效举措，确保目标任务落到实

处。(各市人民政府负责)

(三)鼓励改革创新。坚定不移推进改革创新，为城镇化发展创造良好制度环境。采取“先试点后推广”模式，鼓励各地开展专项试点，推动相关改革举措在试点地区先行先试。及时总结推广相关地区推进新型城镇化的成功做法和先进经验。(省发展改革委、省住房城乡建设厅等负责)

(四)强化督促检查。将各市“十三五”规划纲要提出的户籍人口城镇化率目标，作为检验新型城镇化试点省建设成果和衡量城镇化发展质量的重要依据。跟踪监测和监督检查各地新型城镇化建设进展情况，总结评估相关配套政策实施效果。(省发展改革委等新型城镇化试点省工作领导小组成员单位负责)

附件：各市“十三五”农业转移人口落户城镇目标

安徽省人民政府

2016 年 9 月 6 日

(此件公开发布)

附件

各市“十三五”农业转移人口落户城镇目标

设区市	2015 年户籍人口城镇化率（%）	2020 年户籍人口城镇化率（%）	各市“十三五”期间农业转移人口累计落户数（万人）
合肥	42.7	50.0	50
淮北	61.3	63.0	6.4
亳州	21.0	27.0	77.9
宿州	17.0	25.0	51.5
蚌埠	31.0	38.0	40.8
阜阳	15.6	29.0	157.7
淮南	47.4	50.0	7.2
滁州	26.6	36.7	64
六安	17.3	23.8	37.6
马鞍山	44.6	54.0	23.1
芜湖	49.8	62.0	47.9
宣城	37.6	46.0	32.7
铜陵	52.6	62.0	17
池州	31.6	35.0	7
安庆	20.0	33.0	73.5
黄山	29.8	36.0	9.3
合计			703.6

备注：1. 各市“十三五”期间农业转移人口累计落户数是根据各市“十三五”规划纲要相关指标测算而得；

2. 2020 年户籍人口城镇化率为预期性指标。

参考文献

[1] 李春田．标准化概论［M］．6版．北京：中国人民大学出版社，2014.

[2] 王忠敏．标准化基础知识实用教程［M］．北京：中国标准出版社，2010.

[3] 李春田．现代标准化方法——综合标准化［M］．北京：中国标准出版社，2011.

[4] 胡顺延，周明祖，水延凯，等．中国城镇化发展战略［M］．北京：中共中央党校出版社，2002.

[5] 李国祥．中国为什么要走新型城镇化道路［N］．上海证券报，2013-02-27（A07）．

[6] 王春新．新型城镇化的“经济增长账”［J］．金融博览，2013（7）：15.

[7] 张茉楠．新型城镇化须从土地确权上做文章［N］．每日经济新闻，2012-12-11（08）．

[8] 刘兴云．新型城镇化顶层设计的思路［N］．光明日报，2013-2-27（11）．

[9] 蔡洪滨．新型城镇化应是改革战略［N］．人民日报，2013-5-13（17）．

[10] 宋华，申洋，柳江．国外城镇化发展历程及其对甘肃城镇化的启发［J］．兰州教育学院学报，2015，31（8）：53-55，75.

[11] 宋迎昌．发达国家城镇化的经验与启示［J］．中国报道，2013（3）：38-39.

[12] 徐和平．美国郊区化的经验与教训［J］．开发研究，2007（3）：133-135.

[13] 王守智．国内外城镇化发展路径及启示［J］．城市观察，2013（6）：153-162.

[14] 梁永郭，袁苗．国外城镇化发展经验对河北省的启示［J］．唐山职业技术学院学报，2015，13（3）：48-50.

[15] 仇保兴．论五个统筹与城镇体系规划［J］．城市规划，2004，28（1）：8-16.

[16] 安徽省质量技术监督局，安徽省质量和标准化研究院．标准化知识与实务［M］．2版．北京：中国标准出版社，2018.

[17] 刘杰，张定康．标准化战略［M］．2版．北京：中国标准出版社，2018.

后　记

智慧和操守的播种者

——纪念标准化泰斗李春田先生

黄　科

2015年6月15日中午，手机信息的提示音响了下，是李春田老师又发短信来了。打开后，我一下子惊住了！居然是一份讣告，李春田同志因病医治无效，于14日中午在京逝世，享年81岁。

不可能吧！就在36天前，5月8日，我还收到他的邮件（当然，这是李老师发给我的最后一封邮件了）。李老师就这么匆匆地离我们而去了？我实在难以接受这个事实，想到自此以后，再也收不到他的邮件，听不到他的声音，得不到他的教诲……我不禁潸然泪下，悲痛不已。

时光如梭，一晃李老师去世已5周年了。在此期间，一位慈祥、乐观、豁达、平和老人的形象常常浮现在我的脑海中。我也时常想起他的音容笑貌，念起他的谆谆教诲，回忆着十多年来向李老师请教并与他探讨企业标准化工作的点点滴滴，我与李老师的相遇相识相交的过程也如同电影画面一般，一幕幕地在眼前闪现。

2002年8月，安徽省标准化协会在合肥举办"安徽省标准化发展战略专题研讨会"，特邀李春田老师到会指导。作为一个平时比较喜欢钻研业务的标准化工作者，第一次见到了仰慕已久的我国标准化学科的领头人李春田老师，心情非常激动。会议期间，我聆听了李春田老师的精彩讲课，面对面地向他请教有关问题，收获颇丰，受益良多。会议结束后，我有幸陪同李老师去黄山等市调研。在路途中，李老师说："黄科，我看了你的文章，觉得你确实动了脑筋，你指出目前企业标准化工作的问题，这些确实是有待改进的。"他还对我的一些观点和建议给予了充分肯定，并提出了一些意见。原来，这次会议把征集的一批论文编撰成集分发给了参会代表，其中有一篇《企业标准化工作有效性初探》是我撰写的。该文分析了当下企业标准化工作存在的一系列问题，并且，对如何有效开展企业标准化工作提出了一些建议，没想到李老师在会议期间抽空看了。一路上，我们还就企业如何开展标准化工作、企业标准体系如何建立等问题进行了热烈的讨论。李老师告诫我说，标准化工作的落脚点和生命力在企业，从事标准化管理工作的人员，要多跑企业，和企业工作者打成一片，才能真正了解企业标准化情况。分别前，李老师建议我以后要多去企业一线开展调研，多多研究企业标准化工作如何改进如何创新等问题。他给我留下了电子邮箱，让我有事情可以随时联系他。

一周后，我收到了李老师从北京寄来的厚厚的一本书《标准化是一门科学》。通读以后，收获巨大，我深深为李春田老师广阔的标准化视角和高深的标准化理论水平而折服。自此以后，我们成了好朋友，常常电话或邮件联系。每次去北京出差，我都会向李老师报到，如有机会，他都会与我见见面。记得 2004 年 8 月，我去北京参加《预包装食品标签通则》标准培训会，李老师告诉我，他住在西山一处老年公寓，不好找，让我在酒店等他。当李老师知道我还要出去买返程火车票后，就提出要帮我去买票，在我一再劝阻后，李老师就说他居所附近有售票点，并风趣地说道："你好好听课，多提些意见，老头子现在没什么事，帮助你们做点贡献。"于是李老师来酒店时，也一并带来了帮我买的回程票，这令我十分感动。现任江西省局标准化处处长余国平同志当时与我同住一个房间，他一再赞叹说，这事真可以传为佳话的呀！那时的李老师身体很是健朗，肩膀上斜挎着一个小包，声音洪亮，谈吐风趣！此情此景，至今还历历在目。

2005 年 7 月 14 日，国标委在青岛召开技术标准企业试点工作交流会。李老师作了题为"试点是企业标准化改革创新的需要"的讲座。提出了五个方面的问题：一是标准化是科学，科学需要百家争鸣才能发展；二是试点的任务是企业标准化怎么改革、怎么创新，而不是追加标准任务；三是企业标准在今天所处的地位；四是改革创新要改什么？创什么？五是企业标准化改革和创新的十个要点。李老师对上述问题，逐一进行了深度分析，并提出了解决方案。在讲课中，他再一次流露出对时下仍然带有浓厚计划经济痕迹的企业标准化管理方式的不满。我与李老师的观点产生了高度共鸣，当晚，我去了他的房间，对李老师说，上午的讲座抓住了企业标准化工作的牛鼻子，为企业如何开展有效实用的标准化工作，指明了方向，也为我们今后研讨开展企业标准化工作明确了遵循的思路。李老师微笑着说："这个里面也有你的贡献，我上回去安徽与你见面后，一直在思考，企业有效的标准化工作的着手点到底在哪里？"并且鼓励我，你是肯动脑筋，勤于思考的，你今后要多搞些研究，需要什么资料，告诉我一声，我可以提供帮助。

李春田老师担任过原国家技术监督局法规司司长、科学技术委员会主任，并获得中国标准创新贡献奖之“终身成就奖”。李老师不仅是领导、学者，也是一位风趣的老人，常常通过邮件或短信与我分享他的所见所闻：有业务知识的，有评论时政的，也有养生保健的，甚至有趣闻笑话的……此外，李春田老师还经常给我邮寄书籍，包括《标准化概论》（共有三个版本）、《新时期标准化十讲　重新认识标准化的作用》《企业标准化战略三部曲》等。而且在每本书的扉页都写上留言，内容由当初的“请黄科同志赐教”逐渐变为“黄科好友赐教”。我们成了忘年交，不论是工作上，还是在生活中，我们几乎成为无话不说的朋友了。记得好些年的夏季，不管是回辽宁老家，还是住在北京西山老年公寓，他在与我电话通话时，总是说，你们那边夏天很热，带上家人孩子来北方避暑，并说他在北京的房屋空着，你们来住吧。

我平日在工作上遇到问题时，也常常打电话向他请教，总能够得到耐心而满意的解答。从 2006 年元月份开始，我离开了省局标准化处，先后去黄山、合肥市局工作。到北京出差的机会不多，见面少了，但还是常常保持联系，请教讨论的时间一点没有减少。与一位和善的超级智者，如同和邻家的老人平和的交往，对我而言，是一件非常开心、非常惬意的事。2012 年 3 月，我又重新回到省局标准化处工作，告诉老人家后，他说，很好很好，你回来的正是时候，现在标准化的春天又到了。3 月 30 日，李老师给我发了邮件：祝贺你回到标准化队伍，国家标准委从今开始，把综合标准化作为重中之重的工作来抓，地方标准化将大有作为，我今天就给你寄书。几天后，我就收到了李老师寄来的《现代标准化方法——综合标准化》。这是他最新的标准化著作，在这本著作中，他全面阐述了全新的标准化理论。想到李老师已经退休十多年了，还是一如既往地关注着标准化事业的发展，并且时刻辛勤地在为标准化事业大厦添砖加瓦，敬仰之情，再次油然而生。

在李春田老师的告别仪式上，中国标准化杂志社向每人赠送了一本《标准化人与您同在——李春田论文集》。居然近 20 篇论文都是写于 2013 年之后，其中，最后一篇《企业标准体系须进行结构改革—试回答“企业标准体系该怎么办?”》是他的封笔之作。这篇文章在发表之前，老人家还征求过我的意见。关于这篇论文，我尤为印象深刻，终生难忘。

2015 年 2 月 11 日，我收到了李老师的邮件，他将准备 4 月在《中国标准化》杂志发表的文章《企业标准体系须进行结构改革——试回答“企业标准体系该怎么办?”》的稿子发给我，并提出：“请您帮我看看我讲的道理对不对？是否符合实际？有什么不妥和错误之处？一定不要客气，因为我们是朋友。”

我认真地阅读了稿件，为李老师以年过八旬的高龄，仍然孜孜不倦地思考标准化工作如何适应新时代的发展，真心实意地为企业解决标准化难题的精神而深深感动。经过反复思考，我在3月1日给李老师回复了邮件，写道，李老师对企业标准化工作如何改革的问题提出的新思路、新见解是切中时弊的。实际上，自从十多年前，开展企业标准化良好行为创建工作以来，我就一直认为政府标准化管理部门，运用种种行政手段，推行GB/T 15496《企业标准体系要求》等标准，存在不少误区，不论是标准本身的成熟度，还是标准的适用性、可操作性都是有问题的。特别是对于标准的贯彻实施，问题就更大了，我们一些标准化管理人员的知识结构及理解思考能力和水平存在差异，对企业的“指导、考核”也是各持己见，随心所欲……结果是很多企业为了“标准化工作达标”，为了满足GB/T 15496、GB/T 15497等标准中所谓企业标准体系的要求，收集和编制了大量的无用标准。结果为了体系建体系、标准制定标准，把构建标准体系、制定标准当成了目标，而不是把标准当作工具和手段，这样标准体系在企业生产经营管理中难以起到什么作用，这个体系基本上是没有什么效用的。结果是广泛地形成“两张皮”现象，企业标准化人员苦不堪言。在信中，我还写道：“我斗胆认为，当下企业标准化亟待解决的问题，也就是企业标准化有效的工作方法就是，围绕一个实际问题或目标，运用标准化的基本原理和基本方法，根据实际需要，认认真真地制定好少量的密切相关的有用标准，踏踏实实地贯彻实施到位就行了，因为相关的标准组合在一起，也就是一个综合体……”

3月2日李老师对我的意见给与回复：“非常感谢！您不仅仔细看了，而且认真思考了；您不仅与我有同感，而且指出了我的不足。这就是真正的朋友，这就叫知音。这个问题我想了好久，因为牵扯的方面很多，不知从哪里入手，还要讲点方式方法，弄得我好苦。我将它发给海尔，他们非常认真地开会研究了之后，决定按这个思路改革。您的支持和企业的认同是对我最好的安慰。我由于身体的原因，决心从现在起封笔。中国的标准化靠你们了，现在问题成堆，希望您拿出些精力搞点研究，需要什么资料我给您提供，我将尽全力支持您。”

世事无常，真是想不到，两个月后，李春田老师就去世了。直到此时，我才知道李老师在春节期间就因病住进了医院。我为没能在李老师生前去医院探望而抱憾终身！此后，每年的6月14日，我都喟叹许久，感慨万分。总是想写点纪念文章，但是一直都未能如愿。主要原因是忙于事务性工作，加之眼疾等身体状况，特别是囿于水平和能力，缺乏对标准化工作的深入思考和研究，对标准化的理论创新毫无建树，因而无从提笔。每每想起李老师的提议，很是惭愧。

2014 年末，根据国家的统一安排，安徽省开展新型城镇化试点以及标准化试点工作，我有幸全程参与并具体组织实施此项工作。为期近五年的试点工作圆满完成后，为了总结工作经验，在省局标准化处江家如处长和省质量和标准化研究院熊长友院长的建议和鼓励下，我们尝试开展了一些标准化新领域的理论探索。经过半年的不懈努力，终于编著完成了《新型城镇化标准化理论探索与实践》一书。此书的出版，也算是不负李春田老师多年的教诲和指导，了却了我这些年的一大心愿。

李春田老师虽然永远离开了我们，但他在时代的进步和发展中，播下了标准化智慧和操守的种子，一定会经过我们标准化后来者的辛勤耕耘而结出硕果！李春田老师为标准化事业生命不止、奋斗不息的精神将永远激励着我们笃行致远，砥砺前行。

2020 年 6 月 14 日

（此文刊登于《中国标准化》2020 年第 7 期，文中部分内容略有删减）